ÇOCUKLUKTA İHMALİN İZİ:
BOŞLUK HİSSİ

"Jonice Webb rehberlik, uyum ve sevgi gibi çocuklukta verilmesi gereken ancak göz ardı edilen konularla ilgili olağanüstü bir kitaba imza atmış. Duygusal ihmalin neden olduğu hasar ve bu hasarı düzeltmek için yapılması gerekenler, heyecan verici ve hayatınızı değiştirme potansiyeline sahip bu eserin konularından sadece birkaçı."

Terrence Real

Aile Terapisti ve *Good Morning America* ile *ABC News*'in Çok Satan Yazarı

"Çocuklukta İhmalin İzi: *Boşluk Hissi,* ebeveynlerimizden bize kalan mirasa farklı ve açık bir şekilde ışık tutmakla kalmayıp çocukluğumuzda ebeveynlerimizden aldıklarımızın, yetişkinlik döneminde duygusal ve sosyal anlamda bizleri nasıl etkilediğini anlamamıza yardımcı oluyor. Dr. Webb zengin, sıcak ve empati yüklü cümleleriyle doğrudan bize hitap ederek, duygusal olarak karşılaştığımız engelleri tanımlamamıza ve bu engellerin üstesinden gelebileceğimiz yolları bulmamıza destek sağlıyor."

Dr. Jeffrey Pickar

Harvard Tıp Fakültesi Psikiyatri Kliniği Klinik Eğitmen

"Dr. Webb'in Çocuklukta İhmalin İzi*: Boşluk Hissi* isimli eseri, çocuk ve ergen psikoloğu olarak gerçekleştirdiğim çalışmaları önemli ölçüde etkiledi. Duygusal ihmali kavramsallaştırıyor ve bunun, çocuk gelişimi üzerindeki sayısız etkisini çok net ve başka hiçbir yerde görmediğim bir şekilde ifade ediyor. Webb, klinik tedavi uzmanlarının, çalıştıkları ailelerde meydana gelebilecek duygusal ihmal kalıplarını tanımlayabilmeleri için araçlar sunuyor. Daha da önemlisi, Çocuklukta İhmalin İzi: *Boşluk Hissi* çocuk ve ergenlerin, anne-babalarının kuşaklarındaki duygusal ihmali engellemelerine yardımcı olacak klinik tedavi uzmanlarının pratik yönergelerini gösteriyor."

Dr. Stephanie M. Kriesberg

Çocuk ve Ergen Psikoloğu

Lexington, MA

ÇOCUKLUKTA İHMALİN İZİ:

BOŞLUK HİSSİ

Dr. Jonice Webb

ve Dr. Christine Musello

SOLA UNITAS - SOLA KIDZ
Fetih Mah. Tahralı Sok. Kavakyeli İş Merkezi
No: 7/E İç Kapı No: 16 Ataşehir/İSTANBUL
Telefon: 0212 939 76 52 - E-posta: solaunitas@solaunitas.com
www.facebook.com/solayayinlari
www.twitter.com/solaunitas
www.instagram.com/solaunitasyayinlari
www.instagram.com/solakidz
https://kitap.solaunitas.com

ISBN: 9786052250686
Yayıncı Sertifika No: 45798
31. Baskı: İstanbul 2024
İmtiyaz Sahibi: Umut Kısa
Genel Yayın Yönetmeni: Umut Kısa
Çeviren: Gülsün Arıkan
Editör: Umut Kısa
Redaksiyon: Hale Özdemir
Düzelti: Sinem Öktem
Son Okuma: Banu Onur Evren, Aslı Kuday Deşer
Okuyucu Deneyimi: Gülden Demir, Müge Coşkun
Mizanpaj: Sibel Deniz
Kapak Tasarım: Sibel Deniz
Kapak Resmi: Tuna Tokkuzun
Orijinal Adı: Running On Empty: Overcome Your Childhood Emotional Neglect

BASILDIĞI YER
Kaplan Ofset
Davutpaşa Caddesi, Güven İş Merkezi C Blok No:279/280 İstanbul
Sertifika No: 44367

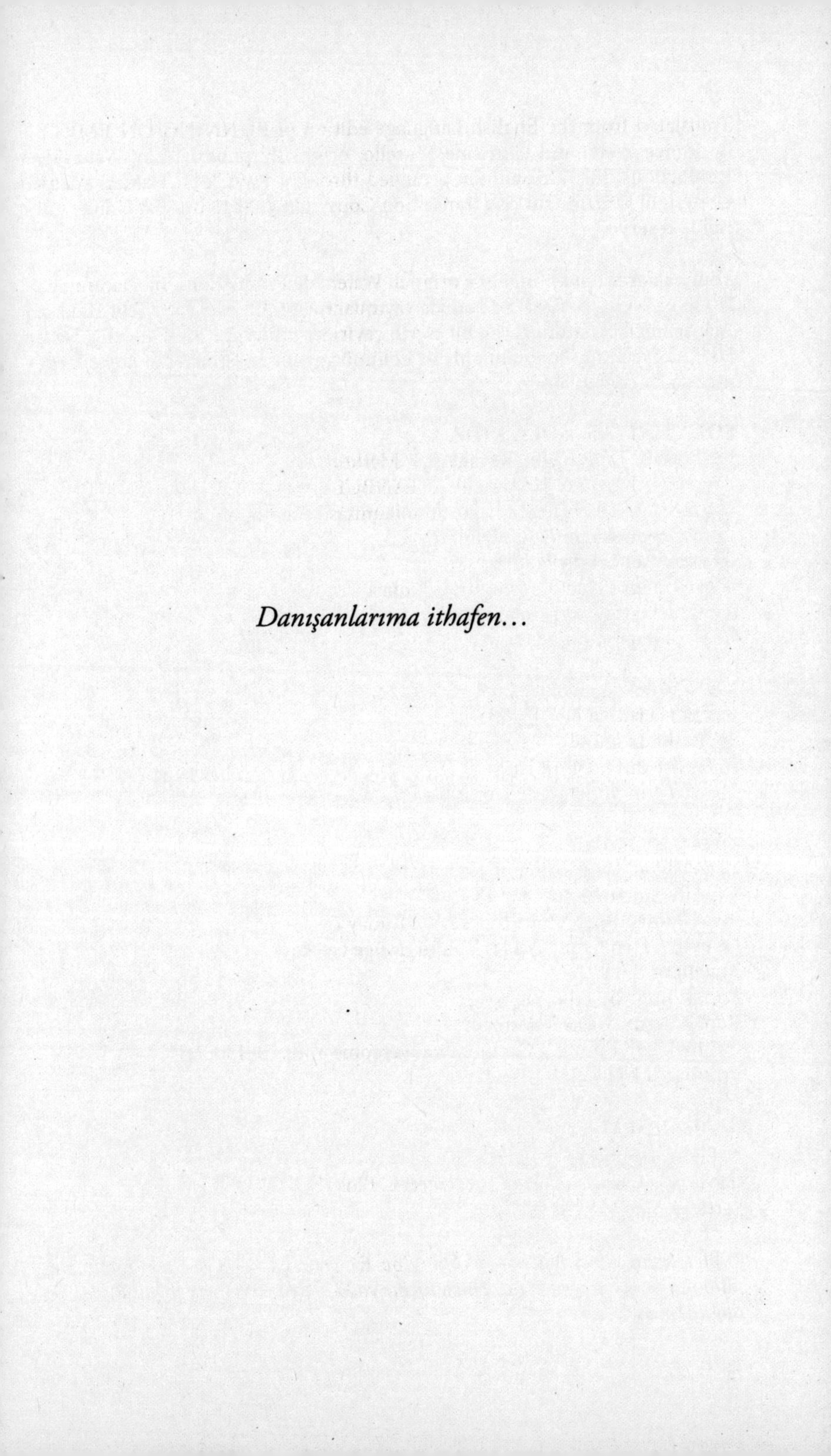

Danışanlarıma ithafen…

İÇİNDEKİLER

ÖNSÖZ

Bu kitabı yazmak, hayatımın en büyüleyici deneyimlerinden biri oldu. *Duygusal ihmal* kavramı zihnimde daha açık ve belirgin hâle geldikçe sadece psikolojiyi uygulama yöntemim değil, dünyaya bakış açım da değişti ve her yerde duygusal ihmali görmeye başladım: Kendi çocuklarıma ebeveynlik yaparken, eşimi tedavi etmeye çalışırken, alışveriş merkezinde dolaşırken hatta televizyon programlarında bile bu konuyla ilgili işaretler gördüm. Kendimi çok kez, insanlar hepimizi etkileyen bu görünmez gücün farkına varsalardı, bunun çok büyük yararını görebilirlerdi, diye düşünürken buldum. Evet, görünmez güç derken duygusal ihmalden söz ediyorum.

Son birkaç yılda, bu kavramın çalışmalarımın hayati bir boyutu olduğunu gördükten ve değerli olduğuna ikna olduktan sonra, düşüncelerimi sevgili meslektaşım Dr. Christine Musello ile paylaştım. Christine durumu hızlı bir şekilde anlamlandırdı ve duygusal ihmali, kendi klinik uygulamaları da dahil olmak üzere etrafındaki her yerde görmeye başladı. Birlikte bir taslak üzerinde çalışmaya başladık ve bu kavramı tanımlamaya çalıştık. Dr. Musello, duygusal ihmal kavramıyla ilgili ilk temel sözcüklerin ortaya konmasına yardımcı oldu. Bu kavramı kucaklamaya bu kadar hazır olması ve çalışmayı son derece faydalı bulduğunu göstermesi, ilerlemem için bana cesaret verdi.

Dr. Musello, bu kitabı benimle birlikte yazmaya devam edemese de kitabın bazı bölümlerini oluşturarak ve birkaç klinik hikâyeyi bir araya getirerek, yazma sürecinin başında bana çok büyük bir destek verdi. Bu çalışmaya katkıda bulunmasından dolayı çok mutluyum.

TEŞEKKÜR

Terapiye gelen danışanlarım, hikâyelerini ve acılarını benimle paylaşma konusunda istekli olmasalardı, böyle bir kitabı hayal etmek ya da yazmak mümkün olmazdı. Bana karşı duydukları güven, gösterdikleri samimiyet ve bağlılıktan dolayı onlara derin bir saygı duyuyorum.

Çocuklukta İhmalin İzi: Boşluk Hissi kitabına, muhteşem karikatürlerini kullanarak mizah katmak için benimle birlikte çalışan *The New Yorker*'a çok teşekkür ederim.

Bu kitabı yazabilmek için ailemin, arkadaşlarımın ve meslektaşlarımın engin bilgilerinden faydalanmaya ihtiyacım vardı. Bu süreçte bana yardımcı olan ve ilerlememi sağlayan birkaç insana teşekkür etmek istiyorum.

İlk olarak, bu kitabın taslağını okumak için kendi kitabını yazmaya ayırdığı zamandan harcayan Denise Waldron'a minnettar olduğumu söylemeliyim. Denise'in gözleri detaylar konusunda inanılmazdır. Büyük ve küçük tutarsızlıkları, hataları yakalamam ve düzeltmem konusundaki yardımlarıyla beni sürekli şaşırtmayı başardı.

İkinci olarak, bu kitabın nasıl daha iyi olabileceğine yönelik paylaştıkları düşünceleri ve olağanüstü geribildirimleri için Joanie Schaffner, LICSW*, Dr. Danielle DeTora ve Nicholas

* Licensed Independent Clinical Social Worker: Klinik Alanında Çalışan Lisanslı Sosyal Hizmetler Uzmanı.

Brown'a teşekkür etmek istiyorum. Karmaşık ve zor durumlarda karar vermem gerektiğinde, iş alanındaki bilgilerini benimle paylaşan Michael Feinstein'a, kitabıma ve bana inanmakla kalmayıp zorlu yayımlanma sürecinde yolculuğuma rehberlik eden Michael Ebeling'e çok teşekkür ederim.

Dr. Scott Creighton, Catherine Bergh, Patrice, Chuck Abernathy, David Hornstein ve Nancy Fitzgerald Heckman'a ihtiyacım olduğu her an dinleyerek, umursayarak, tavsiyelerde bulunarak ya da bu kitabın ortaya çıkmasına yardımcı olacak diğer kişilerin yardımlarını isteyerek beni onurlandırdıkları için teşekkür ederim.

Son olarak, içten sevgisi ve takdiri ile sevgili eşim Seth Davis'e, uzun araştırma ve yazma sürecimde yanımda olan çocuklarım Lydia ve Isaac'e kendimle ilgili şüpheye düşmeme izin vermedikleri için teşekkür etmek istiyorum. Onların desteği olmasaydı böyle bir kitap yazamazdım.

GİRİŞ

Çocukluğunuza dair ne hatırlıyorsunuz? Hemen hemen herkes, ufak tefek bir şeyler hatırlar. Belki sizin de ailece gittiğiniz seyahatler, öğretmenleriniz, arkadaşlarınız, yaz kamplarınız, akademik alanda elde ettiğiniz ödüller gibi daha pozitif ya da aile içi çatışmalar, kardeşler arası rekabet, okuldaki problemler veya can sıkıcı sorunlarınızla ilgili bazı negatif hatıralarınız vardır. 'Boşluk hissi' bu anıların hiçbiriyle ilgili değildir. Aslında çocukluğunuzda gerçekleşen ya da hatırlayabildiğiniz herhangi bir şey hakkında da değildir. Bu kitap, çocukluğunuzda gerçekleşmeyen, hatırlamadığınız şeylerin farkında olmanıza yardımcı olmak için yazılmıştır. Çünkü gerçekleşmeyen şeyler, bir yetişkin olarak kim olduğunuz üzerinde hatırladığınız olaylardan daha fazla güce sahiptir. Çocuklukta İhmalin İzi: Boşluk Hissi, sizi çocukluğunuzda tamamlanmamış bazı durumların sonuçlarıyla tanıştıracak. Bu his aslında hayatınızda var olan görünmez bir güçtür. Bu görünmez güçten etkilenmiş olup olmadığınızı anlamınıza ve etkilendiyseniz, bu görünmez gücün üstesinden gelmenize yardımcı olacağım.

Başarılı, etkili ve yetenekli insanların pek çoğu gizliden gizliye kendilerini başarısız ve toplumdan kopuk hisseder. "Daha mutlu olmam gerekmez mi?" "Neden daha fazlasını başaramadım?" "Neden hayatım daha anlamlı değil?" Bu sorular çoğu zaman hayatımıza yerleşmiş, görünmeyen bir güçten kaynaklanır ve daha çok sevgi dolu, iyi niyetli ebeveynlere sahip olan, mutlu ve sağlıklı bir çocukluk geçirdiğini hatırlayan kişiler tarafından sorulur. Bu yüzden yetişkin olduklarında, doğru yapmadıklarını hissettikleri her şey için kendilerini suçlarlar. Hatırlayamadıkları şeyin -yani hayatlarındaki o görünmez gücün- etkisi altında olduklarını fark etmezler.

Muhtemelen şimdiye kadar anlattıklarımdan 'görünmez gücün' ne olduğunu merak etmişsinizdir. İçiniz rahat olsun, o kadar da korkunç bir şey değil. Doğaüstü, psişik ya da uğursuz bir şey değil. Aslında son derece yaygın, evlerde ve ailelerde gerçekleşmeyen çok insani bir şey. Var olduğunun, önemli olduğunun ya da üzerimizde etkisi olduğunun farkında değiliz. Bunun için söyleyecek bir şeyimiz yok; hakkında düşünmeyiz ve bununla ilgili hiç konuşmayız. Onu göremeyiz, sadece hissedebiliriz. Hissettiğimiz zaman, hissettiğimiz şeyin ne olduğunu bilemeyiz.

Bu kitapta, bu güce nihayet bir isim verdim ve *Duygusal İhmal* dedim. Fiziksel ihmal ile karıştırılacak bir şey değildir. Şimdi duygusal ihmalin gerçekten ne olduğuyla ilgili konuşmaya başlayabiliriz.

Hemen hemen hepimiz 'ihmal' kelimesine aşinayız. Oldukça yaygın bir kelimedir. Merriam-Webster Sözlüğü'ne göre, 'ihmal' kelimesinin tanımı, 'çok az ilgi ve saygı göstermek ya da saygısızlık etmek; özellikle ilgisiz davranıp yalnız bırakmak'tır.

'İhmal' kelimesi Sosyal Hizmetler'de çoğu zaman, özellikle zihinsel sağlık uzmanları tarafından kullanılır. Genellikle fiziksel ihtiyaçları karşılanmayan çocuklar gibi bağımlı kişileri ifade etmek için başvurulan bir kelimedir. Mesela, kışın okula montsuz gelen bir çocuk veya çoğu zaman kızının kendisine yiyecek getirmeyi 'unuttuğu', evden çıkamayan yaşlı bir kişiyi örnek verebiliriz.

Duygusal ihmal görünmezdir. Hemen göze çarpmaz ve nadiren fiziksel veya görünür işaretleri vardır. Aslında duygusal olarak ihmal edilen çocukların büyük çoğunluğu, fiziksel anlamda kusursuz bir özenle büyür. Pek çoğu ideal olarak tanımlanan ailelerde yetişir. Bu kitabı yazdığım insanların ihmal edilmiş olarak tanımlanmalarına yönelik gözle görülür bir işaret yoktur. Aslında hiçbir şekilde ihmal edilmiş olarak tanımlanmazlar.

Peki, o zaman bu kitabı neden yazdım? Her şeyden önce, duygusal ihmal, araştırmacılar ve uzmanlar tarafından bu zamana dek fark edilmeden gelmişse, nasıl böylesine rahatsızlık verici olabilir? Gerçek şu ki duygusal ihmal kurbanı olan insanlar gerçekten acı içindedir. Ancak bunun nedenini anlamazlar ve çoğu zaman terapistler de bu sorunu çözemez. Bu kitabı yazarken, çoğu zaman hastalarını hatta bazen yardıma ihtiyaç duyan profesyonelleri alt eden gizli bir mücadele için çözümler ürettim ve önerdim. Amacım, sessiz bir şekilde, kendilerindeki sorunun ne olduğunu anlamaya çalışan insanlara yardım etmekti.

Duygusal ihmalin neden bu kadar göz ardı edildiğiyle ilgili mantıklı bir açıklama vardır: Çünkü o gizlenir. Eylemden ziyade, ihmal suçuyla ilgilidir; resmin kendisinden ziyade, aile resmindeki beyaz alandır. Genellikle çocuklukta 'söylenmiş' şeylerden ziyade, 'söylenmeyen', 'gözlemlenmeyen' ya da 'hatırlanmayan' şeylerdir.

Örneğin; ebeveynler çocuklarına sevgi dolu bir ev, yiyecek ve giyeceklerle dolu dolaplar verebilir, çocuklarına asla kötü davranmaz veya onları ihmal etmez. Ancak aynı ebeveynler çocuklarının uyuşturucu kullandığını fark etme konusunda başarısız olabilir ya da çatışmaya yol açacak sınırlar koymaktan ziyade, çok fazla özgürlük tanıyabilir. Bu çocuk bir yetişkin olarak geriye dönüp baktığı zaman, en çok ihtiyaç duyduğu anlarda ebeveynlerinin onun ihtiyaçlarını karşılamakta başarısız olduğu-

"Daha uygun bir denetim için, bir yakarış şeklindeki bu şarkıyı ebeveynlerimize adıyoruz."

nun farkına varmadan, 'ideal' bir çocukluk geçirmiş olduğunu düşünebilir. Gençken yapmış olduğu kötü seçimlerden doğan zorluklarla ilgili kendini suçlayabilir. "Gerçekten ele avuca sığmayan bir tiptim.", "Harika bir çocukluk geçirdim. Bu hayatta daha fazlasını başaramamış olmamın hiçbir bahanesi yok." Bir terapist olarak bu cümleleri, duygusal ihmalin çocukluklarında görünmez bir güç olduğunun farkında olmayan pek çok harika insandan duydum. Bu örnek, bir ebeveynin çocuğunu duygusal olarak ihmal edebileceği sayısız yoldan yalnızca birini gösterir.

Burada çok önemli bir uyarıda bulunmak istiyorum: Hepimiz, ebeveynlerimizin öyle ya da böyle nasıl başarısız olduğuyla ilgili örneklerle doluyuz. Hiçbir ebeveyn ve hiçbir çocukluk kusursuz değil. Ebeveynlerin büyük çoğunluğunun çocukları için en iyisini yapmaya çalıştıklarını biliyoruz. Ebeveyn olarak bizler, ebeveynlikle ilgili hatalar yaptığımızda; neredeyse her zaman, onları düzeltebileceğimizi biliriz. Bu kitabın amacı ebeveynleri utandırmak ya da kendilerini başarısız hissettirmek değildir. Aslında kitap boyunca, çocuklarını çok seven, iyi niyetli ancak yine de çocuklarını duygusal anlamda ihmal eden ebeveynleri okuyacaksınız. Duygusal anlamda ihmalkâr ebeveynlerin çoğu, son derece iyi insanlar ve iyi ebeveynlerdir ancak kendileri de çocukken ihmal edilmişlerdir. Bütün ebeveynler, çocuklarını gerçek bir zarara yol açmadan yetiştirmek için ara sıra duygusal ihmalde bulunur. Bu durumsa sadece çocuğun duygusal anlamda 'aç kalması', aşırı olduğu zaman bir sorun hâline gelir.

Ebeveynlik konusundaki başarısızlık düzeyi ne olursa olsun, duygusal ihmale uğramış kişiler; ailelerinin ihmallerini görmektense, kendilerini problem olarak görürler.

Kitap boyunca, hayatlarındaki boşluk hissi, endişe ve üzüntüden muzdarip olan ve bu durumu anlatacak kelime bulamayan danışanlarımın ve diğer insanların hayatlarından pek çok örnek ve kısa hikâyeye yer verdim. Duygusal ihmale maruz kalmış kişiler, genellikle diğerlerinin ne istediğini ya da neye ihtiyaç duyduğunu iyi bilir. Sosyal çevrelerinde kendilerinden ne beklendiğini bilirler. Ancak bu mağdurlar hayatlarındaki içsel deneyimde neyin yanlış olduğunu ve onlara nasıl zarar verdiğini tanımlama konusunda başarısızdırlar.

Bu, çocukken ihmal edilmiş yetişkinlerin gözlenebilir semptomları olmadığını söylemek değildir. Ancak bu semptomlar onları bir terapistin kapısına getiren ve çoğu zaman depresyon, evlilikteki sorunlar, endişe ve öfke gibi başka davranışlarla maskelenmiş belirtilerdir. Duygusal olarak ihmal edilmiş olan yetişkinler; mutsuzluklarını bu şekilde yanlış tanımlama ve yardım istemekten utanma eğilimindedir. Tanımlamayı öğrenmedikleri ya da doğru duygusal ihtiyaçlarla temasta olmadıkları için, kendilerini daha iyi anlamalarına yardımcı olacak tedavi sürecinde yeterince uzun kalmalarını sağlamak terapistler için çok zordur. Bu yüzden, bu kitap sadece duygusal olarak ihmal edilenler için değil, aynı zamanda en iyi tedavilere ket vurabilecek kronikleşmiş kendini sevme eksikliğiyle mücadele edebilecek araçlara ihtiyaç duyan terapistler için yazılmıştır.

Çocuklukta İhmalin İzi: Boşluk Hissi hem kendi boşluk hissine ya da tatminsizliğine cevap bulmaya çalışanlara hem de 'saplanıp kalmış' danışanlarına yardımcı olmayı deneyen terapistlere, görünmeyen yaralar için somut çözümler sunacaktır.

Çocuklukta İhmalin İzi: Boşluk Hissi kitabında, çocuklukta ve yetişkinlikte duygusal ihmalin çeşitli boyutlarını aydınlatacak çok sayıda hikâye kullandım. Hikâyelerin tamamı ya benim ya da Dr. Musello'nun danışanları ile yapılan klinik uygulamalardan oluşan gerçek hikâyelere dayalıdır. Bununla birlikte, danışan gizliliğini korumak için isimler, gerçeklerin tanımlanması ve detaylar değiştirilmiştir. Bu yüzden kısa hikâyelerin hiçbirinin ölmüş ya da hayatta olan gerçek kişilerle ilgisi yoktur. 1. ve 2. bölümlerde yer alan Zeke öyküleri istisnadır. Bu öyküler farklı ebeveynlik türlerinin aynı çocuğu nasıl etkileyebileceğini göstermek için oluşturulmuştur ve tamamen kurmacadır.

Bu kitabın size hitap edip etmediğini merak ediyor musunuz? Sorunuzun cevabını bulmak için aşağıdaki anketi cevaplayın. 'EVET' cevabını verdiğiniz soruları daire içine alın.

Duygusal İhmal Anketi:

1. Ailenizle ya da arkadaşlarınızla birlikteyken, bazen kendinizi oraya ait hissetmiyorsunuz.
2. Başkalarına güvenmemekle övünüyorsunuz.
3. Yardım istemekte zorlanıyorsunuz.

4. Aileniz ve arkadaşlarınız, uzakta olmanızdan şikâyet ediyor.
5. Hayatta potansiyelinizi ortaya koyamadığınızı hissediyorsunuz.
6. Çoğu zaman evde yalnız kalmayı tercih ediyorsunuz.
7. Gizliden gizliye bir dolandırıcı olduğunuzu hissediyorsunuz.
8. Sosyal ortamlarda kendinizi huzursuz hissediyorsunuz.
9. Çoğu zaman hayal kırıklığına uğramış hissediyorsunuz ya da kendinize kızıyorsunuz.
10. Kendinizi, diğerlerini eleştirdiğinizden çok daha acımasızca eleştiriyorsunuz.
11. Kendinizi diğerleriyle karşılaştırıyor ve onlara kıyasla çok eksik olduğunuzu düşünüyorsunuz.
12. Hayvanları sevmeyi, insanları sevmekten daha kolay buluyorsunuz.
13. Ortada açık bir sebep yokken kendinizi mutsuz hissediyorsunuz.
14. Ne hissettiğinizi tanımlamakta sorun yaşıyorsunuz.
15. Güçlü ve zayıf yönlerinizi tanımlamakta zorlanıyorsunuz.
16. Bazen hayatın dışında olduğunuzu hissediyorsunuz.
17. Bir keşiş gibi yaşayabilecek insanlardan olduğunuzu hissediyorsunuz.
18. Kendinizi yatıştırmakta zorlanıyorsunuz.
19. Sizi anda kalmaktan alıkoyan bir şeyler olduğunu hissediyorsunuz.

20. Bazen içinizde bir boşluk hissediyorsunuz.

21. Gizliden gizliye sizde yanlış bir şeyler olduğunu hissediyorsunuz.

22. Öz-disiplininizle mücadele ediyorsunuz.

Daire içine aldığınız 'EVET' cevaplarına bakın. Bu cevaplar size, çocukken deneyimlediğiniz duygusal ihmal alanlarını görmeniz için bir pencere açacak.

1. KISIM

BOŞLUK HİSSİ

Bölüm 1

DEPO NEDEN DOLDURULMADI?

"… Sıradan, iyi bir anne ile ona destek veren eşinin topluma ve bireye en başında yapmış olduğu büyük katkıya dikkat çekmeye çalışıyorum; annenin bunu sadece kendini, 'bebeğine adayarak' gerçekleştirdiğini söyleyebilirim."

—*D. W. Winnicott, The Child, the Family, and the Outside World (1964)*

Bir çocuğu mutlu ve sağlıklı bir yetişkin olarak yetiştirmek için ebeveynlik gurusu, bir aziz ya da psikolojide doktora yapmış bir uzman olmanıza gerek yok. Çocuk psikiyatristi, araştırmacı, yazar ve psikanalist Donald Winnicott, 40 yıldır süregelen çalışmalarında bu noktayı sık sık vurgulamış. Günümüzde, çocuk gelişiminde babaların da eşit öneme sahip olduğunun farkına varsak da Winnicott'un annelik üzerine gözlemlerinin sonuçları temel olarak aynıdır. Duygusal olarak sağlıklı ve bağlı bir yetişkin olması için çocuğun büyümesini ve gelişimini körükleyecek asgari duygusal bağlanma, empati ve sürekli bir dikkat söz konusudur. Bu asgari miktardan daha azında çocuk, görünüşte başarılı ancak boşluk hissiyle ya da içindeki eksik bir şeylerle duygusal anlamda mücadele eden bir yetişkine dönüşür.

Winnicott, yazılarında çocuğunun ihtiyaçlarını bu şekilde karşılayan anneyi tanımlamak için günümüzde iyi bilinen bir ifade olan, *Yeterince İyi Anne* kavramını ortaya atmıştır. Yeterince iyi ebeveynliğin çok çeşitli türleri vardır ancak bunların hepsi, herhangi bir anda ve herhangi bir kültürde çocukların duygusal ya da fiziksel ihtiyaçlarının farkındadır ve bu ihtiyaçları karşılamak için 'yeterince iyi' davranırlar. Ebeveynlerin çoğu yeterince iyi. Bütün hayvanlar gibi biz de biyolojik olarak çocuklarımızın gelişimini sağlamaya odaklıyız. Peki ama hayat şartları ebeveynlikle çatıştığı zaman ne olur? Ya da ebeveynler kendileri sağlıksızsa veya karakterlerinde önemli kusurlar mevcutsa ne gibi bir durumla karşılaşılır?

'Yeterince iyi' ebeveynler tarafından mı yetiştirildiniz? Bu bölümün sonunda, 'yeterince iyi'nin ne anlama geldiğini öğrenecek ve kendi açınızdan bu sorunun cevabını bulacaksınız.

Ancak ilk olarak…

Sadece okur değil, aynı zamanda bir ebeveynseniz kendinizi, bu kitapta sunulan ebeveynlik başarısızlıklarını ve kısa öykülerdeki çocukların duygusal deneyimlerini tanımlarken bulabilirsiniz çünkü hiç şüphesiz bunlar peşinizi bırakmaz. Bu yüzden, aşağıdaki uyarılara dikkat etmenizi rica ediyorum:

İlk olarak

> Bütün iyi ebeveynler, çocuklarını zaman zaman ihmal etmelerinden dolayı suçludur. Hiç kimse mükemmel değildir. Hepimiz yorgun, huysuz, stresli, dikkatsiz ya da sıkılmış olabiliriz. Bunlar bizim duygusal anlamda ihmalkâr ebeveynler ol-

duğumuzu göstermez. Duygusal olarak ihmalkâr ebeveynler kendilerini iki yönün birinden, çoğu zaman her ikisinden de ayırırlar: Ya kritik kriz anlarında çocuklarını duygusal olarak ihmal ederler ve tamiri mümkün olmayan yaralara yol açarlar (akut empatik başarısızlık) ya da çocuğun çocukluk gelişiminde gereksinimlerinin bir kısmına kronik olarak duyarsızdırlar (kronik empatik duyarsızlık). Dünyadaki her yalnız anne veya baba, çocuğunu ihmal ettiğini bildiği bir konuda kendisini utandıran bir ebeveynlik başarısızlığını hatırlar. Fakat gerçek zarar, duygusal olarak ihmalkâr ebeveynlerin, büyüyen çocuklarının duygusal ihtiyaçlarına karşı sağır ve kör oldukları önemli anların toplamından kaynaklanır.

İkinci olarak

Gerçekten duygusal olarak ihmal edilmişseniz ve kendiniz de bir ebeveynseniz, bu kitabı okurken duygusal ihmal meşalesini çocuklarınıza devrettiğiniz bazı noktaları göreceksiniz. Durum buysa 'bunun sizin hatanız olmadığının' farkına varmak, sizin açınızdan çok önemli. Görünmez ve sinsi olduğu, ayrıca nesilden nesile kolayca aktarılabildiği için açık bir şekilde farkında olmadığınız müddetçe, buna dur demeniz oldukça zordur. Artık bu kitabı okumaya başladığınız için ebeveynlerinizden milyonlarca ışık yılı ileridesiniz. Bu kalıbı değiştirme fırsatınız var. Duygusal ihmalin etkileri tersine çevrilebilir ve siz şu anda, kendiniz ve çocuğunuz için bu ebeveynlik kalıplarını nasıl tersine çevireceğinizi öğrenmek üzeresiniz. Okumaya devam edin ve *kendinizi suçlamaya son verin.*

Eylem Hâlindeki Sıradan Sağlıklı Ebeveyn

Sağlıklı ebeveynlikte duygunun önemi en iyi, bağlanma kuramı ile anlaşılabilir. Bağlanma kuramı, güvenlik ve bağlanma ihtiyaçlarımızın bebeklikte ebeveynlerimiz tarafından nasıl karşılandığıyla ilgilidir. İnsan davranışlarına bakmanın birçok yolu, bağlanma kuramından doğmuştur ancak çoğu, düşüncelerini bağlanma teoristi, psikiyatrist John Bowlby'e borçludur. Ebeveyn-çocuk bağı konusundaki anlayışı, anne ve bebeklerden başlayarak ebeveynleri ve çocukları binlerce saat gözlemlemesinden kaynaklanır. Bir ebeveyn, bebeklikte çocuklarının duygusal ihtiyaçlarının farkına varır ve bu ihtiyaçları karşılarsa 'güvenli bağlanma' oluşur ve devam eder. Bu ilk bağlanma, çocukluk ve yetişkinlikteki pozitif benlik algısının ve genel sağlığın temelini oluşturur.

Bağlanma kuramının objektifinden duygusal sağlığa baktığımızda, ebeveynlerde olması gereken üç duygusal beceriyi tanımlayabiliriz:

1. Ebeveyn çocukla **duygusal bir bağ kurar.**
2. Ebeveyn, onu kendisinin bir uzantısı, sahip olduğu bir şey veya bir yük olarak görmekten ziyade; çocuğa özen gösterir, onu benzersiz ve ayrı bir birey olarak görür.
3. Bu **duygusal bağı** ve özeni kullanarak ebeveyn, çocuğun **duygusal** ihtiyacına **yetkin bir şekilde cevap verir.**

Bu beceriler çok basit şeyler gibi görünse de bir araya geldiklerinde, çocuğu yetişkinliğe taşıyan güvenli duygusal bağ yarattığı için çocuğun kendi doğasını öğrenmesine ve yönetmesine yardımcı olacak güçlü bir araç hâline gelir. Böylece mutlu bir yetişkinliğe ulaşmak için duygusal anlamda, sağlıklı bir şekilde dünyayla yüzleşebilir. Kısacası ebeveynler çocuklarının eşsiz duygusal doğalarına dikkat ettikleri zaman, duygusal anlamda güçlü bireyler yetiştirirler. Bazı ebeveynler bunu sezgisel anlamda başarabilirken, diğerleri bu becerileri öğrenebilir. Her iki durumda da çocuk ihmal edilmez.

ZEKE

Zeke, rahat ve sevgi dolu bir ailenin üç çocuğundan en küçüğü. Büyümüş de küçülmüş, hiperaktif bir üçüncü sınıf öğrencisi. Son zamanlarda okulda 'karşılık verme' konusunda sıkıntı yaşamakta. Böyle günlerden birinde, okuldan eve, öğretmeninin kurallara uymadığı için yazdığı bir not getirir. Notta "Zeke bugün okulda bir saygısızlık yaptı." yazmaktadır.

Annesi, Zeke'nin karşısına oturur ve ona ne olduğunu sorar. Zeke, kızgın bir ses tonuyla teneffüse çıktıkları zaman Bayan Rollo'nun, kalemi parmağıyla dengede tutmaya çalışmaktan vazgeçmesini çünkü 'yüzünü çizebileceğini' söylediğini anlatır. Bayan Rollo'ya kaşlarını çattığını ve âni bir reaksiyon ile yüzünü çizmesi için kalemin üstüne (göstererek) eğilmesi gerektiğini ve 'o kadar aptal olmadığını' söylediğini anlatır. Bu cevap üzerine Bayan Rollo'nun kaleme el koyduğunu, Zeke'nin ismini tahtaya yazdığını ve onu bir notla eve gönderdiğini söyler."

Zeke'nin annesinin gerçekte nasıl cevap verdiğini tanımlamadan önce, ebeveyn-çocuk ilişkisinde Zeke'nin neye ihtiyaç duyduğunu anlamaya çalışalım. Aslında çok sevdiği öğretmeni ile yaşadığı bu olaydan dolayı üzgündür. Bu yüzden biraz empatiye ihtiyaç duyar. Diğer yandan, okulda başarılı olmak için öğretmeninin kendisinden ne beklediğini öğrenmesi gerekli. Annesi son zamanlarda, kardeşleri onu yaşından dolayı dışladığı için 'bir bebek gibi davranılmaya' karşı aşırı duyarlı olduğunun farkında olsaydı (duygusal dikkat), bu bilgi ona yardımcı olabilirdi. Zeke'nin annesinin bu üç beceriyi kazanmaya ihtiyacı vardı: Bağ hissetmek, özen göstermek ve Zeke'nin problemini çözmeye yardımcı olmak için yetkin bir şekilde cevap vermek.

Anne ile oğul arasındaki sohbetin nasıl devam ettiğine bakalım:

Anne: Bayan Rollo senin kalemi gözüne saplayacak kadar aptal olduğunu düşünmesinden dolayı senin utandığını anlamamış. Ancak öğretmenler senden bir şeyi yapmayı bırakmanı istediklerinde, meselenin ne olduğu çok önemli değildir. Sadece söyleneni yapman gerekir.

Zeke: Biliyorum! Sadece ona anlatmaya çalışıyordum ama beni dinlemedi!

Anne: Evet, insanlar senin konuşmana izin vermediklerinde ne kadar 'sinirlendiğini' biliyorum. Bayan Rollo, senin son zamanlarda, kardeşlerinin seni dinlemiyor oluşundan dolayı ne kadar üzgün olduğunu bilmiyor.

Zeke, annesinin anlayışlı cevabı karşısında biraz rahatladı.

"Evet, beni çok sinirlendirdi ve daha sonra da kalemimi aldı."

Anne: Senin için ne kadar zor olduğunu anlıyorum. Ancak senin de bildiğin gibi Bayan Rollo'nun sınıfı çok büyük ve herkesin farklı davranışlar sergi-

lediği bir yer. Yani şu an bizim yaptığımız gibi konuşabilecek kadar zamanı yok. Bir öğretmen okuldaki kurallara uymanı istediğinde, elinden geldiğince bunu yapman önemlidir. Senden istenen ve uygun olan şeyleri elinden geldiğince yapmayı deneyecek misin Zeke?

Zeke: Evet, anne.

Anne: Güzel! Okuldaki kurallara olabildiğince uyumlu hareket edersen, çok daha az problem yaşarsın. Eve geldiğinde, okulda adil olmadığından şikâyet ettiğin durumlar olursa bizimle paylaşabilirsin. Bu harika olur. Ancak bir öğrenci olarak, saygı göstermek demek, öğretmeninin istediği şeyler için yanlış bir şey olmadıkça onunla işbirliği yapmak demektir.

Yukarıdaki sohbette annenin sezgisel yanıtları bize Winnicott'un tanımladığı mutlu ve aklı başında bir yetişkinliğe yol açan sağlıklı ve duygusal anlamda uyumlu ebeveynliğin karmaşık bir örneğini sunar. Peki, yaptığı şey tam olarak nedir?

- Oğluna herhangi bir reaksiyon vermeden önce ne olduğunu sorarak onunla duygusal anlamda bağ kurdu. Utanmasına izin vermedi.

- Daha sonra onu dikkatli bir şekilde dinledi. İlk kez konuştuğunda ona sekiz yaşındaki bir çocuğun anlayabileceği kadar basit bir kural sundu: Bir öğretmen senden bir şey yapmanı istediğinde, onu yapmalısın. Burada Zeke'nin annesi okulda uyulması gereken genel bir kural sunarak, onun bilişsel gelişim evresine sezgisel olarak uyumlu bir şekilde davrandı.

- Hemen empati ve oğlunun duygularını adlandırma kuralını izledi. (*Bayan Rollo senin utanmış olabileceğini anlamamıştı...)* Hissettiği şeyi adlandırmasının ardından Zeke, annesine duygusuyla ilgili daha fazla şey ifade etti. (*Biliyorum! Sadece ona açıklamaya çalışıyordum ama beni dinlemedi!)*

- Yine, annesi Zeke'nin öğretmenine karşı kaba davranışını tetikleyen duyguyu isimlendirerek veya etiketleyerek, ona saygısızlık olarak görülen davranışı ile ilgili Zeke'ye yanıt verdi. (*Evet. İnsanlar konuşmana izin vermediğinde ne kadar öfkelendiğini biliyorum.)*

- Anlaşıldığını hisseden Zeke, bu duyguyu kendi kelimeleriyle tekrar ederek cevap verdi; "Evet, beni çok öfkelendirdi ve daha sonra kalemimi aldı."

- Ancak anne henüz bitirmedi. Bu sohbette anne, Zeke'ye onun davranışını öğretmeninin anladığından daha farklı gördüğünü göstererek, onu anladığını ve onun için üzüldüğünü hissettirdi. Ancak burada da durmadı çünkü onun tartışmaya olan eğilimi, bunu düzeltmediği sürece okulda onun için bir problem olmaya devam edecekti. Bu yüzden anne, "Bir öğretmen okuldaki kurallara uymanı istediğinde, elinden geldiğince bunu yapman önemlidir." dedi.

- Son olarak, oğlunu davranışlarından dolayı sorumlu tutarken, savunmacı doğasından dolayı, gelecekte kontrollü olması için bir sahne yaratarak, "Senden istenen şeyi karşılık vermeden yapmayı deneyecek misin, Zeke?" diye sordu.

Burada yapılan konuşma aldatıcı biçimde basittir. Zeke'nin annesi yaptığı hatadan dolayı oğlunu utandırmaktan kaçındı ve gelecekte kendi duygularını ayırmasına imkân tanıyacak duygusal öğrenme ortamı yaratarak onun duygularını adlandırdı. Ayrıca ona sosyal bir kural sunarak, onu duygusal anlamda destekledi ve ondan bu kuralı izlemesini istedi. Zeke okulda aynı davranışı tekrar etmesi durumunda artık sonuçlarını öngörebilecektir.

Zeke'yi unutmayın çünkü sağlıklı ve duygusal anlamda ihmalkâr ebeveynlik arasındaki farkları tanımlamaya yardımcı olması için bu örneği birkaç kez kullanacağım.

İşte bir başka örnek:

KATHLEEN

Genellikle, çocuğun hayatındaki duygusal ihmal o kadar güç algılanır ki her gün işbaşında olmasına rağmen, çoğu zaman dikkat hatta hoşgörü biçiminde maskelenerek çok nadir gözlenebilir.

Kathleen, küçük bir teknoloji şirketinde, dolgun bir maaşla yönetici asistanı olarak çalışan yeni evli, başarılı ve genç bir kadın. Eşini, kendi ailesinin yaşadığı şehirde bir ev almaya ikna etti ancak terapide de ortaya çıktığı gibi, annesinin kendisini sık sık çılgına çevirdiğini biliyordu. Kendi verdiği karardan şaşkına dönmüştü. Annesinin kendisinden her zaman çok fazla özen talep ettiğinin farkındaydı ve ona ne kadar özen gösterirse göstersin, annesi konusunda suçlu hissettiğinin de farkındaydı. Yeni bir ev, yeni bir eş ve harika bir iş ile mutluluğunun ve başarısının zirvesinde terapiye geldiği zaman, Kathleen açıklanamayan bir şekilde depresifti. Hissettiği bu duygudan dolayı hem utanmış hem de şaşkındı çünkü böyle hissetmesi için hiçbir neden yoktu. Bu durum, duygusal ihmalin nasıl saklandığını açıklayan iyi bir örnek çünkü mesele ne *olduğunda* değil ne *olmadığındadır.*

Bundan yirmi beş yıl öncesine, Kathleen'in beş yaşındayken plajda babasıyla mutlu bir şekilde kumdan kale yapmaya çalıştığı âna geri gidelim. Restore edilmiş 'Yeni İngiliz' evlerinden birinde yaşayan başarılı genç bir çiftin tek çocuğudur. İnsanlar ona baktıklarında genellikle ne kadar şanslı olduğunu söylerler. Babası bir mühendis, annesi ise bir ilkokul öğretmenidir. Egzotik yerlere seyahat etmek ve terbiyeli bir şekilde davranmayı öğrenmek Kathleen'in hayatının parçasıdır. Kathleen'in annesi harika bir terzidir ve kıyafetlerini annesi diker. Genellikle anne kız uyumlu kıyafetler giyerler. Saatlerce birlikte zaman geçirirler. Bir gün ailecek çıktıkları tatilde, Kathleen annesininkiyle uyumlu plaj sandalyesinden kalktı çünkü babası onu birlikte oynamaya davet etti. Babasıyla özel bir şeyler yapmak çok nadir yakaladığı harika bir fırsattı. Birlikte çukur kazıyorlardı ve kalenin ilk katını yapmak için kum biriktiriyorlardı.

Annesi kısa bir süreliğine kafasını kitaptan kaldırdı ve oturduğu sandalyeden sert bir şekilde, "Babayla bu kadar oynadığın yeter Kathleen. Baban boş gününü bütün gün <u>seninle</u> oynayarak geçirmek zorunda değil! Buraya gel, sana kitap okuyacağım." dedi. Hem baba hem de kız, başlarını kaleden kaldırdı. Kısa bir süre öylece durdular. Daha sonra babası ayağa kalktı, sanki itaat etmek zorundaymış gibi, dizlerindeki kumu temizledi. Kathleen oyun bittiği için çok üzgündü ancak annesi ikisinin de iyiliğini düşündüğü için bencil olmadığını hissediyordu. Kathleen babasını yormamalıydı. İtaatkâr bir şekilde annesinin yanındaki daha küçük plaj sandalyesine oturdu ve annesi ona bir şeyler okumaya başladı. Kısa bir süre sonra, hikâyeyi dinlerken Kathleen'in hayal kırıklığı yok olup gitti.

Kathleen terapide bu anıyı, babasıyla her zaman ne kadar uzak bir ilişkide olduklarını ifade etmek için aktardı. Ancak babasının ayağa kalkıp, kumları silkelediği bölüme geldiği zaman, gözleri yaşlarla doldu. "Bu imgenin beni neden bu kadar üzdüğünü bilmiyorum." dedi. Ona, üzüntüsüne odaklanmasını ve annesiyle babasının o gün neyi farklı yapmış olabileceğini düşünmesini istedim. Kathleen o anda, ebeveynlerinin her ikisi tarafından da sık sık ihmal edildiğini görmeye başladı. O gün neyin farklı olmasını isteyeceğini anlaması çok zor değildi. Sadece babasıyla çukur kazmaya devam etmeyi dilerdi.

Annesi, Kathleen'e karşı duygusal anlamda dikkatli olsaydı:

> *Onlar oynarken annesi başını kitabından kaldırdı ve oturduğu sandalyeden onlara doğru gülümseyerek, "Heyyy, çocuklar ne kadar büyük bir çukur kazmışsınız! Size kumdan bir kalenin nasıl yapılacağını göstermemi ister misiniz?" diyebilirdi.*

Ya da

Babası duygusal anlamda dikkatli olsaydı:

> *Annesi kısa bir süreliğine kafasını kitaptan kaldırdı ve oturduğu sandalyeden sert bir şekilde, "Babayla bu kadar oynadığın yeter Kathleen. Baban boş gününü bütün gün seninle oynayarak geçirmek zorunda değil! Buraya gel, sana kitap okuyacağım." Hem baba hem de kız, başlarını kaleden kaldırdı. Kısa bir süre öylece durdular. Babası yüzünde kocaman bir gülümsemeyle önce eşine, sonra da Kathleen'e baktı. "Şaka mı yapıyorsun? Kumsalda kızımla oynamaktan başka hiçbir şey yapmak istemiyorum! Bize yardım etmeye ne dersin, Margaret?" diyebilirdi.*

Bu 'düzeltmeler'in her ikisiyle ilgili dikkat edilmesi gereken nokta, onların sıradan ve doğal ebeveynlik becerileri kapsamında olduklarıdır. Bu gibi konuşmalar her zaman olur. Ebeveyn için çocuğun önemiyle ilgili böyle bir eksiklik varsa (çocuk, ebeveynlerden birinden ya da diğerinden bir şey istediği ya da özen beklediği için utanç duyuyorsa) *kendi duygusal ihtiyaçlarının pek çoğuna kör bir şekilde büyüyecektir.* Neyse ki Kathleen bir yetişkin olarak annesine duyduğu öfkenin geçerli bir sebebi olduğunun farkına vardı. Bunca yıldır anne kız ilişkilerinin arkasındaki sahnelere saklanmanın, annesinin kendisine karşı olan duygusal dikkat eksikliğinden kaynaklandığını gördü. Kathleen, öfkesinin mantıklı olduğunu anladığı zaman, öfkesinden dolayı kendini daha az suçlu hissetti. Annesinin taleplerine göre hareket etmeyi bırakıp, kendisi ve kocası için doğru olan şeyi yapması gerektiğini anladı. Ayrıca Kathleen'in annesinin sınırlamalarını anlaması ve ilişkilerini tamir etmeye çalışması için yeni bir kapı açıldı.

Kathleen'in senaryosundaki bir diğer önemli nokta, Kathleen'in ebeveynlerinin herhangi bir büyük ebeveynlik suçu işlememiş olmaları. Onların 'hatası' o kadar belirsiz ki muhtemelen ikisi de kızlarına en ufak bir zarar bile verebileceklerinin farkında değiller. Aslında büyük ihtimalle kendi çocukluklarında var olan kalıpları yaşıyorlar. İşte bu duygusal ihmal tehlikesidir: Mükemmel, çocuklarına karşı sevgi dolu, ellerinden gelenin en iyisini yapan insanlar, hiç farkında olmadan görünmez ve tehlikeli kalıpları kendi kızlarına aktarıyorlar. Bu kitaptaki amacımız ebeveynleri suçlamak değil. Sadece kendi ebeveynlerimizi ve bizi nasıl etkilediklerini anlamak.

Artık sağlıklı ve ihmalkâr ebeveynlik arasındaki fark ile ilgili bir algı edindiğimize göre, ihmalkâr ailelerin belirli türlerine göz atalım. Bu bölümde okuduğunuz gibi, kendi ebeveynlerinizin onların arasında yer alıp almadığını öğrenebilirsiniz.

Bölüm 2

BOŞLUK HİSSİNE NEDEN OLAN ON İKİ DAVRANIŞ ŞEKLİ

Ebeveynlerin, çocuklarını duygusal olarak ihmal etmelerinin pek çok yolu var. Hatta o kadar çok ki hepsini bu kitaba sığdırmamız imkânsız. Bu yüzden yapabileceğimiz en iyi şey, en geçerli ebeveynlik kategorilerine odaklanmak. Bu kitabı, kendi ebeveynlerinizin bu davranış biçimlerinden en az birini ve diğer davranış biçimlerinden de bazı özellikleri taşıyabilme ihtimalini göz önünde bulundurarak okuyun. İlkini okuduktan sonra ebeveynlerinizin tarzını saptadığınızı düşünseniz de bölümün sonuna kadar okumanız yararlı olacak. Mesela, ebeveynlerinizi 5. davranış biçimi olarak tanımladıktan sonra, 9. Bölüm ile ilgili bir şeyler deneyimlediğinizi görme olasılığınız çok yüksek. Ebeveynlerin çoğu ağırlıklı olarak tanımlanmış bir tarza uysa da bu örneklerin hepsi 'karıştır ve eşle' anlamına gelir.

En geniş kategoriyi sona sakladım: İyi Niyetli Ancak Kendini İhmal Eden (İNAKİE) ebeveynler. Bu kategori, en iyi niyetlere sahip ancak çocuklarına duygusal anlamda yetersiz kalan pek çok ebeveynle ilgili. Çocuklarının çıkarına uyacak en iyi şeyleri düşünürler. Çocuklarını gerçekten ve canıgönülden severler. Sadece çocuklarının ihtiyacı olan şeyleri onlara nasıl vereceklerini bilmezler. 1. Tür'den 11. Tür'e kadar okuduğunuzda hiçbiri doğru gelmezse, büyük ihtimalle İNAKİE ebeveynler tarafından yetiştirildiniz.

1.Tür: Narsist Ebeveyn

Belki 'narsist' kelimesinin türediği Yunan mitolojisinden Narcissus (Nergis) efsanesini duymuşsunuzdur. Efsaneye göre Narcissus kendisini gören herkesin gözlerini kamaştıran, çarpıcı ve yakışıklı bir gençti. Pek çoğu ona övgü dolu sözler söyledi ve âşık oldu. Ancak Narcissus o kadar kendini beğenmiş biriydi ki hepsini reddetti. Onun için hiç kimse yeterince iyi değildi! En nihayetinde, Narcissus suda kendi yansımasını gördü ve kendine âşık oldu. Efsanenin uyarlamalarına bağlı olarak, kendi imgesinden uzaklaşamadığı için ya intihar etti ya da yavaş yavaş eriyip gitti.

Narsist kişiler, isimlerini aldıkları Yunan mitolojisindeki kişiye çok benzerdir. Çoğunlukla kendini üstün görme eğiliminde olurlar; kendilerine çok güvenirler ve etkileyici bir tavırla konuşurlar. Ancak bazen narsistler, başkalarına karşı üstün olma duygularının bir yanılsama olduğunu kabul ederler. Bu nedenle, üstünlük duygularını doğrulayan kanıtlara yönelir ve tersini gösteren etkileşimlerden veya ilişkilerden kaçınırlar. Birisi ya da bir şey onların görkemli hislerine darbe indirdiğinde, zor bir insan hâline gelirler. Kibirlerine rağmen kolayca incinirler ve duygusal olarak zayıftırlar. Kin tutarlar, başarısızlıklarından dolayı diğerlerini suçlarlar, insanları başlarından defederler ve işler istedikleri gibi gitmediği zaman sinir krizi geçirirler. Yanılmış olmaktan hoşlanmazlar. Sadece kendi konuştuklarını duymak isterler. Ancak belki de en zararlı özellikleri diğer insanları sık sık yargılamaları ve üzücü bir şekilde eksikliğin kendilerinde olduğunu görmemeleridir. Onlar, herhangi bir ailenin, ofisin veya kurumun Kralları ya da Kraliçeleri'dir.

Narsist insanların, ebeveyn oldukları zaman çocuklarından kusursuzu talep ettiklerini ya da en azından kendilerini utandıracak bir şeyler yapmamalarını beklediklerini anlamışsınızdır. Sağlıklı ebeveynler, çocukları topu yere düşürmeme oyununda başarısız oldukları zaman çok az rahatsız olurken, narsist ebeveynler kendilerini aşağılanmış hisseder ve aşırı öfkelenirler. Çocukları, diğerlerinin görebileceği hatalar yaptığı zaman (o anda ebeveynlerinin yardımına ne kadar ihtiyaç duyduklarının bir önemi yoktur) narsistler, bunu kişisel olarak algılar ve bunun bedelini çocuklarına ödetirler.

SID

On dokuz yaşındaki Sid, oldukça gösterişli bir şekilde döşenmiş evlerinin ön kapısında durur. İlk bakışta uzun boylu ve yakışıklı bir genç görürsünüz ancak gözlerinin derinlerinde acı ve belirsizlik duyguları hâkimdir. Ellerini göğsünün üzerinde birleştirmiştir ve omuzları hafifçe aşağı düşmüştür. Yanında bir polis vardır ve zili çalarlar. Polis ve genç adam, şık giyimli bir kadın kapıyı açana kadar birkaç dakika bekler. Kadın oğlunu eve getirdiği için teşekkür edip, polise nazik bir şekilde gülümser; onun uzattığı evrakları alarak, oğlunun eve girmesi için bir adım kenara çekilir. Polis kapıdan ayrıldıktan sonra Sid'in annesi ön kapıyı kapatır. Kolları önünde bağlı, yüzünde sert ve anlaşılmaz bir ifadeyle oğlunun karşısında bir dakika durur. Sid, fiziksel bir temas kurmak istiyormuş ya da en azından öyle umut ediyormuş gibi yavaşça annesine doğru eğilir.

Kadın, "Baban çok üzgün. Şu an onunla konuşamazsın. Yatmaya gitti. Sen de yukarı çık ve eski odanda uyu. Bu konuyu yarın konuşacağız." der.

Sizce Sid alkollü mü yakalandı? Ya da daha ciddi bir şeyler mi yaptı, hırsızlık gibi mesela?

Hayır! Yeni yeni araba kullanmaya başlayan Sid, bir yayaya çarptı ve ciddi bir şekilde yaralanmasına yol açtı. Adam, otobüsü yakalamak için aceleyle karşıya geçmeye çalışan, kırk yaşlarında bir aile babasıydı. Şu an hastanede komada. Sid'in annesi oğlunu odasına gönderiyor. Çok üzgün çünkü yarınki gazetelerde adının yazacağından emin ve bu onun ailesi için utanç verici bir durum.

Narsist ebeveynler, çocuklarının kendilerinden ayrı bireyler olduğunun farkında değildir. Daha ziyade çocuklarını, kendilerinin bir uzantısı olarak görürler. Çocukların ihtiyaçları, ebeveynlerin ihtiyaçlarına göre tanımlanır ve kendi ihtiyaçlarını ifade etmeye çalışan çocuklar; bencil ve düşüncesiz olmakla suçlanır.

BEATRICE

Beatrice, kasabasındaki ünlü ve prestijli özel bir lise için tam burs kazanan, on dört yaşında son derece zeki Afro-Amerikan bir kız. Okuldaki öğrencilerin çoğu o kadar zengin ki tatillerde sürekli Monte Carlo ve İsviçre Alpleri gibi yerlere seyahat ediyorlar. Ancak Beatrice, ailesinin onu yılda bir kez Disney World ve Cape Cod'a götürebildiği bir kasabalı. Yeni okulunda da notları her zaman olduğu gibi çok iyi. Ancak bütün yıl kendini siyahi bir simge, bir kasabalı ve en çok da oraya ait değilmiş gibi hissettiği için tükenmiş hissetmekte.

Öte yandan, okulda geçen bir yılda Beatrice'in annesi cennette gibi. Giyinip, süslenip okul etkinliklerine gitmeye ve orada Senatorlar ve Wall Street ebeveynleriyle haşır neşir olmaya bayılıyor. Komşularıyla okulun ne kadar zor olduğuyla ve Beatrice'in bunun üstesinden nasıl geldiğiyle ilgili konuşmaya can atıyor. Nihayet ilgisini çeken insanlarla sosyalleşme imkânı bulduğu için havalara uçuyor. Beatrice ne zaman sosyalleşme konusundaki sıkıntısını dile getirecek olsa annesi, "Bu, senin hayatta çok başarılı olman için harika bir fırsat! Sadece dört yıl. Sadece biraz sertleşmeye ihtiyacın var!" diyor. Beatrice, annesinin sözlerinin içtenlikle söylendiğini düşünmeye çalışıyor ancak yalnız ve depresif. Ayrıca diğer öğrencilerle çok az ortak noktası var. Yıl sonunda ailesine yeniden devlet okuluna gitmek istediğini söylediği zaman annesi çıldırıyor, gözyaşlarına boğuluyor ve "Bunu bana nasıl yaparsın? Artık oradaki harika arkadaşlarımı göremeyeceğim! Komşularımız başarısız olduğunu duyunca çok mutlu olacaklar çünkü beni kıskanıyorlar! Hep bu şekilde davranıyorsun çünkü sen zavallı bir drama kraliçesisin!" der. Beatrice'in babası ise tek kelimeyle çaresizdir çünkü en iyi tercihin, eşinin yanında yer almak olduğunu öğrenmiştir..

Beatrice'in ihtiyacı olan tek şey şefkat ve anlayış ancak hissettiği duygu sadece utanç. Annesi, yaptığı seçimden dolayı Beatrice'i çok uzun bir süre affetmez ancak Beatrice doğru tercih yaptığını kanıtlar. Devlet okulundan mezun olur ve Brown'a tam burs kazanır. Böylece annesi yeniden mutludur.

Narsist ebeveynlerde eksik olan şey, çocuklarının hissettikleri şeyi hayal etme ve onu önemseme yeteneğidir. Empati duygusu olmayan bir ebeveyn, zayıf ışık altında, soğuk aletlerle ameliyat yapan bir cerraha benzer. Sonuçlar büyük ihtimalle yaralara yol açar.

ZEKE

Bölüm 1'de öğretmenine saygısızlık yapan ve bir not ile eve gönderilen üçüncü sınıf öğrencisi Zeke'ye geri dönelim. Annesi narsist bir ebeveyn olsaydı etkileşim şu şekilde gerçekleşirdi:

> *Zeke, elindeki notu annesine verdi. Zeke, notu okuyan annesinin kaslarının gerildiğini, çenesinin kasıldığını ve boynundan akan terleri görebiliyordu. Notu Zeke'nin yüzüne doğru salladı; "Nasıl böyle bir şey yaparsın, Zeke? Şimdi Bayan Rollo seni iyi terbiye edemediğimi düşünecek! Bunun ne kadar utanç verici olduğunun farkında mısın? Çabuk odana git, şu an seni görmek istemiyorum. Beni çok incittin." dedi.*

Zeke'nin annesi oğlunun yanlış davranışını sanki **ona yapmış gibi** kişisel olarak algıladı. Ne Zeke ne de onun hisleri ve davranışlarıyla ilgileniyordu; tek düşündüğü kendisiydi. Bu yüzden Zeke, okulda nasıl başarılı olacağı konusunda hiçbir faydalı tavsiye ya da geribildirim alamadı.

Narsist kişiler ebeveyn oldukları zaman, çocuklarının her biriyle farklı iletişim kurma yeteneğine sahiptirler. Taraf tutarlar ve genellikle, en azından çocuklarından birini hayal kırıklığı olarak görürler. Ancak kendilerini en iyi şekilde yansıtan çocukları yakışıklı, sevimli, atletik ya da zeki yani 'kutsal olandır' ve narsist anne veya baba ile özel bir ilişki kurar. Ayrıcalıklı tarafta olan çocuk, ebeveynlerinin sevgisinin her zaman koşullu olduğunu genellikle yetişkinlikte fark eder.

GINA

Gina 32 yaşında bir kadın ve Manhattanlı bir ailenin üç çocuğundan en büyüğü. Yakın bir zamana dek babasının göz bebeğiydi ve onunla çok iyi, yakın bir ilişkileri vardı. Ancak Gina'dan daha az başarılı olan erkek kardeşi hem babasından hem de Gina'dan uzak durmayı tercih ediyordu. Gina onun neden bu şekilde davrandığını anlayamıyordu ve bu durumu erkek kardeşinin kıskanç olmasına bağlıyordu. Gina, hukuk bürosunda avukat olan, ikinci kuşak göçmen bir adamla evleniyordu. Ancak babası, Gina'nın nişanlısını kendisinden aşağıda biri olarak görüyordu. Nişanlandıkları günden beri Gina'nın babası, ona çok soğuk davranıyor ve müstakbel damadını aramaktan kaçınıyordu. Nadir de olsa onunla konuşurken kullandığı ses tonu, erkek kardeşine yönelttiği ses tonuyla aynıydı. Gina, babasını hayal kırıklığına uğrattığını fark etmişti. 32 yaşına gelmişti ve sonunda erkek kardeşinin onlarla bağ kurmaktan kaçınmasının nedenini anlamıştı.

Bu yeni farkındalıkla Gina, hayatına babasından uzaklaşarak devam edebilirdi ama bilinçaltında her zaman onu memnun etme, diğerlerinden daha iyi olma, onun övgüsünü ve takdirini kazanma düşüncesi hâkimdi. Babasının aynasında tutsak kalmıştı. Çocukluğu boyunca kendi kimliği daima ihmal edilirken, kusursuz bir kız çocuğunun nasıl olması gerektiğine dair babasının görkemli fikirlerini hayata geçirmek için didindi. Narsist bireylerin çocukları -ister Gina'nın erkek kardeşi gibi nefret edildiğini ister Gina'nın kendisi gibi sevildiğini hissetsin- yetişkinlik döneminde kendisini, narsistin yargılamasından kurtarmak için mücadele edecek ve kendisini kendi gözleriyle görmeye çalışacaktır.

Meseleyi anlamaya başladığınızdan eminim. Duygusal olarak ihmalkâr ebeveynlik, ilk bakışta son derece sağlıklı bir ebeveynliğe benzeyebilir. Ancak farklılıklar çok önemlidir. Tıpkı ormanda diğerleri zehirliyken, tek bir mantarın yenilebilir olması gibi benzerlikler sadece yüzeydedir. İlerleyen bölümler, size zehirli mantarları nasıl ayırt edebileceğinizi, tam anlamıyla nasıl farkında olabileceğinizi ve sahip olduğunuz gücü ve bilgiyi gelecek nesillere nasıl aktarabileceğinizi öğretecek.

2. Tür: Otoriter Ebeveyn

Psikolog Dr. Diana Baumrind, 1996 yılında, Otoriter Ebeveynliği tanımlayan ilk kişiydi. Dr. Baumrind otoriter ebeveynliği kural odaklı, kısıtlayıcı, cezalandırıcı, çocuklarını sert ve katı taleplere dayalı bir şekilde yetiştiren ebeveynler olarak ifade etti. Otoriter ebeveynleri düşündüğünüzde aklınıza gelen sözler çoğu zaman şu şekildedir:

Eski kafalı.

Çocuklar görülmeli ancak duyulmamalı.

Kızını dövmeyen, dizini döver.

Bir Baby Boomer[**] ya da daha yaşlı biriyseniz, otoriter ebeveynler tarafından yetiştirilme ihtimaliniz yüksek. Bu ebeveynlik tarzı, o dönemin ebeveynleri arasında oldukça popülerdi. Bugünün ebeveynleri, genellikle kendi çocuklarını, yetiştirildikleri gibi yetiştirmemek için bilinçli bir karardan doğan çok daha açık ve

** Baby Boomer: İkinci dünya savaşı ile soğuk savaş arasındaki dönemde doğmuş kimse.

izin verici bir yaklaşımı benimseme eğiliminde. Ancak yine de varlığını hâlâ sürdüren çok sayıda otoriter ebeveyn var.

Otoriter ebeveynler, çocuklarından çok fazla şey bekler. Çocukların, ebeveynlerin koyduğu kurallara sorgulamadan uymaları istenir. Aynı zamanda, bu ebeveynler kuralların arkasındaki gerekçeleri açıklamazlar; sadece kurallara bağlı kalınmasını isterler. Çocuklar bu kurallara itaat etmediklerinde, daha sert önlemler alırlar. Otoriter ebeveynler, çocuklarıyla problemi ya da meseleyi tartışmaktan ziyade, ceza vermeyi ya da dövmeyi tercih ederler. Çocuğun duyguları ya da düşünceleriyle ilgilenmezler. Ebeveynler, sıradan bir çocuğun davranışının nasıl olması gerektiğine dair kendi zihinlerinde var olan bir şablona göre ebeveynlik yapar ve kendi çocuklarının bireysel ihtiyaçlarını, mizacını veya hislerini dikkate almazlar.

En kötü ebeveynler otoriter ebeveyn kategorisine girer. Bununla birlikte Dr. Baumrind otoriter ebeveynlerin hepsinin kötü olmadığını vurgular. Ancak ben bütün otoriter ebeveynlerin tanım itibarıyla duygusal olarak ihmalkâr olduğunu söylemek zorundayım.

Otoriter ebeveynlerin çoğu, çocuğun itaatini sevgiyle eşitleme eğiliminde. Başka bir deyişle, çocuk sessizce ve bütünüyle ebeveynine itaat ederse ebeveyn sevildiğini hisseder. Ne yazık ki tam tersi de doğru. Çocuk ebeveynin taleplerini sorgularsa ebeveyn sadece saygısızlığa uğradığını değil, aynı zamanda reddedildiğini de hisseder. Çocuk kaba bir şekilde kurallara uymazsa, ebeveyn bunların çok daha fazlasını hatta hiç sevilmediğini hisseder. Tam olarak ne dediğimizi anlamak için Sophia örneğine bakalım.

SOPHIA

Sophia 19 yaşında, güzel ve hayat dolu genç bir kadın. Babası 62 yaşında eski kafalı bir İtalyan. Kızını gerçekten çok sever ve karşılığında saygı ve sevgi görmeyi bekler. Noel Arifesi'nde Sophia'nın ailesi, Noel partisi için toplanırlar. Sophia yıllardan beri bu partilerden hoşlanmaz çünkü onunla aynı yaşta kardeşleri ya da kuzenleri yoktur. Ayrıca akrabalarını da 'sıkıcı, geri kafalı ve kasıntı' bulur. Bu partilerde kendini sahnedeki bir dekor gibi görür. Önce bütün aile üyeleri tarafından övgülere boğulur, ardından bir kenara atılır ve ihmal edilir.

Sophia bu yılki Noel için ailesi ile birlikte yeni erkek arkadaşının evine davet edilir. Onun ailesiyle ilk kez karşılaşacağı ve ilişkilerinin geldiği nokta için çok heyecanlıdır. Ayrıca böylesine özel bir geceyi bu şekilde geçirmenin daha sıcak, ilginç ve heyecanlı olduğunu düşünür.

Sophia bu planını büyük bir heyecanla babasına söylediği zaman, adam çok öfkelenir ve "Bana bu şekilde saygısızlık yapamazsın. Akrabalarımızın ne diyeceğini düşündün mü? Onları sevmediğini düşünecekler. Senin için yaptığımız onca şeyden sonra bize bu şekilde mi teşekkür ediyorsun? Senden tek istediğim yılda bir kez bir yemekte birlikte olmak. Ve sen buna tenezzül etmeyecek kadar bencilsin." der. Sophia henüz tam karar vermemişken, babası ona Noel yemeğine gelmesine gerek olmadığını söyler. Ona, "Hediyelerini gönderirim. Böylece sen de Noel'i erkek arkadaşınla geçirirsin." der. Bu yaşananlar üzeri-

ne Sophia kendini o kadar suçlu hisseder ki planını değiştirip babasının istediği gibi davranmaya karar verir. Noel gecesini yalnız geçirme düşüncesine katlanamaz.

Sophia'nın babası çok sert bir tepki verir çünkü kendisinin hiçe sayıldığını ve kızı tarafından hiç sevilmediğini hisseder. Sophia'nın babasının kurallarını bile bile çiğnemesi saygısızlık, reddedilmek ve sevgi eksikliği gibi düşünülürken aslında üç sağlıklı ve pozitif şey tarafından yönlendirilir: Erkek arkadaşına duyduğu sevgi, geleceği ile ilgili duyduğu heyecan ve kendi hayatını kurma konusundaki doğal ihtiyacı. Aslında Sophia'nın babası, kendi sevilme ihtiyacını karşılamak için farkında olmaksızın, kızının sağlıklı olduğunu gösteren taleplerini bir kenara bırakması üzerine onu yanlış bir şekilde eğitir.

JOSEPH

Joseph, beş çocuklu bir ailenin, on yaşındaki en büyük çocuğu. Bugün Cadılar Bayramı ve Joseph'in kısacık hayatındaki her Cadılar Bayramı'nda ailesi aynı ritüeli izliyor. Akşam saat 6:00'da sosisli ve fasulye yedikten sonra çocuklar çok istedikleri ve nihayet izin verilen kostümlerini giyebiliyorlar.

Joseph'in annesi ve büyükannesi her yıl bir konsept belirler ve bu konsepte göre kıyafetleri kendileri diker. Bu yıl çocukların hepsi için Power Rangers kostümleri dikecekler. Joseph, arkadaşlarının kendisini bu bebek kıyafeti içinde görmesinden ve ertesi gün okulda onunla alay etmesinden endişe eder. Ayrıca bu yıl Harry Potter kostümü giymek için can atar. Joseph annesinin kostüm seçimini asla sorgulamaz ya da ona Harry Potter kostümü giymek istediğini söylemez çünkü büyükannesiyle birlikte kostümleri dikerken harcadıkları emeğin takdir edilmediğini düşüneceğini, bu isteğin annesini çok öfkelendireceğini bilir. Bu yüzden Joseph, kostüm konusunu düşünmemeye çalışır ve Power Rangers kostümü giymesine rağmen 'şeker mi şaka mı' oyunu için heyecanlanarak kostüm meselesini zihninden uzaklaştırır.

Joseph'in ebeveynleri 'şeker mi şaka mı' oyunu konusunda çok katı. Çocuklarının her yıl mahalledeki aynı yedi eve gitmesine izin verirler. Yaş sırasına göre yürürler, en küçük çocuk önce gider. Böylece annesi onları izleyebilir. O evden o eve doğru geçerek yürürken Joseph, caddede birlikte 'şeker mi yoksa şaka mı' oyunu oynayan iki arkadaşını görür ve birdenbire onlara doğru yürümeye başlar. Bir yandan da el sallayarak seslenir. Onları izleyebilmek için beş çocuğunun sıra hâlinde yürümesini bekleyen anne, Joseph'in kolundan sıkıca kavrayarak onu sıraya, ait olduğu yere çeker ve "Bu gece senin için 'şeker mi şaka mı' oyununun sonuna geldik Joseph! Daha fazla dolaşmak yok!" diyerek azarlar. "Kendini kontrol etmeyi başaramadığın için kardeşlerin diğer evleri dolaşırken, sen arkada benimle bekleyeceksin. Belki bu, önümüzdeki yıl nasıl davranman gerektiğini unutmaman konusunda sana yardımcı olur."

Joseph'in annesi otoriter ebeveyn türünün çok iyi bir örneğidir. Joseph'in kostümünü hazırlarken onun yaşını (ya da hiçbir çocuğunun yaşını) dikkate almaz ve beş çocuğuna da sanki hepsi aynı yaştaymış gibi davranır. Cadılar Bayramı'nda, Joseph'in ne olmak istediğiyle hiç ilgilenmez ve birbirinin aynısı beş adet kostüm dikmek daha kolayına gelir. Kuralları çok katıdır, esnemez ve onlar çiğnenmeye kalktığı zaman, sonuç gerçekten çok acımasız olur.

'Şeker mi yoksa şaka mı' oyununu oynarken çocuklarını takip ettiğini göz önüne aldığımızda, Joseph'in annesine biraz anlayış gösterebiliriz. Onun otoriter yöntemleri beş çocukla başa çıkma konusundaki umutsuz bir girişime dayalı olabilir. Bununla birlikte davranışlarının gerekçeleri ne olursa olsun, hepsinin de Joseph üzerinde aynı etkiye neden olacağını belirtmek son derece önemli. Taleplerinin ve ihtiyaçlarının bencilce olduğunu hissedip arzularını, ihtiyaçlarını ve duygularını kendisine saklamayı öğrenecek. Ayrıca kendisinin önemli olmadığı sonucuna varacak. Joseph ergenliğe girdiğinde, asi davranışlar sergileme olasılığı çok yüksek olacak ve bir yetişkin olarak, çok büyük ihtimalle duygusal ihmale maruz kalmış bir bireyden işaretler taşıyacak.

Otoriter ebeveynlerden bazıları hemen göze çarpmayan bir tavırla karşımıza çıkar.

RENEE

Renee, başlangıçtaki terapi seanslarımızdan birinde şöyle dedi; "Zor bir çocuktum. Her zaman başımı belaya sokuyordum. Geriye dönüp baktığımda, ailem için üzülüyorum." Renee'den bu konudan daha fazla bahsetmesini istediğimde şunları öğrendim:

Renee'nin babası 'titiz bir kişiydi' (Renee'nin sözleri). Çocuklarının her zaman ev işlerine yardım etmesini beklerdi. Genellikle işten eve gelir ve bir yerin kirli olduğunu görürse, "Renee, gel ve şu yerleri temizle!" diye bağırırdı. Renee ödevinin ortasındaysa aşağı inmeden önce mantıklı olduğu üzere, yazdığı cümleyi bitirmeye veya aritmetik bir problemi çözmeye çalışırdı. Bu kısacık gecikme, babası tarafından itaatsizlik olarak algılanırdı. "Sana gel ve yerleri temizle diye seslendiğimde, bu ŞİMDİ yapman gerektiği anlamına geliyor, beş dakika sonra değil!" derdi. Söylediği iş ne olursa olsun ya da Renee o anda neyle meşgul olursa olsun durum buydu. Fazla söze gerek yoktu, Renee çoğu zaman problem yaşıyordu.

Renee'nin babasının diğer otoriter ebeveynler gibi katı cezalar vermediğini fark etmiş olmalısınız. Onu herkesin içinde yerin dibine sokmadı ya da Noel yemeğinden kovmadı. Aslında yaptığı şey, pek çok ebeveynin standartlarına göre normal olarak düşünülebilirdi. Hangi ebeveyn zaman zaman bağırmazdı ki? Renee'nin babasındaki problem çok yüksek sesle bağırması ve bunu kasti olarak yapmasıydı. Yapmasını istediği şeye kızının hemen cevap vermemesi, bu yüzden onu sevmediği *duygusu* ile daha da pekişmişti. İhtiyaçlarının karşılanmasını (saygı görme ve sevilme) ve babasının söylediği şeyleri yapması gerektiğini Renee'ye aktarmak istiyordu.

Ne yazık ki ona hissettirdiği şey, kızının ihtiyaçlarının önemsiz ve çirkin olduğuydu. Renee, babasının mantıksız olmasından ziyade, kabul edilemez ihtiyaçlarından dolayı kendini suçluyordu. Aslında hayatı boyunca kendini suçlamaya ve öfkesini kendisine yöneltmeye mahkûm edilmişti. Neyse ki Renee, kendi duygu ve ihtiyaçlarının olmasının normal olduğunu kabul edebileceği bir tedavi yöntemi bulmayı başardı.

ZEKE

Zeke okul servisine, ertesi günkü futbol maçının hayaliyle biner. Babası en sonunda Patriotslara bilet bulmayı başarmıştır ve Zeke'yi ilk kez oyunlardan birine götürecektir. Zeke daha önce hiç bu kadar heyecanlanmamıştır!

Zeke eve varır varmaz, annesinin eline bir not tutuşturur. Annesi notu okurken, yüzünde öfkeyle karışık bir hayal kırıklığı belirir. Annesi, "Bu kabul edilemez bir şey. Nasıl saygı göstermen gerektiğini öğrenmen gerekiyor! Yarınki futbol maçına gitmeyi hak etmiyorsun. Belki gelecek sefer Bayan Rollo'ya saygı göstermen gerektiğini hatırlarsın." der.

Zeke'nin annesinin sert önlemler almaya başladığı son derece açıktır. Meseleyi onun açısından dinlemeye zaman ayırmadı ya da ona okuldaki duygu ve eylemleriyle nasıl başa çıkması gerektiği konusunda herhangi bir şey öğretmeye çalışmadı. Bütün bunların yerine, onun önemli olmadığını hissettirdi. Bütün mesele, otoriteyi körü körüne takip etme ve o otoriteye koşulsuz saygı duymak. Zeke büyüdüğünde, başka koşullardaki farklı insanlardan (öğretmen, eş, arkadaş) kendisinin önemli olduğuna ilişkin mesajlar alsa da işler yolunda gitmediğinde, hep kendini suçlama eğiliminde olacak. Ayrıca hata yaptığı zaman kendini bağışlaması çok zor olacak.

3. Tür: İzin Verici Ebeveyn

İzin verici ebeveyn, pek çok açıdan otoriter ebeveynin tam zıttı olarak düşünülebilir. İzin verici ebeveynin sloganı, "Mutlu ol, endişelenme!" cümlesidir. Bizim kültürümüzde bu ebeveyn türlerinin sevilen ve alışılmışın dışında olduğu kabul edilir. *Dharma ve Greg*'de, Dharma'nın hippi ebeveynlerini, *Family Guy*'da Stewie'nin annesini, Simpsonlar'daki Homer Simpson'ı ya da *Afacan Dennis*'in pipo içen, rahat babasını düşünün. İzin verici ebeveynler, kolay yolu seçen ebeveyn türleri olarak tanımlanabilir. En iyi hâliyle sadece çocuklarının mutlu olmasını

isterler. En kötüsüyse sadece ebeveynlik yapmak zorunda olmamayı isterler. Her iki şekilde de çocuklarına sınırlar, yaptırımlar, kalıplar ya da ergenlikte kendisine karşı isyankâr tavırlar sergileyebileceği güçlü bir yetişkin sunmazlar. 'Hayır' demek enerji gerektirir. Çocuğu bir iş yapmaya ya da bir sorumluluğu yerine getirmeye zorlamak enerji gerektirir. Öfkeli bir çocukla uğraşmak enerji gerektirir. Hayır cevabından sonra çocuk tarafından anlık bir nefrete maruz kalmak çok acı vericidir. İzin verici ebeveynler işleri çocuklara yaptırmaya çalışmaktan ziyade, kendileri yapmayı tercih ederler. Çocuk başını belaya soktuğunda başka bir yol aramak ya da bahaneler bulmak onlara zor gelir.

İzin verici ebeveynlerin, çoğu zaman çocukları tarafından çok fazla sevildiği görülür çünkü izin verici ebeveynler, çocuklarıyla çok az çatışır. En basitinden, 'hayır' kelimesini çok kullanmazlar. Bu ebeveynlerin büyük çoğunluğu genellikle, çocuklarıyla çatışmaktan rahatsızlık duyar ve öz-disiplinle ilgili kendi mücadeleleri vardır. İzin verici ebeveynlik tarzını anlamak için Samantha'nın 'cennet gibi' çocukluğuna göz atalım:

SAMANTHA

Samantha bütün mahallenin imrendiği bir kız. Sokaktaki bütün çocuklar akşam yemeği için teker teker çağrıldığında, Samantha en son gider. Samantha okula gitmek istemediğinde, sadece gitmek istemediğini söylemesi yeterli olur. Uyumak istemezse, bu bir problem teşkil etmez. Ne zaman isterse o zaman yatmakta özgürdür. Samantha'nın ebeveynleri, çocuklarının bütünüyle özgür olması gerektiğine ve bunun ileride onların mutlu yetişkinler olmasını sağlayacağına inanır. Aslında Samantha evde çok mutlu. Ailesiyle nadiren tartışır ve büyüdükçe, evde nadiren vakit geçirir.

Bununla birlikte okulda çok fazla problem yaşar. Herkes Samantha'nın mükemmel notlar alacak kadar zeki ve yetenekli bir öğrenci olduğunu bilir. Ancak öğretmenleri onun çok zor bir çocuk olduğunu söyler. Onu şımarık, disiplinsiz ve kapasitesinin altında performans gösteren bir öğrenci olarak tanımlarlar. Kurallara uyma konusunda sıkıntı yaşadığını ve davranış problemleri olduğunu ifade ederler. Sınav günlerini kaçırmaya meyilli olduğunu, bu yüzden de notlarının potansiyelinden düşük olduğunu söylerler.

Bir yetişkin olarak geri dönüp baktığında Samantha'nın, ebeveynlerinin harika insanlar olduğunu hissedeceğini tahmin edersiniz. 15 yıl sonraki ilk terapide, "Onlar beni her zaman desteklemekten başka bir şey yapmadı." dedi. O zaman Samantha bir kıyafet mağazasının yöneticisi olarak çalışıyordu. Üniversitede derece yapamamasından dolayı sürekli kendini suçluyordu. "Her türlü fırsatım vardı. Ailem üniversite için bütün maddi imkânlarını kullandı ama ben hepsini çöpe attım. Bendeki sorunun ne olduğunu anlamıyorum." Samantha'nın ebeveynlerinin izin verici tarzının, onu gerçek dünyanın gereksinimlerini karşılamaya hazırlamadığı ile ilgili hiçbir fikri yoktu. Çocukluğuyla ilgili karmakarışık bir görüntüyle yaşıyordu. Bu yüzden kendini ya da mücadelelerini anlama yeteneği yoktu.

İzin verici ebeveynlerin hepsi sevgiyle hatırlanmaz. Aşağıda bahsedeceğimiz Audrey, bir yetişkin olarak ebeveynleriyle ilişki kurma konusunda eksikti ve kendine karşı çok öfkeliydi.

AUDREY

Ailesi boşandığında Audrey on üç yaşına basmıştı. Annesi, babasının alkol bağımlılığından, aldatılmaktan bıkmış ve sonunda onu evden atmıştı. Babası hemen başka bir kadınla farklı bir eve taşınmış ve Audrey'yi annesi ve kız kardeşiyle bırakmıştı. Çok geçmeden Audrey'nin annesi de başka bir adamla birlikte olmaya başlamış ve adam onlara taşınmıştı.

Annesi tam anlamıyla aşk sarhoşu olmuştu ve sadece yeni ilişkisine odaklanmıştı.

Audrey, ebeveynlerinin her ikisinin de onun geliş gidişlerine dikkat etmediğinin farkına vardığı zaman, sevinçten deliye döndü. Kendisinden büyüklerle takılmaya; sigara içmeye ve alkol almaya başladı. Audrey'nin annesi, onun nadiren eve geldiğinin bilincindeydi ancak onun için sorun yoktu çünkü böylece erkek arkadaşıyla daha fazla zaman geçirebiliyordu.

Audrey okulda ceketinin cebinde bir paket sigarayla yakalandığında, annesine bir arkadaşının paketi olduğunu söyledi. Annesi onun yapacağı herhangi bir açıklamayı kabul etmeye hazırdı ve çocuğunun sigara kullanmadığını duyunca rahatladı. Audrey'nin söylediğine inanmak; konunun üzerine gitmek, izlemek ya da Audrey'e sert kurallar koymaktan çok daha kolay gelmişti. Audrey 18 yaşına geldiğinde çoktan kürtaj yaptırmıştı (her iki ebeveyninin de haberi yok) ve yüksek IQ'suna rağmen lisede sayısız dersten başarısız olmuştu.

Bir yetişkin olarak geriye dönüp baktığında Audrey, bütün bu sıkıntılar için kendini suçluyor. Ergenlik döneminde ebeveynlerinden neredeyse tamamen yoksun olması onu, üzerlerinde olumlu veya olumsuz bir etkisinin olmadığını düşünmeye itti. O zaman kendisinden başka kimi suçlayabilirdi ki? Orada 'var olan' şeyin, 'olmayan' şeyden daha önemli olduğunu görmek çok zor. Hiç yanında olmayan babasının ve sürekli meşgul olan annesinin kendisine ebeveynlik yapmak için zaman ve enerji harcamadığı konusunda hiçbir fikri yok.

Audrey bir genç ve yetişkin olarak düşünürken, pek çok insanın yaptığı hatayı yapmıştı. Audrey'nin 13 yaşındayken kimsenin onu gözlemlemediği, ona 'hayır' demediği veya kurallar koymadığı için ne kadar mutlu olduğunu hatırlıyor musunuz? Samantha da hiçbir kurala uymak zorunda olmadığı için çok mutlu değil miydi? Ergenlerin özgürlüğü istemesi son derece doğaldır. Kimliklerini pekiştirmeye ve ailelerinden ayrılmaya çalışırlar. Akılda tutulması gereken şey, ergenler özgürlüğü ister diye onlara çok fazla özgürlük tanımanın mantıklı olmadığı. Ergenler, isyan edebilecekleri ebeveynlere ihtiyaç duyarlar. Ebeveynlerinin kurallarına ve önem verdikleri şeylere çarparak, nasıl iyi kararlar verebileceklerini ve dürtülerini nasıl yönetebileceklerini öğrenirler. Ne yazık ki Audrey için bunların hiçbiri geçerli değil.

İzin verici ebeveynlere sahip olmanın bir başka tuzak noktası çocuğun, ebeveyninden yeterince geribildirim alamamasıdır. Kendisinden ne bekleyebileceğini kendisin keşfetmesi gerekir. Hangi konuda iyi olduğunu, zayıf noktalarını ve ne için çabalaması gerektiğini her zaman kendisi bulmalıdır. Bu durumu daha iyi anlayabilmek için Eli örneğine bakabiliriz.

ELI

Eli, 5. sınıf karnesiyle eve geldi. Beş tane C'si ve iki tane D'si vardı. Annesi karneyi aldı, inceledi ve üzgün bir şekilde başını salladı. "Pekâlâ, elinden gelenin en iyisini yaptığından eminim." dedi. Eli o anda gerçekten çok rahatladığını hissetti ve oyun oynamak için dışarı koştu. Çok rahatlamış hissetmesine rağmen, oyun oynarken içinde gezinip duran bir huzursuzluk hissediyordu. "Elimden gelenin en iyisini yaptığımı söyledi. Bu, daha iyisini yapamayacağımı düşündüğü anlamına geliyor."

Eli'nin annesi, ondan daha fazlasını istemediği için Eli, kendisinden çok fazla bir şey beklemeden büyüdü. Annesinin izin verici tavrı, onun en az miktarda çalışmasına neden oldu. Ayrıca annesinin aşırı hoşgörülü geribildirimleri Eli'ye, annesinin bile böyle bir isteğinin olmadığı mesajını vermişti. Bu durum Eli'ye, en az dirençle karşılaşacağı yolu seçerek, ona kendisinden çok fazla bir beklentisi olmamasını öğretti çünkü bunları yerine getirme konusunda yetenekli değildi.

ZEKE

Zeke elindeki notu annesine uzattı. Notu okurken yüzünden belli belirsiz bir gölge geçse de yerini hemen parlak bir gülümseme aldı. Zeke'nin daha önceden mutfak tezgâhına bıraktığı futbol topunu aldı ve oturma odasını göstererek topu attı. "Koş hadi!" diye bağırdıktan sonra, Zeke topu yakalamak için koştu. Topu yakaladığında kalabalıktan neşeli sesler yükselirken, annesi bir aşağı bir yukarı zıplıyordu. "Sen çok sert bir adamsın." dedi saçlarını avuçlarının arasında karıştırırken. "Çok zor bir gün geçirmiş olmalısın, hıh? Biraz dondurma yapmaya ne dersin?"

Zeke'nin annesi, bu sahneyi izleyen herkes tarafından çok sevgi dolu ve özenli bir anne olarak yorumlanabilir. Hepsi bir tarafa Zeke'nin daha iyi hissetmesini istedi, değil mi? Zeke'nin annesi gibi ebeveynler, çoğu zaman çocuklarının arkadaşları tarafından 'havalı ebeveyn' olarak düşünülür. Zeke'nin arkadaşları, annesinin probleme bu şekilde yaklaştığını bilseydi, büyük ihtimalle onu kıskanırlardı. Muhtemelen kendi ebeveynlerini ona kıyasla daha katı ve sıkıcı bulurlardı. Bunanla birlikte ebeveynin sevecen ve özenli olması, çocuğunu yetiştirirken başarısız olmasına engel değildir. Problem annesinin Zeke'ye, yaşamak ve dürtülerini yönetmek için kurallara ihtiyaç duyan bir çocuk gibi değil, en yakın arkadaşı gibi davranmasıydı. Gerçekten ebeveynlik yapan sevgi dolu ve özenli bir ebeveyn çocuğuna, okulda yaşadığı problemlerin önemsiz olduğu ya da hatalardan ders çıkarmaya gerek olmadığı mesajını vermez. Zeke'nin annesi, ona değerli dersler verme fırsatını onunla dost olma fırsatıyla takas etti.

Gerçek şu ki izin verici ebeveynlerin tümü Audrey'nin ebeveynleri gibi bencil bir şekilde ebeveynlik yapmaz. Zeke'nin annesi örneğinde olduğu gibi pek çoğu, çocuklarını çok sever ve onlar için en iyi dileklere sahiptir. Bu çocukların çoğu genellikle kendi çocuklarına, kendilerinin yetiştirildiği gibi ebeveynlik yaparlar. Çocuklarının kendisini tanıması; duygularını ve ilişkilerini anlaması için sınırlamalar ve kurallar aracılığıyla, 'hayır' demeyi bilerek onlara yardımcı olmaları gerektiğinin farkında değillerdir.

4. Tür: Yaslı Ebeveyn: Boşanmış veya Sevdiği Birini Kaybetmiş

Yaslı ebeveynler genellikle çocuklarıyla başa çıkabilmek için sadece umutsuzca çabalayan ebeveynlerdir. Acı çeken bir ebeveyne sahip olmak hiç de kolay değildir. Özellikle, *sizin de kaybettiğiniz* bir ebeveyn için acı çekiyorsa, durum çok daha zordur. Ebeveynleri boşanan ya da ölen çocukların da kendi acıları vardır. Ailede yaşanan acı çok karmaşık ve zor olabilir. Ancak biz bu kitapta durumun sadece bir boyutuna odaklanacağız: Bu konudaki duygusal ihmal ne gibi sonuçlara yol açar?

SALLY

Sally, beş çocuklu, sevgi dolu, İrlandalı bir ailenin çocuğu. Sally'nin ailesi her gün kilise etkinlikleri, Küçükler Ligi, Okul Aile Birliği, komşular, okul, barbekü ve piyano dersleriyle meşgul. Çocuklar yaşları birbirine çok yakın olduğundan sürekli kavga ediyorlar. Ancak genel anlamda iyi anlaşır ve birbirlerini çok severler. Sally'nin annesi şehirde Rekreasyon Departmanı'nda yarı zamanlı çalışırken, çocuklarının okullarına ve spor aktivitelerine yetişmeye çalışan meşgul bir kadın. Sally'nin annesi arkadaşlarına yarı zamanlı bir işte çalışmaktan çok mutlu olduğunu çünkü hayatında annelikle ilgili olmayan tek şeyin bu iş olduğunu ve bu iş olmazsa yaşayamayacağını söylüyor. Sally'nin babası bir mühendis. Gayet iyi kazanıyor ve hayatı, az miktarda finansal kaygılar etrafında koşuşturup durmakla geçiyor.

Sally'nin annesi ve babası çok farklı mizaçlara sahip. Annesi duygularına yenik düşen, dikkati çabuk dağılan ve çocuklarının taleplerinden bitkin düşen bir kadın. Babası çok sık evde değil çünkü yoğun çalışıyor; ev ile iş arasında gidip geliyor ve eve geldiği zaman çocuklarıyla iyi vakit geçiriyor. Ortanca çocukların çoğunda olduğu gibi Sally, ailede ihmal edilmeye eğilimli olan. En büyük, en küçük, tek kız ya da en yetenekli değil. Ancak içinde bir yerlerde babasının en sevdiği kızı olduğunu hissediyor. Babası aile fotoğrafı çektirirken ondan kucağına oturmasını istiyor, pazar sabahları yanına oturuyor ve birlikte mizah dergileri okuyorlar.

Sally sekiz yaşına girdiğinde ebeveynlerinin fısıltıyla konuştuğunu duyuyor. Dinlemeye çalışıyor ama sadece birkaç kelime yakalayabiliyor. Duyduğu kelimelerden biri kanser. Sally bu konu üzerinde çok düşünmek istemiyor. Bu yüzden oyun oynamak için dışarı çıkıyor. Sonraki birkaç ay sürecinde babası çok fazla kilo kaybediyor. Altı ay sonra çalışmayı bırakıp bütün gününü yatakta geçiriyor. İşe gitmediği gün ebeveynleri, bir aile toplantısı yapıyor ve çocuklara babalarının kanser olduğunu söylüyor. "Ama her şey düzelecek." diyorlar. "Sizin bu konuda endişelenmenizi istemiyoruz."

Üç ay sonra Sally okuldan eve geldiğinde, kitaplarını mutfak masasının üzerine fırlatıp bir bardak süt almak için buzdolabına doğru yürüyor. Ablası gözleri yaşlı bir şekilde mutfağa giriyor ve "Babamız öldü. Onu götürdüler." diyor. Sonraki birkaç ayda bu olayın ağırlığı tamamen Sally'ye çöküyor. Babasının aralarından ayrılışından sonraki ilk hafta annesini çok az görüyor ve onu gördüğünde yüzünün hâlâ taş kesilmiş gibi olduğunu fark ediyor. Sally'nin annesi o günden sonra çok az konuşuyor ve babasının ölümünden neredeyse hiç bahsetmiyor. Daha doğrusu bu durumu çocuklarından hiçbiriyle doğrudan konuşmuyor. Hayatlarını mümkün olduğu kadar normal geçirmeye çalışarak, yardımsever komşularının, akrabalarının ve arkadaşlarının çocukların bakımıyla ilgilenmesine izin veriyor. Böylece Sally piyano dersine ve kardeşinin beyzbol maçını izlemeye götürülüyor. Okuldan geri kaldıkları tek gün cenazenin olduğu gün. O gün çocuklar giyiniyor, kiliseye gidiyor ve törenin ardından eve getiriliyorlar. Hâlâ hiç kimse ba-

balarının ölümüyle ilgili konuşmuyor. Sally, annesine herhangi bir şey söylemekten ya da onun söylediği bir şeyi sorgulamaktan korkuyor çünkü soracağı herhangi bir yanlış sorunun annesinin taş kesilmiş yüzünü paramparça edeceğini hissediyor.

Cenazeden sonra, hayat devam ediyor. Hayat, hiçbir şey olmamış gibi devam ediyor. Hiç kimse Sally'nin babasından bahsetmiyor. Sanki babaları hiç var olmamış gibi. Fakat ailenin hayatı sert bir şekilde değişiyor. Sally'nin annesi bir kafede tam zamanlı çalışacağı bir işi kabul ediyor. Evlerini satıyorlar ve bahçesi olmayan çok daha küçük, kiralık bir daireye taşınıyorlar. Sally'nin annesi günde dokuz saat çalışıyor. Eve geldiğinde sürekli ev işlerini yapıyor ve yüzünde daima o taş kesilmiş ifade var. Sally, annesinden uzak durmayı öğreniyor çünkü onun ihtiyaçlarını bir kenara itmiş gibi görünüyor. Sally, bütün hayatını annesinin yıkıldığını görmekten korkarak yaşıyor.

40 yaşında Sally ile ilk kez karşılaştığımda, o hâlâ bekârdı. Hiç evlenmemişti. Kendine ait olan evinde bir köpeği ve tutkunu olduğu Sudoku bulmacalarıyla yaşayan başarılı bir biyoteknoloji mühendisiydi. Ancak yine de terapiye geldi çünkü mutsuzdu. "Sekiz yaşından beri mutlu değilim." dedi. Her ne kadar çalışkan olsa ve dünyada kendine bir yer açsa da 32 yıldır üstesinden gelemediği bir mutsuzluk ve kaçmayı başaramadığı bir boşluk duygusuyla yaşamıştı. Sally bir keresinde bana, "Diğer insanlar benden farklı bir dünyada yaşıyor. Renkleri görüyor, her şeyi hissediyor, birbirlerini seviyor ve heyecanlanıyorlar. Ben bunların hiçbirini yaşayamıyorum. Benim için dünya gri. Ben dünyanın içinde yaşamıyorum; ona dışarıdan bakıyorum." demişti.

Sally haklıydı. Gerçekten gri bir dünyada yaşıyordu. Dökülmemiş bir havuz dolusu gözyaşıyla seyreltilmiş düşük oktanlı yakıtla, yarıya kadar dolu bir depo gibiydi. Onca yıl boyunca Sally'nin içinde tuttuğu duygulardan bazıları şöyleydi:

- Babasının aniden hayatından çıkmasının ardından büyük bir şok geçirmiş ve kaybından dolayı çok acı çekmişti.
- Babasının öleceğinin kendisine söylenmemiş oluşundan dolayı öfke duymuştu.
- Bu duyguyla alakalı herhangi bir şeyi konuşmaktan korkmuştu çünkü bunun bir başkasını incitebileceğini düşünmüştü. (Bu mesajı annesinin yüzündeki taşlaşmış ifadeden almıştı.)
- 'Özel' olduğu hissini kaybetmişti çünkü bir daha asla kimsenin en sevdiği kişi olduğunu hissetmemişti.
- O zamandan sonra hep bağlanma korkusu yaşamıştı çünkü deneyimlerinden bağlanmanın acı verici sonuçları olduğunu öğrenmişti.
- Babasının ölümünden sonra, sanki o hiç var olmamış gibi davrandıkları için ailesine ve kendisine karşı öfke hissetmişti.
- Zaman zaman babasının yerine annesinin ölmesini dilediği için hayatı boyunca suçluluk duymuştu.

Burada, Sally'nin annesinin iyi bir kadın olduğunu belirtmek önemli. Sorumluluklarının altında ezilmiş olmasına rağmen çok çalışmış, elinden gelenin en iyisini yapmış. Kocasının hastalığını hatta öleceğini öğrendiği ve en nihayetinde onu kaybettiği zaman, elinde kendi acısıyla başa çıkabileceği ve çocuklarıyla bu konuda iletişim kurabileceği hiçbir şeyi yoktu. Hayatta kalmaya çabaladı ve 'dur durak bilmeden' çalıştı. Sahip olduğu imkânlarla, elinden gelenin en iyisini yaptı. Sally'nin anlaması gereken şeylerden biri de bunların üstünün nasıl ve neden kapatıldığı, onu ve en nihayetinde içselleştirip gömdüğü yoğun duygularını nasıl etkilediğini anlamaya çalışmaktı.

Sally ile birlikte çalışmamız, bu duyguların her birini teker teker ortaya çıkardı. Yıllar boyunca bu farkındalığın dışında tuttuğu gözyaşlarını dökerek ofisimde saatler harcadı. Sally, çok çalışarak kendini canlı hissetmeye ve renkleri diğer insanların gördüğü gibi görmeye başlayacak kadar yetenekliydi.

ZEKE

Zeke okuldan eve elindeki notu göstermek zorunda olmasının gerginliğiyle döndü. Bu notu annesine vermeyi dilerdi ancak bugün perşembeydi ve boşandıkları günden beri perşembe akşamlarını her zaman babasıyla geçiriyordu. Zeke, babasının bunu çok ciddiye almayacağını biliyordu çünkü babası, annesi evi terk ettikten sonra her zaman yorgun ve çabuk öfkelenen biri hâline gelmişti. Zeke, babasının neden bu şekilde davrandığını hiç anlayamıyordu. Annesi ve yeni üvey babası gerçekten çok mutlu görünüyordu ve babasının da o kadar mutlu olmadığını görmek Zeke'yi çok üzüyordu.

Zeke notu babasına verdi. Babası başını gergin bir şekilde sağa sola sallayarak notu okudu. "Bu tamamen annenin suçu!" dedi. "Bizi içine soktuğu durumdan sonra, okulda başının derde girmesine hiç şaşırmadım. Endişelenme, bu konuyu annenle kesinlikle konuşacağım."

Babasının verdiği tepkinin ardından Zeke'nin kafasının karıştığını hayal edebilirsiniz. Zeke'nin sahip olduğu dürtüler ve ateşli doğası, babasının bu durumu kendisini bırakıp hemen bir başkasıyla evlenen annesine karşı bir silah olarak kullanmayı seçmesiyle göz ardı edilir. Zeke bu çengelden kurtulduğu için rahatlamış hissetse de kendi duyguları görmezden gelindiği için derinlerinde bir üzüntü yaşar. Babasının girişimleri Zeke'yi korumaya çalışıyor gibi görünse de gerçekte meseleyi kendi gündemi oluşturur. Üzülerek söylemeliyim ki Zeke bu hatasından hiçbir şey öğrenemez.

Bir adamın eşi tarafından terk edildikten sonra öfkeli ve incinmiş hissetmesi kesinlikle anlaşılabilir bir durumdur. Ayrıca onlar bir aradayken çocuğunun zarar görme endişesini taşıyor olması da kabul edilebilir. Zeke, yetişkinliğindeki bakış açısıyla bu senaryoya geri dönüp baktığında, babasının ne kadar korumacı olduğunu ve başını belaya soktuğu için ona sinirlenmediğini hatırlayabilir. Zeke'nin *hatırlamayacağı şey ise, var olması gereken ama olmayan* şeydir. Gerçekleşmeyen şey, benim duygusal olarak uyumlu ebeveynlik örneğimdeki durumların hepsidir. Bu örneğin, çocukların duygularını bilmeyi, çocuklarla konuşmayı, sınırlar koymayı ve çocuklara hayatlarını yönetebileceği kurallar sunmayı içerdiğini hatırlayabilirsiniz. Zeke'nin babası, çocuğunun duygularını ve ihtiyaçlarını bu şekilde görmezden gelmeye devam ederse, Zeke çok büyük ihtimalle babasının onu hiçbir zaman bir birey olarak görmediği duygusuyla büyüyecek. Ancak bunun nedenlerini anlayamayacak çünkü ne olmadığıyla ilgili bir bilgisi olmayacak. Bu yüzden muhtemelen kendisini suçlayacak.

5. Tür: Bağımlı Ebeveyn

'Bağımlı' kelimesini duyduğumuz zaman çoğunlukla aklımıza 'alkol' veya 'uyuşturucu' bağımlılığı gelir. Ancak bağımlılık; kumar, alışveriş, internet veya porno bağımlılığından bilet kazımaya, sigara, yiyecek otomatları ve online oyunlara kadar çok daha geniş kapsamlı davranışları içerir. Bu aktivitelerden bazıları aşırıya kaçmadan yapılan, eğlenceli ve stres giderici aktivitelerdir. Ancak kişi çizgiyi geçtiği zaman, bu davranışlar bağımlılığa dönüşmeye başlayabilir:

- Aktiviteyi yaparken ya da yapma aşamasına geldiğinde aşırı bir mutluluk hissetmek.
- Aile üyeleri fark etsin veya şikâyet etsin diye aktivite üzerinde giderek daha fazla zaman geçirmek.
- Ödeme gücü olsun olmasın aktivite için para harcamak ve diğer kaynakları kullanmak.
- Aktiviteyi pek çok amaç için kullanmak: Stresini atmak, sosyalleşmek, oyun oynamak, duygularını yönetmek ya da diğerlerini eğlendirmek.
- Aktivitenin kendisi ya da başka insanlar için zararlı olduğunu inkâr etmek.

Yüksek teknoloji ürünü oyuncakların, kredili satın almaların, sınırsız web erişiminin ve sosyal ağların eşi görülmemiş bir şekilde yükseldiği bu dönemde, herhangi bir şeye bağımlılık geliştirme potansiyelimiz çok fazla. Özellikle Amerikalılar yüksek heyecan ve anlık zevklere ulaşmak için bu tür şeylere bağımlı hâle gelirler.

Son zamanlarda, nörobilimci David Linden, beyinlerimizin bağımlı hâle gelebileceği zevkler hakkında bir yazı yazdı. İnsanların bağımlılıklara diğer hastalıklarda olduğu gibi şefkatle bakmasının gerekliliğini vurguluyor. Ancak bu durumu ailedeki ebeveynler için zor hâle getiren şey, bağımlıların sürekli olarak en yakınlarındaki insanlara zarar vermesidir.

Bağımlı ebeveynlerin hepsi aynı değildir. Spektrumun bir ucunda kendisini alkol ya da uyuşturucuda kaybeden ve sonuçları apaçık ortada deneyimleri olan anne babalar vardır. Bu tür işlevsiz bağımlı ebeveynlerin çocukları sadece duygusal olarak ihmal edilmez, aynı zamanda travmatize de edilir. Burada tartıştığımız ebeveynlik tarzı bu değildir. Biz, ailedeki bağımlılık konusunda -belki bir problem olarak bile tanımlanmayacak-sevgi dolu ve işlevsel ebeveynlerle ilgileniyoruz. Bunlar, "Her gece bira içerdi ama bu problem değildi." diyen danışanlarımın ebeveynleridir. İtici ya da aşırı duygusal olsalar bile, her gece içtikleri şaraptan dolayı bağışlanan ebeveynlerdir çünkü pek çok açıdan çocuklarının yanında yer alırlar. İşlevsel ve bağımlı ebeveynler, iyi ebeveynler olma konusunda yeteneklidir. En havalı hâlleriyle ve ellerinde takım için aldıkları atıştırmalıklarla çocuklarının futbol maçını izlemeye giderler. Mangal yapmak için kuzenleri, amcaları, teyzeleri eve davet ederler. Okulda problem yaşadığınız zaman, müdürün odasına gider ve sizin için onun karşısına dikilirler. Sizi kahkahalara boğarlar.

Peki ama şarap içmeyi seven futbol âşığı bir anne bu kitaba konu olacak ne yapmış ya da ne yapmamış olabilir? Ya da her maça iddia oynamayı seven çalışkan bir babanın ne günahı var? Duygusal anlamda ihmalkâr ebeveynlikten suçlu olabilirler mi? Basitçe söylemek gerekirse, işlevsel bağımlı ebeveynlerin hatası iki kişi gibi davranmalarıdır. Çocuk ne zaman hangi kişiliğin ortaya çıkacağını önceden kestiremez. Bağımlılıklarına saplandıkları zaman, ebeveynlik yapmayı unuturlar. İşbaşında geçici olarak uyuyakalırlar ve aslında bu korkutucu, olgunlaşmamış, bencil veya uygunsuz oldukları anlamına gelebilir. Bağımlı oldukları davranışa yakalanmadıklarında aynı ebeveynler, nazik, destekleyici, zeki, yardımsever, komik ya da güven verici olabilir. Bu yüzden işlevsel bağımlı bir ebeveynin çocuğu açısından ailesiyle ilgili hatıraları oldukça karmaşıktır ve pozitif anıları ile üzücü olanlar sürekli yer değiştirip durur. Ne yapacağı kestirilemeyen bir ebeveynlik tarzıyla geçen bir çocukluktan sonra, bağımlı ebeveynin yetişkin çocuğu endişeli, gergin ve içten içe güvensiz hisseden bir birey hâline gelir.

RICHARD

Richard işyerinde birkaç panik atak geçirdikten sonra, terapiye geldiğinde yirmi yedi yaşındaydı. Neden bunların olduğunu bilmiyordu ve acil serviste iki kez kalp krizi geçirdiğini düşünüyordu. Babası oldukça saygı duyulan bir itfaiye şefiydi. Kendisine sorduğumda bana, gençken beyzbol takımının yıldızı olduğunu söyledi. Hatta lise yıllarında yılın en değerli oyuncusu ödülüne bile aday gösterilmişti. Ayrıca Richard bana gururlu bir şekilde, babasının onun her maçına geldiğini söyledi. Babasının daha iyi vuruşlar yapabilsin diye kendisiyle sık sık vuruş pratiği yaptığını da hatırladı. Buraya kadar her şey harika, değil mi?

Daha sonra Richard ile gerçekleştirdiğimiz seanslarda ona, "Büyürken, son zamanlarda yaşadığına benzer bir şekilde kendini çok endişeli hissettiğin bir anı hatırlıyor musun?" diye sordum. Bana, "Gençler kategorisinde beyzbol sezonunun sonunda ödül törenindeydik. Saat 20:00'ydi ve ben biraz endişeliydim çünkü babam o saate kadar birkaç birayı devirmişti. Yılın oyuncusu olarak benim adım söylenmediğinde ve ödülü arkadaşım aldığında, babam bir anda ayağa kalktı ve gürleyen itfaiye şefi sesiyle, 'Bu lanet olası çocuk bu ödülü hak etmiyor! AllState'i benim oğlum yaptı!' diye bağırdı. Herkes şoka girmiş bir şekilde önce bana, sonra babama, sonra tekrar bana baktı. Küçük düşmüştüm. Oradan dışarı çıktım ve kustum. Bu anımı hatırlamaktan hoşlanmıyorum. Gelecek sezon ilkbaharda beyzbol oynamaya can atıyordum." dedi.

Bağımlı ebeveynlerin çocuklarının çoğu, aşırı endişeden dolayı öngörülebilirlik eksikliği yaşarlar. Birer yetişkin olduklarında, bu gibi sebeplerden kaygı bozuklukları yaşama ve bağımlılığı olmayan ebeveynler tarafından yetiştirilen kişilere kıyasla, bağımlılık geliştirme riskleri daha fazladır. Çoğu zaman iyi ancak bir süreliğine korkunç bir ebeveyn olmak, bazı şeylerin yanlış gitmesini bekleyen endişeli ve güvensiz yetişkinler yaratır. Duygusal ihmali ifade eden bağımlı ebeveynliğin bir başka boyutu, bağımlı ebeveynin ihmal sürelerini, kontrol ve müdahale süreleriyle dengeleme eğilimidir.

ELSIE

Elsie, annesi tarafından terapiye getirilen 12 yaşında, siyah gözlü ve anlayışlı bir çocuktu. Annesi Catherine'nin zayıflık takıntısı ve alkol bağımlılığı vardı. Elsie'nin notlarının giderek düştüğünden, saygısız ve 'takıntılı' birine dönüşmesinden dolayı terapiste şikâyet ediyordu. Ona 'aşırı dramatik bir prenses' diyordu. Elsie'nin babası işinden dolayı çok fazla seyahat ediyordu ve bu yüzden çoğu zaman Elsie, küçük kız kardeşi ve annesi evde kalıyorlardı. İlk buluşmamızda annesi Elsie'yi ve beni ofisimde baş başa bıraktığında Elsie, bana annesini sevdiğini ama 'onun gibi biriyle arkadaşlık edemeyeceğini çünkü acımasız olabildiğini' söylemişti. Okuldan eve döndüğünde elini kapı koluna dayadığı an içini bir endişenin kapladığını söylüyordu. Annesi henüz bir bardak şarap içmemişse, bu her şeyin yolunda olduğu anlamına geliyordu. Ancak daha fazla içtiyse, Elsie bir şeyler atıştırmak istediğinde şeytani gözlerini ona dikiyor ya da yeterince zayıf olmasına rağmen, dışarı çıkıp egzersiz yapması için onu azarlıyordu. Elsie, ne yediğinizi izleyen bir ebeveyninizin olmasının bazen dayanılmaz olduğunu ifade etmişti. Annesi ona doğrudan şişmansın dememesine rağmen, "Bu yediklerin seni şişmanlatıyor!", "Bu kadar yeter!", "Git ve biraz bisiklete bin, seni tembel şey!" ya da "Bu pantolon biraz sıkıyor!" gibi şeyler söylediğinde, onun istediği ölçülerde olmadığını söylemeye çalıştığını biliyordu. Bununla birlikte, alkol almadığı zamanlarda annesi bu tarz şeyler söylemiyordu.

Ebeveynler kendi bağımlılıklarına daldıkları zaman, çocuklarının duygularını fark edemezler ya da onlarla gerçekte oldukları kişi olarak ilişki kuramazlar. Örneğin; Elsie'nin annesi, ona alkolün etkisiyle "Git ve biraz bisiklete bin, tembel kız!" derken aslında gerçekten ondan bahsetmiyordu. Belki de kendisinin şişman olduğuyla ilgili duygularını ifade ediyordu (ya da şişmanlama korkusunu). Alkolün etkisi altında değilken, onu gerçekçi bir şekilde görebiliyordu ve bunu kızına söylüyordu. Ancak bir bardak şaraptan sonra her şey çok farklı oluyordu. Bu, duygusal ihmalin en mükemmel örneğidir. Elsie'ye bir birey olarak davranılmaz. O, annesinin kendisini nasıl gördüğüne dair bir yansımadır. Ne yazık ki bir çocuk olarak Elsie'nin ne olup bittiğiyle ilgili hiçbir fikri yoktu. Annesinin yorumlarına içerliyordu. Ve onunla tanıştığımda özsaygısı düşük ve uzun süredir yeterince iyi olmadığına dair bir his besleyen biriydi.

ZEKE

Zeke, okul otobüsünden indiğinde endişeli hissediyordu. Eve gidip öğretmeninden aldığı notu annesine vermeden önce, nasıl zaman öldürebileceğini düşünüyordu. Eve biraz geç giderse annesinin çoktan bilgisayarına gömülmüş olacağını ve bu yüzden notu pek dikkate almayacağını biliyordu. Zeke, aslında annesinin vereceği tepkiden korkmuyordu. Zeke, çok zeki bir çocuktu ve bu tür şeyleri annesi bilgisayara gömüldüğü zaman geçiştirebileceğini zamanla kavramıştı. Bu yüzden blokların arasında yürüdü, arkadaşı Scott'ın evinde oyalandı ve havalı taşlar bulmak için bir süre arkadaşlarının mahallesinde zaman geçirdi. Kısa bir süre sonra, biraz daha gecikirse annesinin merak edebileceğini düşündü ve bütün cesaretini toplayarak ön kapıya geldi.

Zeke eve vardığında annesinin onu fark etmediğini görünce rahat bir nefes aldı. "Okul nasıldı?" diye seslendi. "İyi ama sana öğretmenimden bir not getirdim." diye cevap verdi Zeke. Notu hızlı bir şekilde annesinin bilgisayarının yanına sıkıştırdı ve kurabiye almak için mutfağa koştu. Annesinin nota bakmak için oyunu yarıda bırakmayacağını biliyordu ve bitirdiği zaman orada bir not olduğunu bile hatırlamayabilirdi. Başının Derde Girmesini Ertele Operasyonu'nu başarılı bir şekilde savuşturduktan sonra içi rahatladı ve bugünkü oyunu kazanarak iyi bir modda olmasını ve notu görse bile ona kızmamasını umut etti.

Zeke'nin, annesinin aşırı tepki göstereceğinden, ona kötü davranacağından ya da öfkeleneceğinden endişe etmediğini belirtmek önemlidir. Gerçekte annesi nazik, anlayışlı ve sevgi dolu bir kadındı. Buradaki sorun, annesinin bilgisayar bağımlılığının ona yeni bir pencere açmış olmasıdır. Kendi davranışlarının sonuçları da dahil olmak üzere, başını derde sokacak şeylerden kaçınmak için bu pencereyi nasıl kullanacağını kolay ve hızlı bir şekilde öğrenmişti. Bu durumu, öğretmenin notu gibi ciddi bir şey üzerinde bile kullanabiliyorsa, büyük ihtimalle pek çok küçük olayda kullandığını varsayabiliriz.

Zeke, okuldaki meselenin annesinin bağımlılığı yüzünden unutulup gitmesinden dolayı, duygusal olarak ihmal edilmiştir. Yaptığı bu operasyonda başarılı olursa kendini ifade etmesi için çağrılmayacak, böylece anlaşıldığını öğrenemeyecektir. Aksine, bağımlı annesinin davranışlarından öğrendiği şey, başına geleceklerden nasıl kaçınabileceği ve insanlarla nasıl oynanacağıdır. İlginçtir ki Zeke, yetişkin olduğu zaman öğretmenin notunu hatırlamayacaktır. Hatırlarsa, sinsi davrandığı için büyük ihtimalle kendini suçlayacak ancak onu duygusal olarak ihmal ettiği için annesini suçlamayacaktır. Annesinin yapmadığı değil, yaptığı şeyi hatırlayacaktır.

6. Tür: Depresif Ebeveyn

Biraz önce yukarıda bahsettiğimiz Zeke ile bu kez depresif ebeveyn örneğini ele alalım.

ZEKE

Zeke, otobüsle eve dönerken okulda problem yaşadığı için kendini çok kötü hissediyordu. Babası çok büyük ihtimalle evde, işini kaybettiğinden beri zamanının çoğunu geçirdiği kanepedeydi. Zeke, kapıdan içeri girdiğinde bu düşüncesinde yanılmadığı-

> *nı gördü. Babası gözleri kapalı bir şekilde kanepede uzanıyordu. Zeke, babasını selamladıktan sonra elindeki notu ona uzattı. Aslında babasına hayrandı ve neden artık hiçbir şey yapmadığını anlayamıyordu. Babası notu okudu ve yüzünde bir acı ifadesi belirdi. Derin bir iç çekti ve "Bunu bir daha yapma Zeke. Bu şekilde davranmanın bir açıklaması olamaz." dedi. Zeke'nin içi utançla doldu. Onun yanlış davranışının babasını ne kadar üzdüğünü fark etmişti. "Yapmayacağım, baba..." diye mırıldandı. Bir süre daha orada durdu ancak babası gözlerini kapadı ve kaldığı yerden uyumaya devam etti. Zeke sessiz bir şekilde babasının yanından uzaklaştı.*

Depresif baba biraz yardım almazsa, görünüşü Zeke için iyi bir örnek teşkil etmez. Çünkü o, babasının daha kötü hissetmemesi için kusursuz bir şekilde davranması gereken bir çocuk olduğunu düşünerek büyüyecektir. Bu kalıp onun kişiliğine yerleşebilir. Böylece sorun çıkarmakta, hata yapmakta ya da kusurlu bir insan olabileceği konusunda kendisine izin vermekte çok büyük sıkıntılar yaşayabilir.

Depresif ebeveynlerin, ebeveynlik yapamayacak kadar az enerjisi ve coşkusu vardır. Özen isteyen narsist ebeveynlerin aksine, depresif ebeveynler daha çok gözden kaybolmayı ister. İçe dönük, kendine odaklı ve yanlış giden şey her neyse onu halledebileceği konusunda endişelidir. Çok az enerjisi ve verebilecek çok az şeyi vardır. Aile hayatındaki eylemlerde kayıptır. Ortaya çıktığı zaman, gerilir ya da sıkıntılı bir hâle bürünür. Depresif ebeveynlerle büyüyen çocuklar, ebeveynlerinin dikkatlerini olumlu yönde nasıl çekebileceklerini bilmezler. Kötü davranış en azından biraz da olsa fark edilirken, iyi davranış hiç görülmez.

Bu tür duygusal ihmalin sonuçları başarılı bir şekilde belgelenebilir. Okuldaki depresif ebeveynlerin çocukları, depresif olmayan ebeveynlerin çocuklarına göre daha fazla problem çıkarmaya eğilimlidir. Çünkü depresif ebeveynler çocuklarına çok az rahatlık ya da cesaret verir. Bu ebeveynlerin çocukları kendilerini nasıl yatıştıracaklarını bilmez ve ergenlik dönemlerinde uyuşturucu ya da alkol gibi bağımlılıklara yönelebilir. Depresif ebeveynler, ebeveynliğin gerektirdiği sıradan taleplerin altında ezildiğinden, çocukları kendilerinin değerli olduğunu öğrenemez ve yetişkinlikte kendileri de depresif olma riski taşırlar. Sonuç olarak, depresif ebeveynler kendi davranışları üzerinde çok az kontrole sahip oldukları için çocuklarının da kontrolden çıkma ihtimali oldukça yüksektir.

MARGO

Margo gerçekten bir baş belası olduğunu düşünüyor. 16 yaşında kızlar tuvaletinde alkol aldığı ve softbol takımına ot tedarik ettiği için liseden atıldı. Evde eğitim alıyor. Ailesine alkol almaktan kesinlikle vazgeçmeyeceğini söyledi. Ebeveynleri gönülsüz girişimlerle sınır koyduğu zaman, genellikle evden çıkarak başka bir arkadaşının evine gidiyordu. Arkadaşlarının annelerine kendi ebeveynlerinin ne kadar kötü olduğunu anlatıyordu. Bu yüzden onlar, Margo'ya son derece sempatik geliyordu. Ne yazık ki Margo'nun ebeveynleri diğer ebeveynler gibi davranma konusunda pek bir kaygı taşımıyordu. Bu yüzden Margo'nun iddia ettiği gaddarlık tanımı bir bakıma gerçekti. Evdeyken Margo devamlı odasındaydı ve Skype'tan farklı adamlarla görüntülü konuşmalar yapıyor ve arkadaşlarına cesurca çektiği seks video sahnelerini anlatıyordu.

Margo'nun ebeveynleri Elaine ve Bruce iyi insanlar. Vakıflara bağışta bulunurlar, kiliseye bağlıdırlar ve etraftaki herkese nazik ve saygılı davranırlar. Bununla birlikte Margo'nun ebeveynlerinin ikisi de farklı şekillerde depresiftir. Onlar, Margo'nun arkadaşlarının ebeveynlerinden daha yaşlıdırlar çünkü yıllarca kısırlık tedavisi gördükten sonra Margo'yu evlat edinmişlerdir. Daha önceden sahip oldukları Microsoft hisseleri sayesinde çok fazla paraları vardır. Ancak Elaine hamile kalmak için geçirdiği 14 yılın etkisinden kurtulamamıştır. Margo eve geldiğinde annesini bazen pijamaları üzerinde kanepede uyuklarken bulur. Bu durum Margo'yu öfkelendirir ve böyle zamanlarda annesine karşı aşağılayıcı ve ağır davranışlar sergiler. Babası da Margo ile çok ilgili değildir. Çalışmayı bıraktığından beri kendini amaçsız ve boş hissetmektedir. Kütüphaneye gider ve zaman geçirmek için kurslara katılır. Margo küçükken onunla eğlenceli zamanlar geçirdiğini hatırlar. Ancak eşi giderek daha depresif bir hâle geldiğinden beri, o da eşinden daha fazla uzaklaşır. Elaine çok fazla yemek pişirmediği için babası eve genellikle dışarıdan hazır yiyecekler getirir. Daha sonra Margo'nun annesinin yanındaki televizyon koltuğuna oturur ve televizyon izlerken uyuklamaya başlar.

Sekizinci sınıfa başladığı sıralarda Margo sık sık, ölürse ailesinin onun cenaze töreninde ne kadar üzgün ve pişman olacağını düşünüyordu. Ailesinin ve arkadaşlarının acı çektiğini hayal etmek, üzgün olduğu zamanlarda acısını dindiriyordu. Bu düşünceler o kadar sık aklına geliyordu ki kendini gerçekten öldürmeyi düşünmeye başladı. Aşırı dozda ilaç alıp acil serviste gözlerini açtıktan ve psikiyatri kliniğine yatırıldıktan sonra, ebeveynleri ona daha fazla dikkat etti. Son zamanlarda onu sevdiklerini söylüyorlar ve psikoloğun istediği gibi kendini güvende hissedip hissetmediğini soruyorlardı. Onun için endişeleniyorlar ve ne zaman uzun süre odasında kalsa onu soru yağmuruna tutuyorlardı. Söz konusu Margo olduğunda nihayet biraz özen gösterilmesi harikaydı. Ancak Margo, çok mutlu olursa onun için endişelenmeyi bırakacak ve eski hâllerine geri dönecekler diye çok korkuyordu.

Margo'nun ebeveynlerinin aslında duygusal olarak yeniden uzak ve depresif olmadıklarını bilmek sizi mutlu edebilir. Hepsi yardım aldı ve Margo iyileşmeye başladı.

Depresif ebeveynleri olan aile fertlerinin hepsi Margo ve Zeke'nin ebeveynleri kadar aşırı değildir. Ancak depresif ebeveynin zehri, dikkatsizlik ve uzaklaşma ile karıştığı zaman sonuç, çocuğun gelişiminde duygusal ihmalin var olduğudur.

7. Tür: İşkolik Ebeveyn

İşkoliklik, toplumumuzda genellikle olumlu olarak görülür. Aslında *30 Rock* isimli TV şovu aşırı hırslı iş insanı Jack Donaghy (Alec Baldwin canlandırır) karakteriyle bunu çok güzel gözler önüne serer. İş stresinden dolayı zorla hastaneye yattığı komik bir sahnede şunları söyler: Ölüme bu kadar yaklaşmak, hayatımı çok yanlış yaşadığımı gösterdi. Tina Fey'in canlandırdığı karakter, onun söylediklerini daha iyi duyabilmek için iyice eğildiği zaman şöyle fısıldadı: Çok daha fazla çalışmalı ve işime daha çok katkıda bulunmalıydım.

Kapitalist dünyada sıkı çalışmaya ve yüksek maaşlara değer

"Sadece dadınız gelene kadar bekleyin."

veririz. Yukarıda bahsedilen bağımlılıklardan (mesela alkol, uyuşturucu, alışveriş, kumar) sadece iş, eve para getiren bir bağımlılıktır. İşkolikler genellikle çalışma arkadaşları, aile ve toplumun hayran olduğu, başarılı ve güdülenmiş insanlardır. Ne yazık ki sessiz bir acı içinde kıvranan, çoğu zaman bu işkolik ebeveynlerin çocuklarıdır. İşkolik ebeveynler uzun saatler boyunca çalışırlar, işlerine çok fazla düşkündürler ve çocuklarının duygularıyla ihtiyaçlarına yeterince dikkat etmezler. (İşleri daha kötüleştiren, işkoliklerin çocuklarının, başarılı ebeveynleri, çok fazla paraları ve güzel şeyleri olduğu için diğerlerinin daha az sempatisini kazanmalarıdır.) İşkolik ebeveynler ilk sıraya işlerini koyarak çocuklarına, onların duygularının ve ihtiyaçlarının daha az önemli olduğu mesajını iletirler. (Çocuğun kendini değerli hissetmesine engel olur.) Çocuklarının başarılarında ve zaferlerinde aktif şekilde rol almada yetersiz kalarak, farkında olmadan çocuklarına bu başarıların önemli olmadığı hissini yaşatırlar. (Öz-değere zarar verir.) Bazı çocuklar okulda yaramazlık yaparak ya da alkol ve uyuşturucu kullanarak ebeveynlerinin dikkatini çekmeye çalışırlar. Diğerleri yetersiz öz-değer ve özsaygı ile büyürler. Kendilerini ayrıcalıklı, hiçbir şeyden mahrum bırakılmamış olarak gördükleri için kendi içlerinde yaptıkları muhakemede kendilerini suçlarlar. Düşük öz-değer, özsaygı ve kendini suçlama hızlı bir şekilde depresyona yol açar.

SAM

Sam, 19 yaşında terapi için bana ilk kez geldiğinde, çok prestijli bir kolejin birinci sınıfında okuyordu ve çok üzgündü. Sabahları uyanmakta çok zorlandığı için üniversiten atılmıştı. Bütün gün uyuduğu ve derslerin hepsini kaçırdığı için bu savaşı sık sık kaybediyordu. Kendinden iğreniyordu ve bunu bana şu sözlerle ifade etti; "Ben tam bir zavallıyım. Ailem bana, onların sahip olduğundan daha iyi bir hayat vermek için durmadan çalışıyor ve her türlü imkânı sunuyor. Bense hepsini çöpe atıyorum ve bunun için bir mazeretim yok."

Sam'e ne olduğunu anlayabilmeniz için önce onun ebeveynlerini anlamanız gerekli. Sam'in ebeveynleri lisede tanıştı ve 19 yaşında evlendi. Her ikisi de eğitimsiz ve yoksul ailelerden geliyordu. Hem annesi hem de babası çok zeki olmalarına rağmen, maddi imkânsızlıklardan dolayı üniversiteye gitme fırsatı bulamadılar. Evlendikleri andan itibaren kendilerine ve çocuklarına iyi bir hayat verebilmek için çok çalışmak zorunda olduklarını biliyorlardı. Sam'in babası inşaat işçiliğinden, ülkenin dört bir yanındaki şantiyeleri yönetmeye kadar pek çok işte çalıştı. Bu işler sık sık seyahat etmesini gerektirse de maaşı hiç hayal edemeyeceği bir miktara çıkmıştı. Bu arada Sam'in annesi bir oteller zincirinde ön büroda çalışmaya başladı. Çok fazla çalışarak şirketin CEO'sunun Yönetici Asistanlığı'na atandı ve inanılmaz bir maaşı oldu. Ne yazık ki işinin bir parçası da CEO ne zaman 'gel' derse gitmekti. Bu, gece yarısı sık sık telefonun çalması, gece geç saatlere kadar uzayan toplantılar ve her an iş seyahatine çıkma ihtimalleri anlamına geliyordu. Sam'in ebeveynlerinin işleri büyüdükçe, daha heyecanlı ve bağlı kişiler hâline geldiler. En büyük hayallerinin bile ötesine geçiyorlardı ve işi bırakmak şöyle dursun azaltmaları bile mümkün görünmüyordu.

Ebeveynlerinin işleri yıllar içinde büyürken, Sam zamanla onları kaybetti. Sam'in çevresindeki herkes, daha büyük bir eve taşındıkları ve daha güzel arabalar aldıkları için Sam'in ne kadar şanslı olduğunu söylüyordu. Sam 9 yaşına geldiğinde ailesi onun için ilk bakıcısını tuttu. Sam, maddi anlamda kazançlıydı ancak onun ebeveynlerini yavaş yavaş kaybettiğini kimse görmedi. 9 ve 19 yaşları arasında sevgi dolu ve özenli ebeveynleri olan bir çocuktan, bir dadının yetiştirdiği ve kolejde gelişmesi beklenen bir çocuğa dönüştü.

Bir çocuğun ebeveynleri ölürse, o çocuğun çok büyük üzüntü, büyük bir kayıp ve muhtemelen depresyon yaşayacağını herkes çok iyi bilir. Hiç kimse bir çocuğun başarı için ebeveynlerini kaybettiğinde de durumun aynı olacağını düşünmez. Sam ebeveyn kaybıyla ilgili bilinçli farkındalığa sahip olmadığı için depresyon belirtilerinin ve üzüntüsünün nedenini de anlayamıyordu. Bu durum onun önce gençliğinde, daha sonra da yetişkinliğinde çok fazla öfke ve düşük öz-değer algısı hissetmesine ve kendini suçlamasına zemin hazırlamıştı.

ZEKE

Zeke, zarif bir şekilde döşenmiş, geniş evlerinin kapısına doğru yürüdü ve notu bir akşam toplantısına gitmeden önce üzerini değiştirmeye çalışan babasına uzattı. Annesi iş seyahatine çıkmıştı. Babası gözlüklerinin arkasından, yüzündeki hayal kırıklığı ile notu inceledi. "Zeke, bu hiç hoş bir davranış değil. Şu an gerçekten yetişmem gereken çok önemli bir toplantım var ama notu Trish'e (dadıya) vereceğim ve bu konuyu seninle bu gece o konuşacak." dedi.

Bu senaryoda neyin kötü olduğunu merak ediyor olabilirsiniz. Her şeyden önce Zeke'nin muhteşem bir evi, çok meşgul olsa da ilgili bir babası ve ona özen gösteren bir dadısı vardı. Ancak üzülerek söylemeliyim ki dadı harika biri olsa ya da Zeke'ye iletişim kurdukları zaman doğru olan her şeyi söylese de burada duygusal ihmal ortaya çıkar. Çünkü Zeke'nin babası bu meseleyi açık bir şekilde dadıya yönlendirir. Bu da Zeke'nin, babasının işinin onun alacağı hayat derslerinden daha önemli olduğunu düşünmesine yol açar. Daha sonra Zeke büyük ihtimalle ne olduğunu hatırlayacaktır: Babası kaba bir tepki vermedi, dadısı onunla doğru şeyleri paylaştı ve belki de bu konuşmalardan dersler çıkardı. Babasının not ile ilgili onunla konuşmak için işinden zaman ayırmaması ya da o gün babasından aldığı 'daha az' mesajını hatırlamayacaktır. Bunun yerine çok büyük ihtimalle düşük öz-değer algısına eğilimli olacaktır. Olan şeyleri anlamak ve zihninde işlemek için fırsatı vardır ancak olmayan, dolayısıyla hatırlamayacağı şeyleri anlama şansı yoktur.

8. Tür: Ailede Özel İhtiyaçları Olan Bir Çocuğun Ebeveyni

Duygusal ihmal ile ilgili bu kitapta olmayı, ailede aşırı derecede hasta ya da ciddi ölçüde özürlü bir bireyin olduğu ebeveynden daha AZ hak eden bir ebeveynlik kategorisi yoktur. Maalesef kendilerinin hiçbir suçu olmasa da hayat onlara çoğu zaman, baş etmesi çok güç olan bir dert verdiği için işte buradalar. Üç çocuklarının en küçüğü olan 13 yaşındaki kızları Miranda ile ebeveynleri Tom ve Patty'nin konuştuklarına kulak verelim:

Miranda'nın babası Tom, "Sen bizim için çok önemli bir yardımcısın, Miranda!" diyor.

"Kesinlikle öyle!" diye ekliyor Patty. "Özellikle son zamanlarda Patrick'in yeniden Çocuk Hastanesi'nde makinaya bağlanmasının ardından her şey çok daha zor oldu. Kardeşin Steven ise şikâyet etmekten başka bir şey yapmıyor. Ama sen benim kaya gibi sağlam kızımsın."

Smithler'in evinde Jack'in 10 yaşında otizmle ilişkili duygu ve davranış problemlerinden muzdarip ağabeyinin yaşadığı duruma bakalım:

"Todd'un senin eşyalarını almasının sinir bozucu olduğunu biliyorum, Jack." dedi babası. "İlaçları değiştiği için son günlerde attığı çığlıklara katlanmanın çok zor olduğunun farkındayım. Basketbol oynamayı yarıda bıraktığımız için çok üzgünüm ama annenin Todd konusunda benim yardımıma ihtiyacı var. Daha iyisini hak ettiğinin farkındayım ama biliyorsun şimdilik hepimiz birbirimize iyi davranmalı ve sabırlı olmak zorundayız. Todd problemleriyle başa çıkamıyor. Annen ve ben elimizden gelenin en

iyisini yapmaya çalışıyoruz. Her şey daha iyi olacak.

Son olarak Zeke'nin evinde geçen konuşmaya göz atalım: *Zeke mutfağa girmeye çalışırken kapıdaki sinekliğe çarptı. Eve korku içinde geldi çünkü öğretmeninden aldığı notu annesine göstermek zorunda olduğunu biliyordu. Kendini çok kötü hissediyordu çünkü annesinin omuzlarında ilgilenmesi gereken başka bir yük vardı. Zaten uzun zamandır bununla mücadele ediyordu. Zeke'nin annesi parmağını dudağına bastırarak, evin başka bir odasından çıktı. "Şşşşşş, Zeke, baban uyuyor. Dün, çok zor bir gece geçirdi." Zeke, ilk başta içinde çok büyük bir rahatlama hissetti. Babasının uyuyor olmasını ve not meselesini sadece annesiyle konuşmayı umut etmişti. Ancak hissettiği rahatlama yerini bir anda utanca bıraktı. "Babam çok hasta ve ben sadece kendimi düşünüyorum. Çok kötü bir insanım."*

Bir çocuk ailede ciddi bir hastalıkla büyüdüğü zaman, kişi ister ebeveynlerinden ister kardeşlerinden biri olsun, doğal olarak çocuğa verilecek ilgi tehlikeye girer. Tom, Jack ve Zeke kendileri olma özgürlüğüne sahip değiller. Zeke'nin normal ihtiyaçları ve duyguları olduğu için suçluluk duyduğuna dikkat edin. (Eve gönderilen bir not ve bu sıkıntıdan kurtulma umudu.)

Çoğu zaman bakımla ilgilenen ebeveyn, kendi kendine gerilir ve sağlıklı durumdaki çocuğa örtülü veya açık bir şekilde sağlıksız bir yolla yardımda bulunur. Hasta bir çocuğun ya da ebeveynin olduğu bir evdeki yaşam genellikle kriz şeklindedir. Mesela bir ebeveyn sık sık hastaneye giderken duygusal olarak ihmal edilen çocuk, dondurulmuş yiyecekleri ısıtır ve televizyonun karşısında tek başına yemeğini yer. Ya da çocuk kendini sürekli duymak zorunda olmadığı ve zaten anlamadığı tıbbi terimlerin geçtiği sohbetlerin ortasında bulur. Çocuk, futbol oynamaya başka çocukların ebeveynleriyle birlikte gider ve yaşadığı küçük sorunlardan ailesinin rahatsız olmamasına alışır.

Hasta ebeveynlerin olduğu evlerdeki ev ahalisi, genellikle bunun sağlıklı çocuk üzerinde bir etkisi olduğunun farkındadır. Onunla konuşabilir, neler yaptığını tartışabilir ya da elinden geldiği kadar destek sağlayabilirler. Onlar, hasta aile üyesine harcanan zaman miktarının bilincindedir hatta bunun için endişelenirler. Bu yüzden bu ebeveynler, sağlıklı çocuklarını duygusal anlamda ihmal edecek son ebeveynler gibi görünür. Ancak araştırmalar hasta üyenin olduğu evlerde hem sağlıklı çocuğun hem de her iki ebeveynin algılarını inceledi. Bu çalışmalarda ebeveynlerden ve sağlıklı çocuktan, sağlıklı çocuğun nasıl davrandığını derecelendirmeleri istendi. Sonuçlar birbiriyle tutarlı bir şekilde ebeveynlerin, onların sağlıklı çocuklarını 'iyi' olarak gördüğünü gösterir. Ancak çocuk kendisini daha negatif bir yönden algılamaktadır. Sonuçlar mı? Ebeveynler, çocuklarının hayatındaki kötü şeyleri değiştirme konusunda kendilerini güçsüz hissettikleri zaman, bu kötü şeylerin etkilerini en aza indirmeye eğilimlidirler. Bu tür ebeveynler, bilinçaltında çocuklarının sıkıntılarını en aza indirgemekle kalmaz, aynı zamanda ona gerçekten yeteri kadar yetenekli olmadığı bir olgunluk yüklerler. Genellikle sağlıklı çocuklarının kendileri gibi şefkatli ve sabırlı olmalarını beklerler.

Bazen, aile hastalıkları bütün çocukluk dönemini etkiler. Böyle durumlarda, çocuğun ergenliğe kadar kopamadığı yarı yetişkin davranışlar geliştirmesi çok muhtemeldir.

STUART

Stuart'ın annesi ve babası onu terapiye getirdi çünkü 15 yaşına geldiğinde, 'çok fazla negatif' olduğunu düşündüler. İlk başlardaki birkaç toplantıda neredeyse tam anlamıyla sessizdi. Buraya zorla getirilmiş olmasına gücenmişti ve fazla konuşmayı reddediyor-

du. Stuart'ın ağabeyi Larry'nin, enfeksiyonlara karşı son derece savunmasız hâle getiren bir hastalığı vardı ve bu kaygının Stuart'ın ebeveynlerini tükettiğini gördüm. Bunu gördüm çünkü ebeveyn görüşmelerinde Stuart'ın gelişimsel tarihini konuşmaya çalışırken, ebeveynler yeniden Larry meselesine geçiyor ve bunu yaptıklarının farkına varmıyorlardı. Buradan tıpkı pek çok hasta çocuğun kardeşlerinde olduğu gibi, Stuart'ın da negatif duygularını ve kendi ihtiyaçlarını kendine sakladığını biliyordum.

Stuart'ın sonunda kırılma noktasına geldiği açıktı. Acı çeker bir ifadesi vardı ve artık 'iyi' olamazdı. Stuart'ın acı çeken tavrı kaçınılmazdı ama bu durum ailesi için gizemliydi. Onların yardımsever oğullarının nereye gittiğini merak ediyorlardı ve onun olumsuz davranışını 'düzeltmek' için onu terapiye getirmişlerdi.

Onunla baş başa geçirdiğimiz birkaç toplantının ardından, Stuart benimle konuşmaya başladı. Bana eve arkadaşlarını getirmediğini çünkü Larry'nin normal dostluklar kuramayacağı için kendini suçlu hissettiğini söyledi. Ayrıca bazı arkadaşlarının Larry'nin tuhaf davranışlarını anlamayacağını düşündüğü için dikkatli davrandığını açıkladı. Bütün bunların ardından, çok sevdiği abisinden utandığı için kendisini suçlu hissettiğini anlattı.

Böylece ailesinin daha fazla problem yaşamasına neden olduğu, özen gösterilmeye karşı duyduğu açlık, ailesinin onun acısını görememesinden ve onun da bu hissi kelimelere dökememesinden dolayı kendini suçlu hissettiriyordu. Birkaç seansın ardından, evde yaşadıkları bir olayda Stuart, onlara karşı öfkeli bir

> *şekilde konuşunca, ebeveynleri bana terapinin 'Stuart'ı daha kötü hâle getirdiğini' söyledi. Stuart'ı bazı şeyleri pat diye söylemeye cesaretlendirdim. O da "Her zaman her şey Larry ile ilgili. Onun ilaçlarını almak için benim All Star oyunumu bile yarıda bıraktın!" dedi. Ebeveynleri, sadece birkaç dakika erken bıraktıklarını, bu konuda aşırı hassas davrandığını söylemeye başladı. Bu noktada sert bir tavırla araya girdim ve "İşte problem tam olarak bu. Stuart'ın gerçekten nasıl hissettiğini söylemesine izin verilmiyor. Ne hissettiğini söylediğinde onu 'duygusal' olarak nitelendiriyorsunuz. Yardıma ihtiyacı olan tek çocuk Larry değil. Ancak sizin Larry'e yardım etme konusundaki iyi niyetleriniz, Stuart'a ebeveynlik yapma yeteneğinizi engelliyor. İhtiyaçları ve duyguları olduğu için onun kendisini suçlu hissetmesine neden oluyorsunuz." dedim.*

Ofisimde gerçekleşen bu zor durum Stuart için bir dönüm noktası oldu. Neyse ki bu ebeveynler en nihayetinde Stuart'ın bazen suçlu, öfkeli ve üzgün hissetmesine neden olan Larry'nin hastalığının, Stuart'ın sosyal ve duygusal gelişimini nasıl etkilediğini anlayabildiler. Stuart'ı değişebileceği umuduyla terapiye getirmeye devam etseler de aslında onların değişimi Stuart'ın değişimi kadar dramatik oldu.

Stuart'ın mücadelesini fark etme konusunda başarısız olmalarının nedeni, büyürken onlara problem çıkarmamasıdır. Stuart'ın ebeveynleri, sonunda ondan problem çıkarmamasını beklemiş olduklarını fark ettiler. Stuart'ın ebeveynleri bu farkındalıkla, onun duygularına ve ihtiyaçlarına daha fazla dikkat etmeye başladı. Stuart'ın ergenliği boyunca bunu yapmaya devam edebilirlerse, duygusal ihmalin etkileri tersine çevrilebilir ve Stuart mutlu ve sağlıklı bir şekilde büyüyebilir.

9. Tür: Başarı/Mükemmeliyetçilik Odaklı Ebeveyn

Başarı/mükemmeliyetçilik odaklı ebeveynler nadiren tatmin olmuş gibi görünür. Çocuğu normal bir A ile eve geldiyse, "Bir dahaki sefere A+ bekliyorum." diyecektir. Bu ebeveynlerin daha önce bahsettiğimiz narsist ebeveynlerle birkaç ortak noktası vardır. Aslında davranışlarının pek çoğu benzerdir. Narsist ebeveynlerin büyük çoğunluğu kusursuzluk odaklıdır çünkü çocuklarının kendilerini yansıtmalarını isterler. Başka bir deyişle, "Çocuğum A alırsa, bu beni çok iyi gösterir." diye düşünürler. Bu 'ayna etkisi', Başarı/Mükemmeliyetçilik Odaklı ebeveynle-

rin çoğunun bir parçasıdır (biz onlara kısaca ME ebeveynler diyeceğiz) ancak her zaman böyle değillerdir. ME diğer pek çok faktör tarafından motive edilebilir.

ME ebeveynler, duygusal olarak ihmalkârdır. Olimpik atletlerin, konser piyanistlerinin ve profesyonel beyzbol oyuncularının ebeveynlerinin büyük bölümü ME olarak düşünülebilir çünkü bu ebeveynler güdülenir ve en iyisi olmaları için çocuklarını güdülerler. Ancak duygusal anlamda ihmalkâr olmayan ebeveyn ile ihmalkâr ebeveyn arasındaki fark destektir. Sağlıklı bir ME ebeveyn, çocuğunu 'çocuğun' istediği şeyi başarması için destekler. Sağlıksız bir ME ebeveyn, çocuğuna *ebeveyn olarak kendisinin* istediği şeyi yapması için *baskı kurar.*

Bazı ME ebeveynler, çocuklarına başarılı olmaları için baskı uygular çünkü bu ebeveynler, aşırı düzeyde kendilerinin sahip olamadığı fırsatlara çocuklarının ulaşmasını isterler. Pek çoğu kendilerinin mükemmel olması gerektiğine dair duygularından hareket eder. Bazıları çocukları aracılığıyla kendi hayatlarını yaşamaya çalışır. Ama diğer ME ebeveynler, çocuklarını sadece kendilerinin yetiştirildiği gibi yetiştirir çünkü bildiği tek yöntem budur.

Zeke, elindeki notu, ME annesine uzattığında onun ne tepki vereceğini düşünüyorsunuz?

ZEKE

"Zeke, okulda nasıl bu şekilde davranırsın? Artık Bayan Rollo senin Üstün Yetenekli Çocuklar Okulu'na başvurunla ilgili görüş bildirme fikrinden vazgeçebilir! Şimdi hemen Bayan Rollo'yu aramalı ve bu durumu düzeltmeye çalışmalıyız."

ME 2:

"Zeke, bir kalemi parmağının ucunda dengede tutmaktan çok daha iyisini yapman gerektiğini biliyorsun! Bayan Rollo haklı. Kalemi gözüne sokarsan, bu durum piyanodaki gelişimini engelleyebilir. Notaları göremezsen nasıl çalacaksın?"

Ya da ME 3:

"Zeke, beni gerçekten hayal kırıklığına uğrattın. Bu pahalı okula gidebilmen için çok büyük fedakârlıklar yaptım. Bayan Rollo seni bir problem çocuk olarak görmeye başlarsa, senin için yaptığım her şeyi mahvetmiş olursun. Geleceğini düşünmek zorundasın!"

Bu tepkilerin üçünün de Zeke için en iyi çıkarları göz önünde bulundurduğuna dikkat edin. ME anneler, çocuklarıyla ilgili endişelidir ve onlar için en iyisini isterler. Problem şu ki üç anne de verdikleri tepkilerle Zeke'yi duygusal olarak ihmal etmektedir. Bu cevapların hiçbirisi onun dürtülerini kontrol etmesini öğrenmesi için Zeke'nin ihtiyaçlarına hitap etmez. Hiçbirisi Zeke'nin kardeşleri tarafından bir bebek gibi davranıldığında hissettiği şeye hitap etmez. Bu tepkilerin hiçbirisi Zeke için önemli olan şeyle ilgili bir açıklama sunmaz. Verilen tepkilerin hepsi ebeveynlerin ihtiyaçlarına odaklıdır, Zeke'nin değil. Onlar Zeke'nin şu an için çok önemsemediği hatta hiç anlamadığı gelecek üzerine odaklıdır. Zeke'nin kendisi, kendi doğası, kendi duyguları ve bir otorite figürüyle nasıl anlaşabileceğiyle ilgili bir şeyler öğrenme fırsatını ortadan kaldırırlar. Zaman içinde, "Başarılı olmak için iyi ol." mesajını alan Zeke, kendi duygu ve ihtiyaçlarının çoğunu susturmak zorunda kalacaktır. Bu durum çocuklukta işe yarayabilir ancak Zeke ergenliğe ve yetişkinliğe, kendini tanıma, duygusal farkındalık ve kendini sevme gibi içinde eksik kalan bazı duygularla girecektir.

TIM

Tim, çift terapisine kelimenin tam anlamıyla eşi tarafından sürüklendi. İlk görüşmemizde Tim'e bir şeyler söyletmek oldukça zordu. Konuştuğunda söylediği ilk şey, kendisi ve Trish konusunda hayal kırıklığına uğradığıydı. "Birbirimizi seviyoruz ve bu yeterli olmalı. Ama Trish için hiçbir şey yeterli olmuyor." dedi. Bu konuyu biraz daha detaylandırmasını istediğimde, "Neden bir şeylerin sadece geçip gitmesine izin vermiyor? Neden sadece mutlu olamıyor?" dedi.

Durumu ilk anda bu sözlerle değerlendirmiş olsaydım, Trish'in geçinmesi çok zor biri olduğunu düşünebilirdim. Ancak çok sayıda çiftle yaptığım çalışmalardan sonra, hikâyenin çok daha fazlası olduğunu görebiliyordum. Trish'e sorular sorduğumda ağlamaya başladı ve Tim'i terapiye getirmesinin nedenlerini anlattı.

"Tim, evliliğimizde mutlu olduğunu söylüyor ama mutlu görünmüyor. İşten eve geldiğinde çok gergin oluyor. Harika bir baba ama bazen çocuklar mükemmel davranmadığında onlara tokat atıyor. Her zaman kendisiyle savaş hâlinde. Sadece kırk yaşında ve şirketin Başkan Yardımcısı. Ancak bunun yeterli olmadığını çünkü şimdiye kadar CEO olması gerektiğini düşünüyor. Onunla konuşmayı denediğimde, beni hep susturuyor. Onun çok tükenmiş olduğunu görebiliyorum; yardımcı olmak istiyorum ama yapamıyorum. Bu noktaya geldiğimizde, evet onu çok se-

viyorum ama artık bununla yaşayamıyorum. Lütfen bize yardım edin ve beraber olabilelim."

Şimdi, burada bir dakika duralım ve Tim'i düşünelim. İlk seansın ilk on beş dakikasında, Tim'in çocukken duygusal ihmale uğradığını düşündüm. Aşağıda, onda gördüğüm duygusal ihmal işaretlerini sıraladım (3. Bölüm'ü okuduğunuzda bu işaretlerle ilgili daha fazla şey öğreneceksiniz):

- Gerginlik.
- Çocuklarının hatalarına tolerans gösterememesinin kanıtladığı mükemmeliyetçilik.
- Duygusal farkındalık eksikliği, "Neden sadece mutlu olamıyor?"
- Karşı bağımlılık, yardıma ihtiyaç duyduğu için kendisiyle ilgili hayal kırıklığına uğraması ve Trish'in yardım önerisini reddetmesi bunun kanıtıdır.
- Kendisine karşı duyduğu şefkat eksikliği, Trish'in CEO olmak yerine, Başkan Yardımcısı olduğu için kendisini eksik hissettiğini ifade etmesi.

Birlikte yaptığımız altı çift toplantısından sonra, Tim sonunda bireysel olarak seansa gelmeye ikna oldu. Bu seanslar sırasında Tim'in ailesinin onu sevgi dolu ancak tek ve temel bir amaç için yetiştirdiğini keşfettim: Başarılı olmak. Onun çocukluğundaki yeteneği, başarıları, çabaları ve yaşadığı stresler ebeveynleri tarafından 'gelecek' merceğinden görüldü. Tim, hislerinin, ihtiyaçlarının ve deneyimlerinin hiçbir şeyle ilgisi olmadığını iyi öğrenmişti. Önemli olan, "Bu senin geleceğin için ne anlama geliyor?" düşüncesiydi. Tim, yetişkinliğe girdi, evlendi ve kendi çocukları, duyguları ya da karısı da dahil olmak üzere insanlarla nasıl bağlantı kuracağı hakkında çok az bilgiye sahipti.

Neyse ki Tim, açık olmayı ve bütün bunları benimle paylaşmayı başardığı için bu probleme yönelebildik. Bir dizi bireysel seansın ardından, çocuklarına ve eşine yeni keşfettiği kendini kabul etmiş bir biçimde, şefkatle ve hoşgörüyle yaklaşmayı başardı.

Bir çocuğun duygularına ve ihtiyaçlarına ebeveynleri tarafından önemsiz muamelesi yapılırsa, kendisinin kişisel bir parçası derinden reddedilmiş olur. Kişinin bu parçası odadaki fil gibidir. Hiç kimse onu görmek ya da ondan bir şeyler duymak istemez ancak yine de onun en çok olan parçasıdır. Bu çocukların pek çoğunun ailede adapte olabilmesi, iyi anlaşabilmesi ve büyüyebilmesinin tek yolu inkâra dahil olmak ve onların duygusal benliği hiç var olmamış gibi davranmaktır. İhmal edilmiş çocukların içlerinde; kendileri, kendilerine duydukları sevgi ve diğerleriyle duygusal bağ kurma yeteneğiyle ilgili boşluk hissiyle büyümüş olduğundan hiç şüphe yoktur.

10. Tür: Sosyopat Ebeveyn

Muhtemelen, bu kitapta anlatacağım en şaşırtıcı ebeveyn türü budur. Bu kategorinin, bu kitaba uygun olmadığından yüzde yüz emin olsanız da size bu bölümü okumanızı tavsiye ediyorum.

'Sosyopat' kelimesini duyduğunuzda aklınıza ilk kim geliyor? Hannibal Lecter? Tony Soprano? Mussolini? Bunlar aslında kavramın ikonik temsilidir. Fakat bunlar sosyopatinin en aşırı, dramatik ve açık versiyonlarıdır. İlgilendiğimiz sosyopatlık türü farklıdır. Bu sosyopat büyük olasılıkla asla bir yasayı çiğnememiş ve hiçbir zaman hapse girmemiştir. Kendini daha az belli eder ama çok daha yaygındır. Bu sosyopat komşunuz, kardeşiniz, anneniz veya babanız olabilir. Sosyopat kişi kusursuzca yapılmış bir manikürün, harika bir işin ya da Okul Aile Birliği'ndeki bağış çalışmalarının ardına gizlenmiş olabilir. Çoğu insan bu kişinin aslında bir sosyopat olabileceğini düşünmez. Aslında insanları kendisine çeken bir karizması bile vardır. Pek çok kişinin hayran olduğu, özverili ve nazik bir insan olabilir. Ancak derinlerde bir yerde geri kalanımızdan farklıdır. Bazen ona en yakın olan kişiler bile, onda yanlış bir şeylerin olduğunu fark etmez. Çocukları genellikle tuhaflığı hissedebilir ancak bu, durumu anladıkları anlamına gelmez.

Sosyopatları geri kalanımızdan ayıran temel bir özellik vardır. Bu bir şey tek kelimeyle ifade edilebilir: Vicdan. Basitçe söylemek gerekirse, bir sosyopat hiçbir suçluluk hissetmez. Bundan dolayı, herhangi bir bedel ödemek zorunda kalmadan neredeyse her şeyi yapma konusunda özgür olduğunu düşünür. Bir sosyopat, ertesi gün söylediği ya da yaptığı kötü şeylerden dolayı suçluluk hissetmez. Sosyopatlar için diğer insanların hisleri anlamsızdır çünkü diğer insanlarla empati kurmaktan yoksundurlar. Aslında sosyopatlar hiçbir şeyi geri kalanımızın hissettiği gibi hissetmez. Onların duyguları, diğerlerini kontrol etme etrafında dönüp duran farklı bir sistemle işler. Bir sosyopat sizi kontrol etmeyi başarırsa, size karşı biraz sevgi besleyebilir. Madalyonun ters tarafından bakacak olduğumuzda, sizi kontrol etmekte başarısız olursa sizi hor görecektir. Kendi istediğini elde etmek için farklı yöntemler kullanır ve işe yaramazsa kabadayılık taslayabilir. Bu da başarısız olursa sizi incitmeye çalışacak demektir.

Vicdanı olmayan bir sosyopat kendi istediğini elde etmek için bütün gizli yöntemleri kullanır. Kelimenin tam anlamıyla acımasız olabilir. Birtakım şeyleri yanlış bir şekilde resmedebilir. Başkalarının sözlerini kendi amaçları uğruna değiştirebilir. İşler ters gittiğinde diğerlerini suçlayabilir. Kendi hatalarını kabul etmesine gerek yoktur çünkü diğerlerini suçlamak çok daha kolaydır. Sosyopat 'kurban' rolünü oynamanın önemini keşfetmiştir ve bir virtüöz gibi hareket eder.

Yanı Başınızdaki Sosyopat, kitabının yazarı Dr. Martha'ya göre bir sosyopatla uğraştığınızı gösteren en güvenilir kanıt, sizi kasıtlı olarak incitmesi ve daha sonra da sanki yanlış hiçbir şey yapmamış ve siz hiç incinmemişsiniz gibi normal davranmasıdır. Bir kişi size bunu tekrar tekrar yapıyorsa, bir sosyopatla karşı karşıya olduğunuzu düşünebilirsiniz.

Bu kişi ebeveynlerinizden biri olduğunda, durumun farkına varmak çok acı verici olabilir. Ancak aynı zamanda hayatınızı değiştiren ve özgürleştiren bir tecrübedir. Genel olarak sosyopat ebeveynlerin çocukları, umutsuz bir şekilde ebeveynlerinin davranışlarını anlamlandırmaya çalışırlar. Açıklanamaz bir durumu açıklama konusunda çok yaratıcı olabilirler. Aşağıda sosyopat ebeveynlerin yetişkinlik çağına gelen çocuklarından ebeveynlerinin acımasız, gizli ve incitici davranışlarını açıklamaya çalıştıkları seanslarda derlediğim bahanelerden bazılarına ulaşabilirsiniz:

"Kaygı sorunu var."

"Aslında bunu kastetmek istemedi."

"Beyninde tuhaf şeyler oluyor."

"Her şeyi çok fazla önemsiyor."

"Tahammülsüz."

"Çocukluğunda sıkıntılar yaşamış."

Bu yetişkin çocukların açıklamaya çalıştıkları şeyleri daha iyi anlamak için sosyopat annesine notu getiren Zeke'ye dönelim.

ZEKE

Zeke, notu okuyan annesini izler. Notu okurken dudaklarının ince ve sert bir hoşnutsuzlukla büzüştüğünü görür.

"Ne? Böyle bir şeyi nasıl yaparsın, Zeke? Okulda bu şekilde davranmış olmandan dolayı utanç duyuyorum."

Zeke'nin gözleri yaşlarla dolar ve "Ben..." demeye kalmadan annesi sözünü keser. "Tek bir kelime etmeni istemiyorum. Seninle konuşmak hatta seni görmek bile istemiyorum. Şimdi hemen odana git ve 50 defa 'Bir daha okulda asla böyle bir şey yapmayacağım.' yaz. El yazısıyla ve okunaklı olursa çok iyi olur. Tamamlayana kadar yüzünü bile görmek istemiyorum. Bu da akşam yemeği yiyemeyeceğin anlamına geliyor."

Odasında ağlayarak yazarken dört saat geçirdikten sonra, Zeke yalnızca 20 defa yazabilir ve hiçbir cümle el yazısı değildir. Kalbi çok büyük bir korkuyla dolar çünkü annesinin bu yazdıklarını gördüğünde öfke saçacağını bilir. Ancak bunun için yapabileceği bir şey yoktur çünkü onun yaşında, okulda daha yeni öğretilen el yazısıyla yazmak çok zordur. Çok acıkır, üzgündür ve annesini bu kadar öfkelendirdiği için kendisini aşırı derecede suçlu hisseder. Kâğıdın altına annesi için bir kalp çizer ve annesinin televizyon izlediği odaya gider. "Anne, sadece 20 tane yazabildim. Söz veriyorum, başımı bir daha belaya sokmayacağım. Bırakabilir miyim? Lütfeeeeeeeeennn!" diye yalvarır. Zeke'nin annesi gözlerini televizyondan kaldırmadığı için onun dağılmış saçlarını, yorgunlu-

ğunu ve yüzündeki gözyaşı izlerini görmez. "Hemen odana dön!" diye homurdanır. "Yoksa seni gerçekten ağlatacak bir şeyler yapacağım. Ben söylemeden önce odandan çıktığın için ekstradan on tane daha yazacaksın." der. Tehditkâr bir şekilde ayağa kalkar ve Zeke'ye doğru yürümeye başlar. Zeke, geri çekilme vakti geldiğini anlar. Odasına koşar, kendini yatağına bırakır ve uyuyana kadar ağlar.

Bu etkileşimde, Zeke'nin annesinin kendi çocuğuna aşina olma konusunda çok ciddi bir eksikliği olduğunu anlayabilirsiniz. Onun gelişimi (el yazısıyla ve okunaklı ne kadar yazıp yazamayacağı) ve duygularıyla ilgili ne yapıp ne yapmaması gerektiğinin farkında değildir (empati). Ayrıca onun üzerinde güç oluşturmak için aşırı ve sağlıksız bir ihtiyaç gösterir (kontrol). Ayrıca oğlu üzerinde duygusal olarak sadizmin sınırlarını zorlayan bir zulüm ve gönülsüzlük sergiler (bir başkasının acı çekmesinden mutlu olma). Aşırı ve sert cezalar sosyopatlığın bir göstergesiyken, sosyopat ebeveynlerin hepsinde aynı sonuçlara neden olmaz. Bazıları ceza vermez ve onların ihtiyaçlarını suçluluk veya perde arkasındaki manipülasyonun kullanılması gibi farklı yollarla kontrol etmeyi tercih eder. Tüm sosyopat ebeveynlerin ortak noktası, onlar için çocuk yetiştirmenin diğer her şey gibi güç ve kontrolle ilgili olduğunu düşünmeleridir.

WALLACE

Kırk yedi yaşındaki Wallace yaşlı babasının ölümünden sonra terapiye başlar. Onu terapiye getiren neden ise babasının ölümüyle hissettiği üzüntü değil, annesiyle ilişkisinde hissettiği suçluluk duygusudur. Wallace'ın yaşadığı yer ebeveynlerine iki saat uzaklıkta ancak son yirmi yıldır onları sadece yılda bir kez, belki daha az ziyaret etmiştir. Bunu ona sorduğumda, hatırlayabildiği kadarıyla bu konuda suçlu hissettiği açıktı. Bana ebeveynlerini yeteri kadar ziyaret etmediği için kendisini en umursamaz ve değerbilmez evlat gibi hissettiğini söyledi. Ancak onları ne zaman ziyaret etse depresyona girdiğini ya da fiziksel olarak hastalandığını belirtti. "Bu durum, oraya gitmeyi istemememe neden oluyordu. Üstelik eşim oraya gitmekten gerçekten nefret ediyordu. Muhtemelen annem de ondan hoşlanmıyordu."

Wallace, yakın zamanda ölen babasını pek fazla ortalarda görünmeyen ama onun hayatına çok müdahale eden bir işkolik olarak tanımladı. Annesini 'farklı biri' olarak ifade etti. Wallace'a bu konuyla ilgili sorular sorduğum zaman, "Annem için yaptığım hiçbir şey yeterli olmuyor. Eşime güceniyor ve bence eşimin, ona göstermem gereken özeni benden çaldığına inanıyordu." diye açıkladı. Wallace, onları bu kadar az ziyaret ettiği için annesinin onu bencillikle suçladığını ve bunu doğrudan veya dolaylı olarak birbirleriyle her karşılaştıklarında söylediğini anlattı. Annesi yıllar boyunca çeşitli yollarla onun annesine duyduğu bağlılık eksikliğinden dolayı hissettiği hayal kırıklığını ifade etmiş.

Bana, annesinin sosyopatik tarzını gözler önüne seren kısa bir hikâye anlattı:

Noel'de Wallace, eşi ve çocukları dişlerini sıkmaya ve annesinin isteklerine boyun eğmeye karar verdiler. Neredeyse bir yıldır annesini ziyaret etmemişti ve onun Noel'de aileyi bir araya getirmek için düzenlediği yemeğe katılmaları gerektiğini biliyorlardı. Wallace'ın annesi, oğlu geleceği için son derece mut-

luydu hatta ona çocukken bayıldığı patates yemeğini hazırlıyordu. Bu ziyaret, hediyeleri açma vakti gelene kadar çok harika geçiyordu. Çocuklar büyükannelerinin onlara ne aldığını görmek için parlak kâğıtlarla paketlenmiş hediyeleri heyecanla açarken, Wallace'ın kalbi yine sıkıştı. Annesinin yeniden kendisine, ona karşı olan özensizliğini ifade etmeye çalıştığını fark etti. Bu kez bu noktayı, diğer torunlarına pahalı yeni iPodlar verip; Wallace'ın çocuklarına ucuz plastik kameralar hediye ederek vurgulamıştı. Wallace'ın çocukları büyükannelerine hediyeler için nazikçe teşekkür etti. Ancak Wallace, kendi aldıkları ve kuzenlerine verilen hediyeler arasındaki boşluğu görünce çok şaşırdığını ve incindiğini söyledi.

Daha sonra çocuklarıyla özel olarak konuşma fırsatı bulduğu zaman Wallace, onlara hediyelerdeki eşitsizliği açıklamaya çalıştı. Onlara, büyükannelerinin yaşlı olduğunu, dolayısıyla hediyeler arasındaki farkı ayırt edemediğini söyledi. Ancak bunun unutulup gidilecek bir olay olmadığını hissetti. Bu konuda annesiyle yüzleşmek zorunda olduğunu biliyordu. Onu mutfakta yalnız yakaladı ve hediyelerle ona bir şeyler anlatmaya mı çalıştığını sordu. "Noel'in senin için tek ifade ettiği şey hediyeler mi, Wallace? Paradan başka hiçbir şeyi önemsemedin. Seni mutlu edecekse, önümüzdeki yıl senin çocukların için daha fazla para harcayacağımdan emin olabilirsin." dedi ve ekledi, "Sanırım bu, kendi ebeveynlerini ziyaret edemeyecek kadar meşgul birinden beklemem gereken şey!"

O akşam Noel yemeğinde Wallace'ın annesi sanki hiç olumsuz bir şey olmamış, Noel çok mutlu geçiyormuş, herkes iyiymiş gibi davrandı ve Wallace'dan da aynı şekilde hareket etmesini bekledi.

Bir yetişkinin hayatından alınan bu hikâye, sosyopat bir kişinin tüm özelliklerini göstermektedir. Kötü niyetli bir şekilde oğluna saldırıp, daha sonra da kendisini kurban gibi resmedip (ihmal edilen anne), hiçbir şey olmamış gibi davranarak sinsice yöntemler aracılığıyla onu kontrol etmeye çalışır ve oğlu Wallace'ı suçlar (bencil evlat). Buna ek olarak, oğlunun canını acıtmak için torunlarının da canını acıtır.

Wallace ile bir süre çalıştıktan sonra, üzerine yüklediği suçluluk duygusunun yanlış olduğunu gördü. Annesi (ve müdahale etmeyerek, babası) çocukluk, ergenlik ve yetişkinlik dönemi boyunca bu tür kontrolcü ve cezalandırıcı davranışlarla onu uzaklaştırmıştı. Ziyaretleri sırasında depresyona giriyor ve hastalanıyordu çünkü ne olduğunu anlayamıyordu. Annesinin toksinlerini yutuyordu çünkü bunlarla birlikte büyümüştü ve bunların ne olduğunu görememiş, dolayısıyla bunun yerine kısmen kendini suçlamıştı. Annesinin bir sosyopat olduğunu öğrenmek, onun kendini ve her ne olursa olsun çocuklarını koruma ihtiyacını anlamasına yardımcı oldu. Daha sonra, bu yersiz suçluluk duygusundan ziyade, kendini özgür bırakmaya odaklandı.

Ebeveyninizin (ya da hayatınızdaki herhangi birinin) bir sosyopat olabileceği konusunda herhangi bir sorunuz varsa, *Yanı Başınızdaki Sosyopat* kitabı hakkında bilgi almak için bu kitabın sonundaki kaynakça bölümüne bakın.

11. Tür: Çocuk Olarak Ebeveyn

Bu tip bir ebeveyn, çocuğunu bir çocuk değil de ebeveyn gibi davranmaya teşvik eder, izin verir veya zorlar. Bazen çocuk kendine, bazen de kardeşlerine bile ebeveynlik yapmak zorundadır. En aşırı örneklerde çocuk kendi ebeveyninin ebeveynidir. Bu ailelerin büyük çoğunluğunda, çocuğu aniden bir yetişkine dönüşmeye zorlayan ağır bir sıkıntı vardır. Daha önce bahsettiğimiz ebeveynlik türlerinden bazıları, bu tür zorluklara sahip ailelerle alakalı iyi örneklerdir. Örneğin; yaslı aile, hasta aile üyesi olan aile, bağımlı veya depresif bir ebeveynin bulunduğu aileye bakın. Başka bir örnek, her iki ebeveynin de uzun saatler çalışmak zorunda kaldığı mali zorluklar yaşayan bir aile olabilir. Bunların hepsinde gerçek ebeveynin, ebeveyn işlevlerini yerine getirmemesinin bir sebebi vardır. Bu yüzden çocuğun ayağa kalkması ve onları üstlenmesi gerekir.

ZEKE

Üçüncü sınıf öğrencisi Zeke, öğretmeninin cebine sıkıştırdığı notla eve doğru yol alır. Olabildiğince hızlı koşar çünkü evde yalnız kalamayacak kadar küçük olan (beş yaşındaki) kız kardeşi komşusu tarafından anaokulundan alınıp, eve bırakılmadan önce evde olmak zorundadır. Annesi akşam 8:00'e kadar Stop & Shop mağazasındaki kasiyerlik işindedir. Zeke aldığı notla ilgili en ufak bir endişe taşımaz. Annesinin bu konuda üzülmeyeceğini bilir çünkü onun ne kadar sorumluluk sahibi olduğunun bilincindedir. Oğluna güvenir, kız kardeşine ne kadar iyi bakacağına inancı tamdır. Akşam yemeği için her ikisine de tereyağlı ve fıstık ezmeli sandviçler yapar ve annesi işten dönmeden önce kız kardeşine pijamalarını giydirmiş olur. Anne sinirlenmeyecek ya da endişelenmeyecektir.

Bu örnekte Zeke'nin not ile ilgili annesinin vereceği tepkiden endişe etmemesi, onun kendisini bir çocuk olarak görmediğini gösteriyor. Aslında küçük kız kardeşiyle ilgili üstlendiği sorumluluklarla yetişkin rolü oynuyor. Ayrıca bu sorumluluklar ona, annesinde olması gerekenden daha fazla güç ve otorite veriyor. Ebeveyn/çocuk arasındaki sınırın yokluğu, Zeke'nin okulda yaşadığı olaydan hiçbir şey öğrenememesine sebep olur. Aslında çocukluğunun yok olması, yetişkinlikte onu daha asi birine dönüşme riskiyle karşı karşıya bırakıyor. Bununla birlikte koşulları değişmedikçe muhtemelen ne hissettiğini, ne istediğini ya da neyin önemli olduğunu bilmekte güçlük yaşayan, aşırı derecede sorumlu bir yetişkin olarak büyüyecek. Bu durum, duygusal olarak ihmal edilen birçok yetişkinin yaşadığı boşluk ve bağ kuramama sorununun kanıtı.

Bununla birlikte, kilit bir noktaya dikkat etmek son derece önemlidir:

Herhangi bir açıdan tehlikeli bir ailede olmak -tek ebeveyn, hasta ebeveyn, hasta kardeş ya da maddi zorluklar yaşayan ebeveynler- hiçbir suretle duygusal ihmal açısından bir yargı oluşturmaz. Bu tür zorluklarla mücadele eden çok ama çok sayıda ebeveyn çocuğuyla ilgilenmek ve ona yetişkinlikte 'dolu' ve bağlı hissetmesi için ihtiyacı olan özeni sağlamak adına elinden geleni yapar. Aslında çocuğunuzla çok fazla zaman geçirmek bile, duygusal ihmali engellemek için bir gereklilik değil. Çocuğunuzun kendisini anlamasına yardımcı olmak için onun duygularının farkında olabilir ve onunla saatler boyunca zaman geçirmeden duygusal ihtiyaçlarıyla uyumlu kalmayı başarabilirsiniz. Zaman, birtakım şeylerin daha kolay çözülmesine yardımcı olabilir ancak ayrılan zamanın yetersizliği, telafi edilebilecek bir durumdur.

Bu önemli noktayı aydınlatmak için Sally örneğine göz atalım.

SALLY

Dördüncü Tür'de Yaslı Ebeveyn'i anlatırken örnek verdiğimiz Sally'yi hatırlayalım. Sally çocukken, babası kanserden öldü. Babasının kaybı onun kişiliğinde ve bir yetişkin olarak işlevselliğinde derin etkilere sebep oldu. Hiç kimsenin çocuklara babalarının öleceğini söylemediğini hatırlayın. Sally'e 'babasının öldüğü' annesi tarafından değil, kız kardeşi tarafından söylenmişti. Sally'nin babası öldükten sonra, annesi onun hakkında çok az konuştu. Bu noktadan sonra çocuklar evde yalnız bırakıldı çünkü anneleri temel ihtiyaçlarını karşılayabilmek için uzun saatler vasıfsız bir işte çalışmak zorundaydı.

Bu senaryonun hangi boyutlarının Sally'nin boşluk duygusunu yaşamasına ve bir yetişkin olarak dünyayı renksiz bir yer gibi görmesine yol açtığını düşünüyorsunuz? Babasının ölümü mü? Babasının ölümünden sonra annesinin uzun saatler çalışması mı? Yaşadıkları maddi zorluklar mı?

Cevap, yukarıdakilerin hiçbirisi değildir. Bu faktörlerin hepsi olan şeylerdir. Bunlar olaylardır. Olayların kendisi duygusal ihmale neden olmaz. Sally'nin annesi, kendi üzüntüsüyle baş ederken çocuklarının ihtiyaçlarına duygusal olarak uyum sağlama yeteneğine sahip olsaydı, işler çok farklı olabilirdi.

Sally'nin duygusal ihmalinin sebebi babasının kaybı değildi. Babasının ölümünden sonra olan şey de değildi. Nedeni aslında babasının ölümünden önce ve sonra gerçekleşmemişti. Babasının ölümü ile ilgili ebeveynlerin iletişim kurmaması, karşılaşacakları durum ile ilgili çocukların duygusal olarak hazırlanmamasıydı (babanın uzun süren hastalığı ve ölümü). Ölümden sonra ebeveynlerin ya da ailedeki yetişkinlerin, çocukların geçirdiği şok, yaşadıkları şaşkınlık ve acıya dikkat etmemeleriyle ilgiliydi. Çocuklara babalarının anısı ile ilgili konuşma ve duygularını paylaşma izni ya da birbirinin hislerini anlama ve duygusal destek sunma izninin verilmemesi de buna en önemli etkendir.

Bu faktörlerin hepsi bir şeyin yokluğu demek. Ön planda görülmeyen arka alanda duran bir yokluk! Ve bu nedenle Sally bir yetişkin olarak neyin neden yanlış olduğunu görmekte çok zorlandı.

12. Tür: İyi Niyetli Ancak Kendini İhmal Eden Ebeveyn

En sevgi dolu ve iyi niyetli ebeveynler bile duygusal anlamda ihmalkâr olabilir. Bu bölümün başında ifade edildiği gibi İNAKİE ebeveyn türü muhtemelen duygusal anlamda ihmalkâr ebeveynlerin en büyük alt kümesini oluşturur. Duygusal anlamda ihmalkâr ebeveynlerin bütün farklı türlerini okuduktan sonra, büyük ihtimalle bu kadar sevgi dolu ve özenli bir ebeveynin nasıl duygusal anlamda ihmalkâr olabileceğini düşünebilirsiniz. Çocuğunu çok seven ve onun için en iyisini isteyen ebeveynlerin de çocuklarını duygusal anlamda ihmal etmesi mümkün. Gerçek şu ki çocuğunuzu sevmek onunla uyum içinde olmaktan farklı bir durum. Sağlıklı bir gelişim için sadece çocuğunuzu sevmek yeterli değil. Çocuğuyla uyum içinde olan bir ebeveyn, genel olarak duyguları anlayan ve bu duyguların farkında olan biri olmalı. Çocuğunun gelişim aşamalarında onun ne yapabileceğini ve yapamayacağını gözlemlemeli ve çocuğunu gerçekten tanımak için gerekli olan çabayı ve enerjiyi vermeye istekli olmalı. Bu alanlardan herhangi birinde eksik olan iyi niyetli bir ebeveyn, çocuğunu duygusal anlamda yetiştirme konusunda risk altında olur.

İNAKİE ebeveynliğin nasıl işlediği ve kendini tekrar ettiğiyle ilgili daha iyi bir anlayış oluşturmak için Zeke'yi son kez ziyaret edelim.

ZEKE

Zeke, cebinde öğretmenin verdiği notla okuldan eve geldi. Annesi salonda oturmuş, Oprah'yı izliyordu. "Merhaba Zeke, okul nasıldı?" diye odadan seslendi. Salona girip, gergin bir şekilde notu annesine uzatmaya çalışırken, annesi ona reklamlar başlayana dek bir dakika beklemesini söyledi. Elindeki notla bir dakika bekledi ve daha sonra bilgisayar oynamak için odasına gitti. Notu çalışma masasına bıraktı. Ertesi gün annesi çekmecesine kıyafetleri bırakmak için girdiğinde, notu buldu. Notu okuyunca bir an rahatsız oldu ama daha sonra kendi kendine, "Vay canına, Bayan Rollo bu tür şeylere aşırı tepki veriyor." diye düşündü ve problemi geride bıraktı.

Bu örnekte Zeke'nin annesi sevgi dolu bir ebeveyn olmasına rağmen, yaşamın duygu düzeyine katılmıyor. Zeke'nin öğretmeninden getirdiği notu ona verirken endişe ya da şaşkınlık gibi duyguları hissetmiş olabileceğini anlamlandırmadı. Okuldaki saygısızlığıyla ilgili kaygılanmak için bir neden görmüyor çünkü davranışlar, duygular ve ilişkiler arasındaki bağlantı konusunda kör (bu durumda Zeke ve Mrs. Rollo arasındaki ilişki). 'Aşırı reaksiyon' olduğunu düşünerek Bayan Rollo'nun hislerine değer vermiyor. Bu tür işaretler duygu dünyasıyla ilişkisi ya da farkındalığı olmayan ve hayatı çok yüzeysel yaşayan bir kişiye aittir.

Bu kitapta bahsettiğimiz ebeveynlerin çoğu, kendi türlerine

ek olarak bu kategoride de yer alır. Şimdi geri dönüp bahsettiğimiz ebeveynlerden hangilerinin İNAKİE ebeveynler olduğuna bakalım.

- **Sophia, Joseph** ve **Renee**'nin ebeveynleri *Otoriter* ebeveynlerdir. Otoriter ebeveynlerin büyük çoğunluğu da otoriter ebeveynler tarafından yetiştirilmiştir. Çocuklarını severler ancak otoriter ebeveynlikte her şeyi onlar bilir.
- **Samantha**'nın ve **Eli**'nin İzin Verici ebeveynleri, çocuklarının istedikleri gibi yapmalarına izin vermenin, onları sevmek olduğuna dair yanlış bir düşünceye sahiptir.
- **Sally**'nin *Yaslı* annesi çocuklarını sever ve onlara bakmak için elinden gelenin en iyisini yapar. Duyguları ile temasa geçmek veya onları yönetmelerine yardımcı olmak için duygusal becerilere sahip değildir. Muhtemelen ebeveynleri ona bu becerileri öğretmemiştir.
- **Margo**'nun *Depresif* ebeveynlerinin onu çok sevdikleri açıktır. Margo'nun ebeveynleri, bu konuda nelerin eksik olduğunu fark etmemiş olabilir çünkü bunu kendi ebeveynlerinden almadılar.
- **Sam**'in *İşkolik* ebeveynleri onun için en iyisini yapmak ister. Maddi zenginliklerin mutlu ve iyi geçirilmiş bir çocukla sonuçlanacağı gibi yanlış bir düşünceye sahiptirler.
- **Tim**'in *Başarı/Mükemmeliyetçilik Odaklı* ebeveynleri onu bu şekilde yetiştirmiştir ve o da çocuklarını bu şekilde yetiştirir.

Buradaki iyi niyetli ebeveynlerin hiçbiri muhtemelen, çocuklarının mutlu ve duygusal olarak bağlı bir hayat için ihtiyaç duyacakları yakıtı onlara sağlamadıklarının farkında değildi. Basitçe söylemek gerekirse, kendi çocukluklarında deneyimledikleri şekilde çocuklarını yetiştiriyorlardı.

Duygusal ihmalin talihsiz yönlerinden biri, kendi kendini çoğaltmasıdır. Duygusal olarak ihmal edilen çocuklar duyguları, kendileri ve başkalarının duyguları hakkında kör bir noktayla büyürler. Ebeveyn olduklarında, kendi çocuklarının duygularından habersizdirler ve çocuklarını aynı kör noktaya getirerek büyürler.

Bu kitapta, *İyi Niyetli Ancak Kendini İhmal Eden Ebeveynler*le ilgili daha çok örnek göreceksiniz. Bakalım, 2. kısmı okuduğunuzda onları ayırt edebilecek misiniz?

2. KISIM

YAKIT TÜKENDİ

Bölüm 3

İHMAL EDİLEN ÇOCUKLARIN HEPSİ BÜYÜMÜŞ

Çocukluğu bir evin temeli, yetişkinliğiyse o evin kendisi olduğunu düşünün. Bir evi kusurlu bir şekilde inşa etmek mümkündür ve aslında görünüşte çok iyi inşa edilmiş bir evle aynıdır. Ancak temel; çatlak, eğri büğrü ya da zayıfsa, güç ve güvenlik kaynağı çok önemli olmayacaktır. Bu, fark edilebilen bir kusur değildir ama binayı riske atmış olabilir. Kuvvetli bir rüzgârla yerle bir olabilir.

Duygusal olarak ihmal edilen bireyler genellikle yüzeyde normal görünürler ancak çoğu zaman temellerindeki yapısal bozukluklardan habersizdirler. Ayrıca çocukluğun oynadığı rol ile ilgili hiçbir fikirleri yoktur. Onun yerine hayatta karşılaştıkları güçlükler ne olursa olsun, kendilerini suçlamaya eğilimlidirler. *Neden diğer insanlar benden daha mutlu? Neden bir şeyler vermek, almaktan daha kolay? Neden sevdiklerime daha yakın olamıyorum? Bende eksik olan şey ne?*

Bu sayfalarda bu tür sorularla boğuşan çok zeki, sevilen ve sempatik kişilerle tanışacaksınız. Hissettikleri boşluğun sırrını dikkatli bir şekilde korumaya eğilimliler. Bu yüzden herhangi birinin onlarda eksik olan şeyin ne olduğunu anlaması çok zor. Yalnızca en yakınlarındaki insanlar belli belirsiz işaretler görebilir.

Herkesin deneyimi farklıdır. Dünyada yedi milyardan fazla insan vardır ve hiçbir iki hikâye birbiriyle aynı değildir. Ancak duygusal ihmal konusunu ele aldığımız zaman, bu şekilde büyüyen yetişkinlerin belirgin ortak özellikleri olduğunu görebiliriz.

1. Boşluk Hissi
2. Karşı-Bağımlılık
3. Gerçekçi Olmayan Öz-Değerlendirme
4. Kendine Şefkati Olmayan, Diğerlerine Karşı Şefkat Dolu
5. Suçluluk ve Utanç: Benim Sorunum Ne?
6. Kendine Yönelik Öfke ve Kendini Suçlama
7. Ölümcül Hata (İnsanlar Beni Gerçekten Tanırsa Beni Sevmeyecekler)
8. Kendini ve Diğerlerini Beslemekte Zorlanma
9. Zayıf Öz-Disiplin
10. Aleksitimi: Zayıf Farkındalık ve Duyguları Anlamama

İnsanların bu duyguları deneyimleme nedenleri kendilerine özgüdür ve farklılık gösterir ancak bu sorunların görüldüğü kişilerde belirli ortak olaylar vardır. Ebeveynleri, yıllar içinde intihar eden birden fazla arkadaşıyla ilgili herhangi bir tepkide bulunmayan ve onu da tepki vermemesi gerektiğine inandıran Laura'nın hikâyesini dinleyeceksiniz. Ayrıca annesi kariyer yapmakla çok meşgul olduğu için kimlik oluşturma sürecinde ona pozitif ya da negatif hiçbir geribildirim verilmeyen Josh'u anlatacağım. Her bölümün sonunda bu kategoriye uyup uymadığınızı bulmanız için işaretler sunacağız.

Ancak okumaya başlamadan önce bir uyarım olacak. Listelenen işaretleri okurken kendinizi, "Peh, bu özelliklerden bazılarını taşımayan hiç kimseyi tanımıyorum." diye düşünürken bulabilirsiniz. Evet, bu konuda haklısınız. Şunu aklınızdan çıkarmayın; burada bu problemlerle ilgili önemli bir çabası olan ve bu kitabı okurken içsel bir dürtüyle kendilerini okuduğunu düşünen kişiler hakkında konuşuyoruz.

1. Boşluk Hissi

Bazı insanlar terapiye gelir çünkü içlerinde boşluk hissederler. Bu anksiyete ve depresyon gibi kendi başına bir bozukluk değildir ve insanların çoğu tarafından, hayatlarına müdahale eden belirtilerle deneyimlenmez. Daha ziyade genel bir rahatsızlık hissi, arada bir gelip giden bir tamamlanamama eksikliğidir. Bazı insanlar karınlarında ve göğüslerinde hissettikleri bu boşluğu fiziksel olarak yaşarken, diğerleri daha çok duygusal bir hissizlik olarak deneyimler. Herkeste var olan bir şeyi özlediğiniz ya da her şeyin dışında kaldığınızla ilgili genel bir algıya sahip olabilirsiniz. Bir şeyler doğru gitmeyebilir ancak bunun ne olduğunu isimlendirmek oldukça zor gelir. Bu durum sizin bir şekilde hayattan kopuk, bağlantısı kesilmiş gibi yaşamanıza neden olur. Hâlbuki hayattan zevk almanız gerekir.

Anksiyete, depresyon veya aileyle ilgili problemler için terapiye gelen duygusal olarak ihmal edilmiş çoğu insanın, bu boşluk duygularını bir şekilde ifade ettiği sonucuna vardım. Boşluk hissi genellikle kroniktir ve hayatları boyunca üzerlerine yığılır. Bu şekilde hisseden bir insanın ne yapacağını hayal etmek oldukça güç. Cevap ise, çocukluk döneminde ebeveynlerin duygusal tepkilerinde yatar.

Bu duyguların nedenlerinin çeşitli örneklerine, kendilerini gösterme biçimlerine ve bunları oluşturan süreçlere göz atacağız. Başlangıç için duygusal anlamda ihmalkâr ebeveynler tarafından sunulan genel bir boşluk hissi örneğine bakalım.

Simon

Simon, terapiye ilk geldiğinde 38 yaşında, fit ve yakışıklı bir adamdı. Problemi, pek çok kadının ilgisine rağmen, bir ilişki yaşama konusundaki yeteneksizliğiydi. Simon, yanlış giden, önünü kesen şeyin ne olduğunu bulmak istiyordu. Görünüşe bakılırsa harika bir avdı; başarılı bir borsa analistiydi; bir Porsche'u ve Boston'da güzel bir apartman dairesi vardı. Hava dalışı yapmayı seviyordu ve eski 'Porsche'ları tamir ederek, onlarla yarışmak en büyük hobisiydi. Kadınlar konusunda çok mu seçiciydi? Bağlanma korkusu mu yaşamıştı? Birlikte çalıştığımız süre zarfında Simon'ın saklandığı yerden çıkması biraz zaman aldı. Simon zengin bir ailenin çocuğuydu. Ormanlık bir alana inşa edilmiş büyük bir evde büyüdü. Ebeveynleri çok sık seyahate çıkıyor, onu ve küçük kız kardeşini evde dadıyla bırakıyorlardı. Kız kardeşi engelliydi. Bu yüzden çok fazla bakıma ihtiyacı vardı. Seyahatten eve döndükleri zaman, ebeveynlik için arta kalan enerjilerinin büyük çoğunluğunu kız kardeşine harcıyor, onu kendiyle baş başa bırakıyorlardı. 2. Bölüm'ü hatırladığımız zaman, Simon'ın ebeveynlerinin *Hasta Çocuğu Olan Ebeveyn* ile *İzin Verici Ebeveyn* türlerinin bir kombinasyonu olduğunu görebiliriz.

Simon'ın ebeveynleri gerçekten de patolojik olarak oğullarından kopuklardı. Simon; genellikle özgür takılır, herhangi bir sınır ya da kural tanımazdı. Çocukken ormanda yalnız başına çok fazla zaman geçirirdi. Ergenlik döneminde alkol ve sigaraya aşırı şekilde düşkündü. Uyuşturucu bir maddenin etkisinde araba kullandıktan sonra, babası biraz endişelenmişti ama bu durum çok uzun sürmedi.

Simon gençken ormanda ağaçların arasında saatlerce amaçsızca dolaştığını, eve gitmek istemediğini çünkü orada onun için hiçbir şey olmadığını hissettiğini söylemişti. Belki bir sigara içer, dönüşünü hava karardıktan sonraya dek geciktirir ve o kapıdan girdiğinde hissettiği korkunç duyguları mümkün olduğu kadar ertelemeyi isterdi. Ebeveynlerine karşı ezici bir yalnızlıkla karışık, derin bir öfke besliyordu ve umutsuz bir şekilde, içindeki yoğun boşluk duygusunu dolduracak ve ona sürekli arkadaşlık edecek bir kız arkadaşa ihtiyaç duyuyordu.

DUI[***] tecrübesinin ardından babasından biraz ilgi gördükten sonra, Simon eski hayatına geri döndü. Üniversiteden mezun oldu ve lisansüstü eğitimini ekonomi dalında yaptı. Los Angeles'a taşındı ve birkaç yıl çok büyük bir şirket için çalıştı. Çok başarılıydı ve gerçekten çok iyi paralar kazandı. Bir kadınla tanıştı ve kadın evlenmek isteyene kadar her şey gayet iyi gitti. Bu noktada huzursuz ve boş hissetmeye başladı ve Los Angeles'tan yorulduğunu düşündü. İlişkisine bir anda son verdi, işini bıraktı ve Boston'a taşındı. Boston'da kendine kolayca yeni bir iş buldu çünkü çok iyi bir eğitimi vardı. Kendini iyi pazarlayabilir ve iyi bir maaş talep edebilirdi.

Kendine yeni bir hayat kurdu ancak kısa bir süre sonra aynı hoşnutsuzluk duyguları yeniden ortaya çıkmaya başladı. Bir şeyler doğru gitmiyordu ve hâlâ mutsuzdu. Bu, hava dalışı ve Porsche yarışları yapmaya başladığı zamandı. Bu boşluk duygusuyla savaşmak için uç sporlar yapmaya başladı. Uçaktan her atladığında hissettiği adrenalin bir mucize yaratıyordu ama etkisi çok kısa sürüyordu. Bir atlayıştan eve dönerken, eski duyguları yine gün yüzüne çıktı; içini bir huzursuzluk, boşluk hissi kapladı. Neredeyse paraşütün hiç açılmamasını dilemeye başlayacaktı. Öldüğünü ve bunun ne büyük bir rahatlama olacağını düşündü. Aslında yıllardan beri gelip geçen düşünceler içini sarmıştı.

Simon çok fazla şey hissettiği için değil; hiçbir şey hissetme-

*** ÇN: Amerika'da alkol ve uyuşturucu etkisi altında araç kullanmak.

diği için ölmek istemişti. Bir ilişki yaşamayı başaramadı çünkü boştu; vermek ya da almak konusunda yeteneksizdi. Bütün dünyayı umutsuz bir anlam arayışıyla, işlerini, arabalarını, dairelerini bırakarak dolaştı. Herkesin bu kadar kolayca bulduğu şeyi istiyordu ama bir başkasıyla bağ kurmak ona çok zor geliyordu.

Simon ile terapideki işim duygulara odaklanmaktı. Bana hayatı ile ilgili hikâyeler anlatırken, sözünü sık sık keser ve sorardım, "Peki o anda tam olarak ne hissettin?" ya da "Şimdi bu konuyu konuşurken nasıl hissediyorsun?" Simon başlangıçta benim sorularımdan rahatsız oldu. Bunları sözünün kesilmesi, bizi hikâyeyle ilgili varmak istediği noktadan çıkararak, yanlış yöne götüren alakasız detaylar olarak düşündü.

Terapideki iki yıl boyunca aşamalı olarak zihnini, duygu dünyasını açmaya başladı. Benim sorularımı cevaplamaya çalışırken dikkati yavaşça kendi içine döndü, içsel deneyimlerine odaklandı ve duygularını isimlendirdi. İlginçtir ki Simon daha duygusal bir insan oldukça, çıktığı kızla cinsel problemler yaşamaya başladı. Kız arkadaşıyla duygusal olarak daha iyi bağ kurdukça, onunla seks yapma konusunda daha başarısız oluyordu. Bu eksiklik onun için bir stres kaynağı oldu. Daha sonra tedavisinin ikinci bölümü, onun kelimenin tam anlamıyla yalnız bir kurt olarak yetiştirildiğini fark etmesini sağladı. İlişkilerinde duygusal benliğini bütünüyle kesmişti ve duygusal yakınlık ile cinsel yakınlık karışımı bir kavram onu aşırı derecede korkutuyordu çünkü bunu bir tehdit olarak algılıyordu. Pek çoğumuz seks için seks yapmanın ne kadar kolay olduğunu biliriz. Peki ya duygusal yakınlık ile seks yapmak? Bu biraz daha ürkütücü bir durum. Simon için cinsellik anlamlı ve duygulara bağlı bir şey olmaya başladığı zaman, üstesinden gelebileceğinin çok fazlası oluyordu. Bu yüzden vücudu bu durumu, onun seks yapma yeteneğini elinden alarak çözüyordu.

Simon gururu incinmesine rağmen direndi. Tedavi boyunca çok çalışarak kendisini daha fazla rahatlatmayı başardı. Üç kız arkadaştan sonra kendini güvende hissettiği, duygusal olarak bağlı olduğu ve seks yapmaktan hoşlandığı bir kadınla birlikte olmaya başladı.

Simon'ın boşluk hissi, huzursuzluğu ve ilişkide yaşadığı problemler arasındaki bağlantıyı merak ediyor olabilirsiniz. Hepsi merkezdeki tek bir konunun yan etkileridir: Duygusal ihmal. Simon gelişmeye başladığı yılları ebeveynleri ve kendisi arasındaki çok az duygu paylaşımı ile yapayalnız geçirdi. Bu bir çocuğun genel olarak ebeveynleriyle, insanlarla ya da dünyayla bağ kurmasına imkân tanıyan duygusal öz kayıptı. Simon duygusal bir vakum içinde büyüdü. Akranlarıyla, uyuşturucularla ve partilerle 'kendini doldurmayı' denedi. Ona bir anlam ve bağ kazandıracak kadını bulmak için o kızdan diğerine koşup durdu. Bu stratejilerin hiçbirisi işe yaramadı. Cevabı bulmak için dışarıya değil, kendi içine bakması gerektiğini anlaması onu terapiye getirdi. Duyguları öğrenmek, duyguları olduğunu kabul etmek ve hayattaki anlamı, zenginliği ve özü deneyimlemek için bu duyguları yaşamasına izin vermek zorundaydı. Ancak o zaman özü, anlamı ve zenginliği olan bir ilişki kurabilirdi.

Hayatın yakıtı duygudur. Çocuklukta tamamlanmadıysak, yetişkin olarak kendimizi tamamlamak zorundayız yoksa kendimizi bir boşluk hissiyle dolmuş hâlde buluruz.

Simon, boşluk hissinin aşırı bir örneğidir. İhmal edilmiş çoğu insan, bunu daha yumuşak bir formda yaşar ve bu durumdan bu kadar hırpalanmaz. Ancak boşluk hissinin en yumuşak biçimde bile bir kişinin hayata katılma ve hayattan zevk alma yeteneğini engellediğini keşfettiğimi söyleyebilirim. En şiddetli seviyedeyse insanları intiharı düşünmeye hatta intihar etmeye sürükleyebilir.

Boşluk Hissi Belirtileri

- **Zaman zaman içinizde fiziksel bir boşluk hissedersiniz.**
- **Duygusal olarak huzursuzsunuzdur.**
- **Hayatın amacını ya da anlamını sorgularsınız.**
- **Bir anda ortaya çıkan intihar düşünceleriniz vardır.**
- **Heyecan arayan bir yapınız vardır.**
- **Diğer insanlardan farklı bir şekilde hissedersiniz.**
- **Genellikle kendinizi her şeyin dışında kalmış gibi hissedersiniz.**

Yukarıdaki belirtilerden birkaçının sizi tanımladığını hissediyorsanız, büyük ihtimalle duygusal olarak ihmal edildiğinizi düşünebilirsiniz. Ancak umutsuzluğa kapılmayın. Duygusal ihmalin hangi boyutlarını yaşadığınızı çözdüğünüz zaman, onlara yönelir ve bu etkilerle savaşarak, onları düzeltebilirsiniz.

2. Karşı Bağımlılık

Herkes bağımlılığın ne olduğunu bilir. Webster's Dictionary onu, "Başka biri tarafından tamamlanan ya da koşullandırılan; destek için bir başkasına güvenen kişi." olarak tanımlar. Tam tersine baktığımızda bağımsızlık, "Bir başkası tarafından belirlenmeyen ya da koşullandırılmayan; bir başkasının desteğine ihtiyaç duyulmayan." durumu ifade eder. Çoğu insan 'karşı bağımlılık' kavramının ne olduğunu duymamıştır. Yaygın bir şekilde kullanılan bir terim ya da pek çoğunun aşina olmadığı bir kavramdır. Aslında genellikle zihinsel sağlık profesörleri tarafından kullanılır. Birine ihtiyaç duymama dürtüsüne ya da daha spesifik olarak bağımlı olma korkusuna atıfta bulunur. Karşı bağımlı kişiler yardım istemekten kaçınırlar ve yardıma ihtiyaçları olduğunun bilinmesini istemezler. Üzerlerinde büyük bir yük hissetme pahasına bile olsa, başka bir kişiye güvenmemek için her çabayı gösterirler. Aşağıda duygusal olarak ihmal edilen bir çocuğun nasıl karşı bağımlı bir kişiye dönüştüğünü gösteren bir örnek okuyacaksınız.

David

David terapi için ilk kez bana geldiğinde, kırklı yaşlarında, eşi ve üç çocuğuyla yaşayan başarılı bir iş adamıydı. Maddi anlamda çok iyi işler çıkarmıştı ve çocuklarının hepsi yakında evi terk edecek genç yetişkinlerdi. Uzun zamandır hissettiği depresyon yüzünden yardım almak için gelmişti. David ilk olarak çocukluğunun çok mutlu ve özgür geçtiğini söyledi. Ancak hikâyeyi anlatırken, anahtar bir parçanın yokluğundan önemli ölçüde etkilenmiş olduğu gayet açıktı.

David, yedi çocuklu bir ailenin en küçüğüydü. Kendisine en yakın kardeşiyle arasında dokuz yaş fark vardı ve aslında David'in doğumu bir sürpriz olmuştu. David doğduğunda annesi 47, babası 52 yaşındaydı. David'in ebeveynleri iyi ve çalışkan insanlardı. David, ebeveynlerinin onu her zaman sevdiğini biliyordu. Ancak David dünyaya geldiği zaman, artık çocuk yetiştirmekten yorulmuşlardı ve David aslında kendi kendini yetiştirmişti. Ebeveynleri ona hiçbir zaman karnesini sormadı (hepsi A), dolayısıyla David de göstermedi. Okulda bir problem yaşarsa bunu ebeveynlerine söylemez, kendi kendine halletmesi gerektiğini bilirdi. David, okuldan sonra dilediği her şeyi yapmakta özgürdü çünkü ebeveynleri ona nadiren nerede olduğunu sorarlardı. Onun iyi bir çocuk olduğunu biliyorlardı ve bu yüzden endişelenmiyorlardı. David kuralların dışında bu geniş özgürlük alanını sevse de derinlerinde hep yalnız olduğu hissiyle büyüdü. Özgürlükten anladığı mesaj, 'sorma, söyleme' şeklindeydi. Başarılarını, başarısızlıklarını, yaşadığı zorlukları ve ihtiyaçlarını paylaşmaması gerektiğini çok erken yaşlarda öğrendi. Ebeveynlerinin kendisine bir kez bile böyle bir şey söylediğini hatırlamamasına rağmen, onun için hayatın bu olduğu hissini içselleştirdi. Onun kimliğinin bir parçası oldu.

Bir yetişkin olarak David, duygusal anlamda sınırlanmış ve kendine yeten birini temsil eder. Diğerleri onu genellikle soğuk olarak tanımlar. Evliliklerinden 15 yıl sonra eşi artık sabrının sonuna geldi. David'in onunla duygusal bağ kurmakta başarısız olduğunu hissediyordu. Ona sık sık onu sevdiğini söylüyor ancak pozitif ya da negatif anlamda nadiren herhangi bir duygu gösteriyordu. Onun mükemmel bir verici olduğunu ancak ilişkilerinin boş ve anlamsız olduğunu söylüyordu. David kendini içinde boşluk hisseden biri olarak tanımlıyordu. Dünyada duygusal anlamda bir şey hissettiği tek kişinin kızı olduğu ve bazen kızının kendisi için önemli olmasının kendisini kızdırdığını söylüyordu. David'in ölümle ilgili korkuları ortaya çıkmıştı ancak bunu anlayamıyordu çünkü harika bir hayatı vardı. Issız bir adada tek başına yaşamak sürekli hayalini kurduğu bir fanteziydi.

David'in çocukluğunda eksik olan şey duygusal bağdı. Onun ailesinde duygular hiç yokmuş gibi davranılıyordu. David ile ailesi arasında önemli negatif duygular ya da pozitif duygulardan hiçbiriyle ilgili bir ilişki yoktu. Onun karnesine baktıklarında gözlerindeki coşkuyu hiç görememişti ya da okuldan eve çok geç saatlerde geldiğinde onların endişelendiğine şahit olmamıştı. David'in ebeveynleriyle olan ilişkisi tek bir cümleyle özetlenebilir: Aynı evde yaşayan arkadaşlar gibi.

David'in ebeveynlerinin kendisinin ve onların farkındalığı dışında bilmeden ona verdiği mesaj, 'duyguların olmasın, duygularını gosterme, kimseden hiçbir zaman hiçbir şey isteme' şeklindeydi. David, ölüm ve ıssız bir adada yaşama fantezilerinin bu zorunluluğu başarabileceği en iyi yollar olduğunu düşünüyordu. David bunlardan dersler çıkarmayı başaran akıllı bir bireydi.

Karşı Bağımlılık Belirtileri

- **Depresyonda hissedersiniz ama nedenini anlamazsınız.**
- **Kaçmak ya da ölmek konusunda uzun zamandır devam eden istekleri vardır.**
- **Çocukluğunuzu, mutlu olsa bile yalnız olarak tanımlarsınız.**
- **Diğerleri sizi soğuk olarak tanımlar.**
- **Sevdikleriniz sizin duygusal anlamda uzak olmanızdan şikâyet eder.**
- **Her şeyi kendi başınıza yapmayı tercih edersiniz.**
- **Yardım istemekte çok zorlanırsınız.**
- **Yakın ilişkilerde çok rahat olamazsınız.**

Bazı belirtileri kendinizle ilişkilendiriyorsanız, duygusal olarak ihmal edilmiş olabilirsiniz. Okumaya devam edin.

3. Gerçekçi Olmayan Öz-Değerlendirme

Sizden, kendinizi tanımlamanız istense nasıl cevap verirdiniz? Hangi sıfatları kullanırdınız? Pozitif ve negatif kelimeler arasındaki denge ne olurdu? Daha da önemlisi, bu tanım ne kadar doğru olurdu? McKay ve Fanning tarafından kaleme alınan *Self Esteem* kitabındaki uygulamalardan biri, okuyucunun benlik kavramı ile ilgili bir envanter yapmasıydı. Okuyucudan fiziksel görünüş, kişilik, ilişkiler ve zihinsel fonksiyon gibi bir dizi farklı alanda güçlü ve zayıf yönlerini listelemeleri istenir. McKay ve Fanning, düşük özsaygısı olan insanların kendilerini olumsuz bir şekilde görmeye eğilimli olduklarını belirtir. Zayıf yönlerini abartır ve güçlü yönlerini önemsiz gibi lanse ederler.

Duygusal olarak ihmal edilen bireylerin çoğu düşük özsaygıya sahiptir. Ancak çok sık olduğu gibi duygusal anlamda ihmal edilen yetişkinler kendileriyle ilgili doğru olmayan resimler çizerler; negatif değil, sadece zayıf.

Çocukluk ve ergenlik dönemleri boyunca kendi benlik kavramımızı geliştiririz. Bir piyano resitalimizde ebeveynlerimizin gözündeki gururu gördüğümüz zaman, bu çok iyi çaldığımızın kanıtıdır ve bizim daha iyiyi istememizi sağlar. Küçükler Ligi'ndeki bir maçtan sonra ebeveynimiz bize, "Bugün sahada çok iyi işler yaptın. Haydi, biraz vuruş tekniğinle ilgili çalışalım." dediği zaman, bu cümle güçlü ve zayıf yönlerimizle alakalı çok önemli bir dönüttür. Bizler küçük bilgisayarlar gibiyiz; çevreden geribildirim alır, onu hafızamızda depolar, aldığımız diğer geribildirimlerle birleştirir; becerilerimiz, yeteneklerimiz ve eksiklerimizle ilgili tutarlı bir düşünce geliştiririz. Bu verileri öğretmenlerimizden, koçlarımızdan ve akranlarımızdan alırız. Ancak en güçlü etkiye sahip en önemli veriler ebeveynlerimizden gelir. Bu süreç doğru bir şekilde ilerlediğinde, özsaygının temeli olan dengeli ve gerçekçi bir öz-değerlendirme ile sonuçlanır. Böyle bir öz-değerlendirme, ne için yaşıyoruz, hangi becerileri geliştireceğiz, hangi üniversitelere başvuracağız, nasıl eşleri hayatımıza alacağız ve nasıl bir kariyer yapacağız gibi hayattaki pek çok seçimin kaynağıdır. Bunlar özsaygıyı devam ettirme ve koruma konusunda yardımcı olabilir. Mesela tıp fakültesine kabul edilmeyen biri kendi kendine, "Fen bilimlerinde matematikte olduğum kadar iyi değilim, daha fazla çalışmalı ve daha çok denemeliyim." diyebilir. Kendisiyle ilgili bu kadar somut bir algısı olmayan başka bir kişi kendini yıkık ve değersiz hissedip vazgeçebilir.

Josh

Josh, kız arkadaşının teşvikiyle bana geldiğinde 46 yaşındaydı. Eşinden ayrılmıştı; 12 ve 10 yaşlarında iki oğlu vardı. Josh, yıllarca terapiye gitmişti ancak hiç faydası olmadığını düşünüyordu. Hem tedavide hem de hayatta kendini takılı kalmış hissediyordu. Ayrıca uyumsuz olduğu duygusundan özellikle rahatsız oluyordu. Josh sayısız olayda kendini tanımlarken, 'yuvarlak bir delikte kare şeklinde bir dübel gibi' hissettiğini söylemişti. Bu duyguyu çocukluğundan beri yaşıyordu. Josh'ı tanıdıkça bunun sebebinin ne olduğunu anladım.

Josh, Connecticut'ta küçük ve varlıklı bir kasabada büyüdü. Tek çocuktu ve babası, annesini Josh iki yaşındayken terk etti. O zamandan sonra çok nadir görüştüler. Annesi bir daha asla evlenmedi. Yerel bir üniversitenin dekanıydı. Josh başlangıçta annesini sevgi dolu ve onun üzerine titreyen biri olarak tanımladı. Ancak daha derinlere indikçe, bu 'düşkünlüğün' aslında maddesel bir şey olduğu ortaya çıktı. Annesi onunla, özgürce zaman geçirdi ve ona istediği her şeyi aldı. Aslında Josh'ın çocukluğu boyunca kendi kariyerine odaklandı ve çok uzun saatler çalıştı. Josh çocukluğunda yalnız ve hayalci bir yapısı olduğunu söylüyordu. Okuldan sonra evlerinin yakınlarındaki ormanlık alanda en iyi arkadaşları olan köpeklerle birlikte yürüyüşler yapardı. Boş zamanlarında Josh'ın yalnız hissetmesini engelleyerek onu eğlendiren, köpeklerdi. Annesi onu arkadaş bulma konusunda cesaretlendirmek yerine, kendi kendini eğlendirmesinden ve ondan çok fazla şey beklememesinden memnundu. Onu umursamadığı için değil, her şeyi yoluna koyacak zamanı bulmasına yardımcı olduğu için böyle hissediyordu.

Josh, ortaokuldayken, okulda zorbalığa maruz kalıyordu. Kitaplara olan düşkünlüğünden dolayı ona 'Embesil' lakabını takmışlardı ve bu konuyu pek çok farklı şekilde ele almaya çalışmasına rağmen, bu girişimleri sadece 'Ahmak' kelimesinin eklenmesine neden olmuştu. Annesi, bu problemi çözmesi için ona yardım etmek ya da bu üzüntüsünü paylaşmak yerine, çözümü onu oradan alıp özel bir okula kaydettirmekte bulmuştu. Josh'ın orada çok daha mutsuz olması hiç şaşırtıcı değildi. Okulda yaşadığı zorbalıktan dolayı özgüveni yok olmuştu. 'Ahmak Embesil' lakabı hâlâ zihninde dönüp duruyordu.

Josh'ın annesi akran problemleri baş göstermeye başlayınca, zor durumlarla nasıl başa çıkılacağını öğretmek yerine, onlardan nasıl kaçılacağını göstererek Josh'ı iki kez daha farklı okullara gönderdi. Bu yüzden herhangi bir şeyin üstesinden gelme, zorbalığa direnme ya da hâkimiyet veya güç algısı hissedeceği bir fırsatı olmadı.

Üniversiteye başvurma zamanı geldiğinde annesi sert bir şekilde kendisinin çalıştığı yerde bir üniversiteye başvurmasını istedi. Josh direndiğinde, annesi sinirlenerek elini eteğini çekti ve onu seçimlerini yapması için bilgisayarın başında bıraktı. Kendi başına iyi bir üniversiteye kabul edildi ancak okumayı sevdiği gerçeğine bağlı olarak İngilizce diplomasıyla mezun oldu.

Burada, Josh'ın gelişim aşamalarında annesinin onun hayvan sevgisi, açık alanlardaki becerisi ya da kendisini diğer çocuklardan izole etme eğilimi gibi güçlü ve zayıf noktalarına dikkat etmediğini belirtmek önemlidir. Josh'a karşı **duygusal bir bağ hissetmiyordu.** Özen göstermiyor, onu eşsiz ve ayrı bir birey olarak görmüyordu. Onun duygusal ihtiyaçlarına **olması gerektiği gibi cevap vermiyordu.** Josh, ailesinin gözünde kendi yansımasını göremiyordu. Dolayısıyla yeteneklerini, onu zorlayan noktaları göremedi veya gerçekçi bir öz-değerlendirme algısı ya da bir kimlik geliştiremedi. Josh için üniversiteye gitme zamanı geldiğinde, üniversite ya da büyük ve önemli bir kariyere karar vermek için bir sıçrama tahtasına sahip olmadığını gördü.

İngilizce'de yüksek lisans yapmasına rağmen, Josh ile tanıştığımda hâlen bir inşaat şirketinde, bir kamyon şoförü olarak kariyerinin altında bir işte çalışıyordu. İş arkadaşlarıyla kendini rahat hissetmiyordu çünkü bu iş onun özünün gerçekten dışındaydı. Ayrıca işi çok yorucu ve sıkıcı buluyordu. Josh otuzlu yaşlarının sonuna doğru yüksek lisansını tamamladıktan sonra, bir lisede iki yıl boyunca İngilizce öğretmeyi denedi. Ancak veliler ve okul müdürü tarafından sınıfın kontrolünü sağlayamadığı için eleştirilmesinden dolayı öğretmenliği tamamen bıraktı.

Josh'ın temel olarak şikâyet ettiği şeylerden biri, kariyerini seçme ve hayata geçirme konusunda yeteneksiz olduğunu düşünmesiydi. Neye ilgisi olduğunu, hangi konuda iyi olduğunu ya da nereye ait olduğunu anlamakta zorluk çekiyordu. Özsaygısı düşüktü ve kırılgan bir kimliği olduğu açıktı.

Görünüşte annesi Josh'ı seviyordu ama çocuğunu gerçekten görmedi. Onun eğitimiyle ilgili kararları oğlunun kim olduğuna ve neye ihtiyacı olduğuna dayanarak değil, kendisinin kim olduğu ve neye ihtiyaç duyduğuna bağlı olarak verdi. Josh'ın ebeveyninin gözlerinden kendine ait gerçek nitelikleri görmesi için çok az fırsatı vardı.

Bir yetişkin olarak Josh'ın kimliği dengede değildi. Ebeveynin vermesi gereken dikkat ve geribildirimler olmadığı için, Josh'ın kimliği tam olarak gelişmedi ve sadece kendi gözlemleriyle sınırlı kaldı. Kendini 'bir yalnız', 'bir hayalci', 'iyi notlar alabilen bir öğrenci' ve 'yönsüz' olarak tanımladı. Josh'ın kendi öz-değerlendirmesi geniş ve çocuksu çizgilerle boyanmıştı. Sağlıklı yetişkinlerin kendilerini gördüğü karmaşıklık ve nüanstan yoksundu. Onun kendisiyle ilgili algısı ağırlıklı olarak negatif yöndeydi. Kendisine uygun bir kariyer sunacak kararları vermesi için sağlam bir temel yoktu. Seçtiği ve öğretmenlik olarak sürdürdüğü bir kariyerde eleştiri aldığında özsaygısını koruyamadı. Bunun yerine, olumsuz geribildirim karşısında çabucak pes etti.

Gerçekçi Olmayan Kendini Değerlendirmenin Belirtileri

- **Yeteneklerinizi tanımlamakta zorlanırsınız.**
- **Güçsüz yanlarınızı aşırı vurgulama eğilimleriniz vardır.**
- **Sevdiğiniz ve sevmediğiniz şeyleri söylemekte zorluk çekersiniz.**
- **İlgilerinizin ne olduğundan emin değilsinizdir.**
- **İşler zorlaşmaya başladığında hemen pes edersiniz.**
- **Yanlış kariyer seçersiniz ya da birkaç kez değiştirirsiniz.**
- **Kendinizi genellikle 'yuvarlak bir delikteki kare bir dübel' gibi, uyumsuz hissedersiniz.**
- **Ebeveynlerinizin sizinle ilgili ne düşündüğünden emin değilsinizdir.**

4. Kendine Şefkati Olmayan, Başkalarına Karşı Şefkat Dolu

Şefkat, insan doğasının en önemli formlarından biridir. Bizi hem kişiler arası hem de toplum olarak birbirimize bağlar. Şefkat bizim başkalarıyla paylaşmamızdır; bu duygu, yardımsever davranışları motive eder ve hayatın bizde açtığı yaraları iyileştirir. Dostluk bağıdır ve bize yanlış yapan insanları bağışlamamıza yardım eder. İki çeşit şefkat vardır: Diğerlerine ve kendimize karşı beslediğimiz şefkat. Duygusal olarak ihmal edilmiş kişilerde birincisine çok fazla rastlanırken, ikincisi çok az görülür.

Diğerlerinin zayıflıklarına ve kusurlarına en azından yüzeysel olarak çok bağışlayıcı yaklaşırlar. Diğer insanlar onlarla kolayca konuşabilir çünkü yargılamazlar ve koşulsuz kabul ederler. Ancak mesele kendilerine geldiğinde aşırı derecede yargılayıcı ve mükemmeliyetçi olurlar. Başkalarında kolayca hoşgörü gösterecekleri bir zayıflığa kendileri söz konusu olduğunda çok fazla kızarlar.

Noelle

Noelle, küçük bir çocuğu olan 38 yaşında bir anne. İki Ivy League Üniversitesi'nden ileri düzey diplomayla mezun olmuş ve harika bir eğitimi var. Anne olmadan önce çok hızlı bir kariyer yapmış. Söylenenlere göre, dışarıdan bakan bir göz onu bir başarı abidesi olarak görebilir. Noelle ile kaygı bozukluğunu tedavi etmek için terapiye başladığımızda, işten ayrılmıştı ve bocalıyordu. Dışarıda kendine çok şey buluyor olsa da içinde çok farklı bir şey hissediyordu. Aslında Noelle'in zihninde sürekli "Senin sorunun ne? Bir arabayı bile doğru dürüst park edemiyorsun!", "Neden bu kadar kilo almak zorundasın?" "Bu kadar zeki biri için korkunç bir annesin!", "Sakarın tekisin!" gibi cümleler dolaşıyordu. Küçücük bir hata, bir arkadaşını ya da başka bir insanı asla yargılamayacağı biçimde kendisinde bir içsel yargılamanın gelişmesine yol açıyordu. Peki, Noelle nasıl bu kadar çarpık bir şefkat barometresi geliştirdi? Aslında bu sorunun kökleri duygusal ihmalde gizliydi.

Noelle tek çocuktu ve altı yaşındayken ebeveynleri boşandı. Babası annesine fiziksel istismarda bulunan alkolik bir adamdı. Noelle, ayrılmadan önce yaptıkları gürültülü ve korkutucu birkaç kavgayı hatırlıyordu. Noelle'in annesi sosyal bir işçiydi ve kızını çok seviyordu. Kızının zekâsının farkındaydı ve bu konuda ne kadar gurur duyduğunu hem Noelle'ye hem de diğer insanlara sık sık söylüyordu. Noelle çok zeki olduğunun farkında olarak büyüdü. Çok prestijli okullara başvurabilecek özgüvene sahipti ve aslında mükemmel bir kariyer yapmıştı. Peki, yanlış giden şey neydi?

Ayrılıktan kısa bir süre sonra, Noelle'in annesi hemen onlarla birlikte yaşamaya başlayan başka bir adamla yeniden evlendi. Noelle'in annesi çok ciddi bir çocukluk travması geçirmişti ve onu istismar etmişti, kızını çok sevmesine rağmen yeni evliliğini kendini iyileştirmek ve hayatında ilk kez kendi olmak için bir fırsat olarak gördü. Tamamen yeni bağımsızlığına ve ilişkisine odaklanmıştı ve genç kızına giderek çok ama çok daha az özen göstermeye başlamıştı. Bu arada Noelle annesinin evliliği, babasının kaybı gibi hayatının değişen koşulları ile ilgili sıkıntılı duygularıyla baş etmesi için tek başına bırakıldı. Annesinin Noelle'in yaşadığı çıkmaz karşısındaki şefkat eksikliği, Noelle'in kendine karşı da şefkatsiz olmasına yol açtı.

Ebeveyn katılımlarının ve ilişkilerinin yokluğunda, Noelle kendi kendinin ebeveyni oldu. Sabah kahvaltıları için kendisine mikrodalgada ısıtılmış sandviç hazırlıyordu. Her öğleden sonra yalnız oturup televizyon izlediği boş bir eve geliyordu.

Noelle, son derece parlak bir zekâya sahip olduğunu biliyordu ve kendini ruhunu besleyen bir koza gibi zekâsına gömdü. Bu yüzden yapabileceği herhangi bir hata için kendine karşı çok az toleransı vardı çünkü yaptığı hatalar, onun tek güvenli alanını yıkabilirdi. Hatalar, onun kendisini aptal gibi hissetmesine neden oluyordu. Hatalarından dolayı kendini cezalandırıyor ve ne kadar az hata yaparsa bunun kendisi için çok daha iyi olacağını düşünüyordu. Her dersten A almayı hedefliyordu ve bir iki tanesi B geldiğinde çok ciddi bir hayal kırıklığı yaşıyordu. Hayatında, onun hatalarını bir bağlama oturtacak, nasıl meydana geldiklerini anlamasına yardım edecek ya da hayal kırıklıklarından dolayı ona şefkat gösterecek bir yetişkin figürü yoktu. Bu yüzden bu tür şeyleri yapmayı kendi kendine öğrenemedi. Onun yerine içindeki katı ebeveyn çok basit bir yaklaşım sergiledi ve ona her şeyi tam anlamıyla doğru yapması gerektiğini öğretti yoksa sonuçlar acı verici olabilirdi. Sonuç olarak, kendine karşı duyduğu hayal kırıklığı ve öfkeden dolayı felce uğramış gibiydi.

Noelle kendi kendine ebeveynlik yapmakla meşgulken, duygusal anlamda beslenen diğer çocuklar kendilerini nasıl bağışlayacaklarını öğreniyorlardı. Okulda aldıkları düşük bir notla eve geldikleri zaman, ebeveynleri bunun nedenini inceliyor, nasıl düzeltebileceğiyle ilgili konuşuyor ve herkesin bazen kayıp düşebileceği konusunda çocuklarıyla iletişim kuruyorlardı. Bunlar sağlıklı çocukların kendilerini nasıl toplayacakları, bağışlayacakları, anlayacakları, hatalarından nasıl ders çıkaracakları, bu hataları nasıl geride bırakacakları gibi birçok noktayı kapsar. Noelle ile yaptığımız çalışmaların bir kısmı, bir yetişkin olarak, bunu kendi kendine nasıl yapacağını öğrenmesi konusunda yardımcı oluyordu.

Kendine Şefkat Duymama Belirtileri

- **Diğer kişiler problemlerini anlatmak için genellikle sizi ararlar.**
- **Çoğu zaman size iyi bir dinleyici olduğunuzu söylerler.**
- **Kendi hatalarınız için çok az hoşgörüye sahipsinizdir.**
- **Kafanızın içinde eleştirel bir ses sizin hatalarınızı ve eksikliklerinizi söyler.**
- **Kendinize, başkalarına karşı olduğunuzdan daha sert davranırsınız.**
- **Genellikle kendinize çok öfkelisinizdir.**

5. Suçluluk ve Utanç: Benim Sorunum Ne?

Yukarıdaki kısa hikâyelerde gördüğünüz gibi, duygusal olarak ihmal edilen yetişkinler aşırı mükemmeliyetçi olabilirler ve kendilerine karşı çok katıdırlar. Pek çoğumuz için sorun burada bitmez. Çocuklar ebeveynlerinden, kendi duygularının bir yük, aşırılık veya sadece yanlış olduğuna dair bir mesaj aldıklarında, kendilerini suçlu hissetmeye ve bu duygulara sahip oldukları için utanç duymaya başlayacaklardır. Daha sonra duygularını diğerlerinden saklama hatta hiçbirine sahip olmama eğilimi göstereceklerdir.

Duygusal olarak ihmal edilmiş yetişkinlerin çoğu hiçbir şekilde istismar edilmediği için çocukluklarını mutlu ve endişesiz olarak hatırlar. Problemleri konusunda suçlayacak hiçbir faktör belirleyemezler. Bu yüzden geriye suçlayacak sadece kendileri kalır. David ve Josh örneklerinde olduğu gibi, genellikle çok özgür bir ortamda büyürler. Çocukluklarında kendi kendilerinden sorumlu oldukları için yetişkinliklerinde de kusurlarından dolayı kendilerini sorumlu görürler.

Bir çocuğun duyguları ebeveynleri tarafından kabul edilmediği ya da geçerli görülmediği zaman, çocuk kendisi için de aynı duygularla büyür. Bir yetişkin olarak, yoğun duygularına çok az tolerans gösterir ya da hiç göstermez. Bu duyguları gömebilir ve kızgın, üzgün, gergin, öfkeli ya da mutlu olduğu için kendini suçlayabilir. Duygularla ilgili doğal insani deneyimler, gizli bir utanç kaynağı hâline gelir. "Benim sorunum ne?" kişinin kendisine çok sık sorduğu bir sorudur.

'Mutlu çocukluğu' ile açıklanamayan duyguları arasında, bir şeylerin gerçekten yanlış olduğu varsayımıyla kendi başına bırakılır.

Laura

Laura 14 yaşındaydı ve bir gün annesiyle konuşmak için eve koşarak geldi. Okulda en iyi arkadaşı olan Sally'nin erkek kardeşi bir gece önce kendini öldürmüştü. Laura, küçük kız kardeşi ve arkadaşına kibarca davranan ve onları futbol antrenmanına götüren Todd'a gizli bir hayranlık besliyordu. Laura şok, karışıklık ve acı gibi daha önce hiç hissetmediği bir duygu dalgalanması yaşıyordu.

Laura okuldan eve gelir gelmez, haberleri daha önceden duyan annesinin yanına koştu. Annesi ona sarıldı ve "Bunun olmasına hiç şaşırmadım. Uyuşturucu kullandığını düşünüyordum." dedi. Bu, konuşmanın sonuydu. Mesele bir daha asla açılmadı. Laura'nın annesi ona nasıl hissettiğini sormadı. Bu yüzden Laura da kendine bu soruyu sormadı. Bunun yerine duygularını içine gömdü ve konuyu düşünmemeye çalıştı. Cenazeden sonraki haftalarda (arkadaşlarıyla gitmişti çünkü ebeveynleri katılmadı) arkadaşlarına, okula ve futbola odaklandı ancak Sally'den uzak durdu. Sally'yi görmek Laura'nın korkunç hissetmesine neden oluyordu. Laura, matematik dersinde ya da duşta 'hiçbir neden yokken' gözyaşlarına boğuluyordu.

Liseden mezun olduğu zaman, okuldan iki tanıdıkları daha intihar etmişti. Bu kayıpları da annesine söylememesi dışında daha önceki gibi idare etti. Sorumluluğunu yerine getirerek arkadaşlarıyla cenazelere katıldı ancak ne kadar rahatsız, kafası karışmış, şaşkın hissettiğini kendisi de dahil olmak üzere kimseye söylemedi.

Laura okula konsantre olmakta zorlanıyordu ve evde sık sık kontrolünü kaybediyordu. Sonuç olarak okuldaki işleriyle daha fazla uğraştı. Ebeveynleri Laura'ya kızıyor ve sık sık "Senin neyin var?" diye soruyordu. Aslında bu öylesine sorulmuş bir soruydu; gerçekten ne olduğunu öğrenmek istemiyorlardı. Laura kendini aptal, zayıf ve uyumsuz biri gibi görmeye başladı. Kendisi de sorunun ne olduğunu merak ediyordu. Yetişkinliğe giden süreç boyunca kendini bu şekilde algılamaya devam etti. Laura genellikle hislerini duygusal anlamda donuk olarak tanımlıyordu. Aslında bu durum, onu rahatsız etmemesi için duygularını çıkarıp atmasından kaynaklanıyordu. Ancak herhangi bir nedenden dolayı ne zaman güçlü bir duygu hissetse, kendisini güçsüz ve utanmış hissediyordu. 32 yaşında, bana terapide söylediği "Harika ve gerçekten ayrıcalıklı bir çocukluğum vardı ama keşke ölseydim diyorum. Bende gerçekten yanlış bir şeyler var."

Laura için bir duygusunun olması, ona utanç veriyor ve yanlış geliyordu. Duygularını bir yük olarak deneyimlediği için ebeveynleri Laura'ya farkında olmadan onları yok sayması; bir duygu hissederse bunu kimseye hatta kendine bile asla açıklamaması gerektiği mesajını vermişti. Laura'nın duyguları, onun gizli utancıydı.

Suç ve Utancın Belirtileri

- **Bazen ortada hiçbir sebep yokken depresif, üzgün ya da kızgın hissedersiniz.**
- **Bazen duygusal anlamda uyuşuk hissedersiniz.**
- **Bazen kendinizle ilgili yanlış bir şeyler olduğunu hissedersiniz.**
- **Bazen her nasılsa diğer insanlardan farklı olduğunuzu hissedersiniz.**
- **Duygularınızı bastırmaya ve onlardan kaçmaya eğilimlisinizdir.**
- **Diğerleri görmesin diye duygularınızı saklamaya çalışırsınız.**
- **Aşağılık duygusu gelişir.**

- **Hayatta daha mutlu olmamanız için hiçbir bahaneniz olmadığını hissedersiniz.**

6. Kendine Yönelik Öfke ve Kendini Suçlama

Bir insanın kendisine çok öfkeli olmadan içinde derin bir utanç hissetmesi çok zordur. Bir adım öteye geçen utanç, insanın öfkesinin kendine yönelmesine sebep olur. Laura'nın hikâyesiyle konuya açıklık getirmeye devam edelim.

Laura

Gençken ve yetişkinliği boyunca Laura, yıkıcı duygular ve fantezilerle doluydu. Üniversitede erkek arkadaşıyla ayrıldıktan sonra, aşırı dozda ilaç aldı ve kısa süre hastanede yattı. Daha sonra yetişkinliği süresince, altı kutu bira alıp dairesinde tek başına içerdi. Ne kadar çok içerse, o kadar çok hissetmeye başlardı. Ağlamaya başlar, ağlamaları giderek hıçkırıklara boğulmasına neden olur ve en sonunda da ağladığı için kendinden nefret etmesiyle son bulurdu. Kendi kendisinden nefret ettiği yoğun bir duyguya gömülürdü. Ardından, karnına onu tuhaf bir şekilde rahatlatan kesikler atar ve bu, uyumasına yardımcı olurdu. Ertesi gün, her nasılsa temizlenmiş gibi bir duyguyla daha rahat hissederdi.

Laura duygularından bütünüyle kopuk olduğu için günlük hayatında uyuşmuş haldeydi ve bu yüzden hayat onun farkındalığının dışında ilerliyordu. Aslında üzüntüsünü, öfkesini ve acısını hissetmiyordu. Bu durum onun sürekli zayıf ve utanç dolu hissetmesini engelliyordu. Ancak bu duygular, bir volkanın altındaki lav gibi içinde birikiyordu. Bira, hem yoğun bir utanç hem de temizlenme hissini uyandıran bu duyguların birazını dışarı püskürtmesine yardımcı oluyordu.

Laura'nın aşırı dozda ilaç alması ve vücuduna kesikler atması, kendine yönelik öfkesini ifade etme şekliydi. Laura, derinlerde kendisinden nefret ediyordu. Gerçek bir başarısızlığı, eksikliği ya da hatasından dolayı değil; üzgün ve yaralı olduğu ve neden üzgün ve yaralı olduğunu kendine açıklaması mümkün olmadığı için bu şekilde hissediyordu. Zihninde zarar görmüş olduğunu hissediyordu ve bunun için bir mazereti yoktu.

Kendine Yönelik Öfke ve Kendini Suçlama Belirtileri

- **Kendinize çok sık ve kolay bir şekilde öfkelenirsiniz.**
- **Rahatlamak için alkol ve uyuşturucu kullanırsınız.**
- **Genellikle kendinizden nefret edersiniz.**
- **Yıkıcı eğilimleriniz vardır.**
- **Kendinizi daha mutlu ve daha 'normal' olmadığınız için suçlarsınız.**

7. Ölümcül Hata (İnsanlar Beni Gerçekten Tanırsa, Beni Sevmeyecekler)

Duygusal olarak ihmal edilmiş yetişkinlerin çoğunun paylaştığı gizli ve dikkatli bir şekilde korunan özellik, farklı ve kusurlu olduklarını hissetmeleridir. Yukarıdaki örnekte gördüğünüz gibi, Laura onu zayıf ve hasarlı hissettiren duygulara sahip olmaktan dolayı utanç hissediyordu. Bir kişi derinlerinde kendisinde sorun olduğunu hissettiği zaman, kişinin doğal eğilimi bu duyguyu anlamlandırmak ya da kendisine açıklamak yönündedir. Duygusal olarak ihmal edilmiş her kişi, "Benim sorunum ne?" duygusuna kendi çocukluğu ve aile koşullarına bağlı olarak yaptığı bireysel açıklamalarla karşımıza çıkar. Bir zamanlar duygusal olarak ihmal edilmiş sekiz kadını, kendilerini yetiştiren insanların sebep olduğu, anlaşılması zor ihmal sorununu birbirlerinde görmeleri umuduyla, bir grup terapisine aldım. Bir yıllık süre zarfında, onları grup olarak bir araya getiren ortak özelliğe ölümcül hata ismini verdiler.

Ölümcül hata gerçek bir hata değildir. Ancak gerçek bir histir. Bu, duygusal olarak ihmal edilmiş yetişkinlerin kendisiyle alakalı derinlerine yerleşmiş ve gömülü bir inançtır. Kendisini geri kalan herkesten farklı hissettiren, onu dünyadan koparan ve diğerlerinin gözünde kabul edilemez olduğunu hissettiren şeydir. Her ne pahasına olursa olsun göğsünüzün üstünde durur. Ölümcül Hata, çocuğun "Benim sorunum ne?" yankılarını anlama girişimini içeren bir kapsüldür.

Duygusal olarak ihmal edilen insanlar kendi benliklerini diğerlerinden uzak tutmaya çalışırlar. İnsanların onlara çok fazla yaklaşmalarına izin verirlerse, kusurları ortaya çıkacak diye düşünürler. Bir kişi açısından hata, kendisini değersiz görme inancı olabilir. Laura açısından bu his, güçsüz olduğu konusundaki gizli utançtı. Noelle'in aptal olduğuna dair bir inancı vardı. Ancak duygusal olarak ihmal edilen her bireyin durumu kendine özgüdür. İşte Carrie'nin öyküsü.

Carrie

Carrie üç çocuklu bir ailenin en küçüğü olarak büyüdü. Babası bir tamirci, annesi ise ev hanımıydı. Altı yaş büyük bir abisi ve dört yaş büyük bir ablası vardı. Lise mezunu ebeveynlerini ev kuşu olarak tanımlardı. Bu, onların maceracı veya meraklı olmayan ya da dünyayla ilgilenmeyen türden insanlar olduğu anlamına geliyordu. İyi insanlardı. Basitçe söylemek gerekirse çok sıkı çalışıp, çocuklarını yetiştirmeye odaklanmışlardı. Dünyayı hiç farklı boyutlarıyla düşünmez, kendilerinin ya da çocuklarının ne düşündüğü ile ilgili zihinlerini azıcık bile yormazlardı.

Carrie'nin annesi aralarında dört yaş fark olmasına rağmen, Carrie ve ablası için de tam olarak aynı kuralları koymuştu. Onları aynı giydirir, saçlarını aynı keser, aynı zamanda yatmalarını ister, aynı özgürlük alanlarını verir ve gerekli olan her şeyi birlikte yapmalarını isterdi. Carrie'nin ablası bunun hiç adil olmadığını hisseder ve hayatının her alanına sokulduğu için Carrie'ye kızardı. Ne Carrie'ye ne de ablasına ayrı ve bağımsız bireylermiş gibi davranılmadı. Aynı kişinin iki parçası gibi algılandılar. Carrie, ablasının neden kendisinden nefret ettiğini anlamaya ve onun iyi yönlerini almaya çalışarak kafası karışık bir hâlde büyüdü. Ne yaparsa yapsın, ablası onu küçümsüyordu. Durumlarla ilgili yaptığı basit ve çocukça yorumlar "Ben sevilecek biri değilim!" şeklindeydi.

Carrie ortaokulda akademik anlamda uğraş verirken (yetişkin olduğunda keşfettiği Dikkat Eksikliği Bozukluğu ve Öğrenme Güçlüğü) ebeveynleri okuldaki uğraşlarını hiç fark etmedi. Okuldan eve C ve D'lerle dolu bir karne getirdiğinde, annesinin verdiği tepki, "Pekâlâ yapabildiğinin en iyisini yapmaya çalışıyorsun." olurdu. Carrie, bu yorumdan kendisinden çok fazla şey beklenmediği çünkü çok fazla şey yapabilecek kadar zeki olmadığı mesajını almıştı. Daha kompleks açıklamaların ve daha yüksek beklentilerin yokluğunda, kendisiyle alakalı iki varsayım geliştirdi: Sevilmeyen ve aptal.

Carrie okulda arkadaşlarıyla ilgili tipik problemler yaşadığında, aynı neden-sonuç ilişkisine başvuruyordu. Bu tarz olayların hepsi için yaptığı açıklama, "İnsanlar beni tanıdığı zaman, beni sevmeyecekler." şeklindeydi. Bu durum hayatı boyunca girdiği her ortam ve çıktığı her çocuk için aynı şekilde devam etti.

Otuzlu yaşların ortalarında Carrie ile ilk kez karşılaştığım zaman, çekingen bir yapısı vardı. Nadiren sosyal bir etkileşime giriyor ve herkes tarafından reddedileceğini düşünüyordu. Terapi boyunca Carrie beni çok sıkı çalıştırdı. Kendiliğinden çok az açılıyordu. Aslında havadan sudan konuşma konusunda çok yetenekliydi ancak kendisi ve hayatı ile ilgili derin konulardan bahsetmesi için lafı ağzından cımbızla alıyordunuz. Kendi özünden kaçarak, diğerlerinin onunla ilgilenmemesini sağlıyordu.

Carrie arkadaşsız ve yalnız hissediyordu çünkü arkadaşlıklarını ve ilişkilerini devam ettirmek için yeteri kadar anlamlı bağlar kuramıyordu. Evlenmek ve çocuk sahibi olmak istemişti ancak yaşadığı her romantik ilişkide, karşı taraf ne zaman onunla bir meseleyi konuşmak istese, bu da diğerleri gibi artık beni tanıdı ve sevmiyor diye düşünüp hemen ilişkiyi bitiriyordu. Derinlerde bir yerde içinde sakladığı iyi şeyleri hiç kimseyle paylaşmadığının farkındaydı. Ancak bu onun hayatının kuralıydı; "İnsanlar beni tanırsa, beni sevmeyecekler." Bu onun ölümcül hatasıydı.

'Ölümcül Hata'nın Belirtileri

- **İnsanlara yakınlaşmaktan korkarsınız.**
- **En iyi arkadaşlarınıza bile kendinizi açamazsınız.**
- **Herkesin sizi reddedeceğini düşünmeye eğilimlisinizdir.**
- **Arkadaşlığı başlatmaktan kaçınırsınız.**
- **Sohbeti devam ettirmekte zorlanırsınız.**
- **İnsanlar size yaklaştıklarında, sizde gördükleri şeylerden hoşlanmayacaklarını düşünürsünüz.**

8. Kendini ve Diğerlerini Beslemede Zorlanma

Beslenmeyi en iyi şekilde sevgi, özen ve yardım kavramlarının birleşimi olarak tanımlayabiliriz. Duygusal olarak beslenmeyen çocuklar, diğerlerini duygusal olarak besleme konusunda çok zorluk yaşayarak büyüyebilir. Yedi çocuklu bir ailenin en küçük çocuğu olan David'i hatırlayın. Çocukken ihmal edilmişti ve bir yetişkin olarak bağ kuramıyordu. Şimdi, onunla ilgili biraz daha konuşalım.

David

Daha önce bahsettiğimiz gibi David'in ebeveynleri çalışkan, nazik ve iyi niyetli insanlardı. Çocuklarına sevgi dolu bir ev, güzel kıyafetler ve pek çok imkân sundular. Bütün maddi ihtiyaçları karşılandı. David'in annesi ev hanımıydı ve fiziksel olarak varlığı hep yanındaydı. David, ailesi tarafından sevildiğini bilerek büyüdü. Ancak ebeveynleri tarafından sevildiğini hissederek büyümedi. Bunu kasıtlı olarak yaptıkları için değil, evde pozitif veya negatif hiçbir duygu gösterilmediği ve buna izin verilmediği için böyle hissediyordu. David, fiziksel olarak iyi beslenmişti ancak duygusal anlamda iyi beslenmemişti.

Terapi grubundaki bir yetişkin olarak, gruptan biri yoğun duygular gösterdiğinde David korkuyla siniyordu. Acı çeken bir kişiye pratik ve mantıklı tavsiyeler sunma konusunda bir uzmandı ancak bunu bir duygu yokluğuyla yapıyordu. Tavsiyesi iyi niyetliydi ancak karşıya duygusuz bir şekilde geçiyordu. Onun tarzı, tavsiyelerini kabul etme konusunda sıkıntı yaşayan ve savunmacı bir yaklaşım gösteren diğer grup üyeleri tarafından anlaşılmıyordu.

Pek çoğumuz, bireysel tavsiyelerin umursama hissiyle birlikte verildiğinde en iyi şekilde kabul göreceğini biliriz. Grup üyeleri David'in mantıklı tavsiyesini takdir ediyor ancak onun soğuk varlığını kabul etmiyordu. David, gruptaki insanlarla kendisiyle duygusal bağ kuracakları korkusundan dolayı duygusal olarak iletişim kuramıyordu. Ona ihtiyaç duyabileceklerini düşünüyordu. Ona bağlanabilirlerdi. David genellikle kendisine ihtiyaç duyulmasından ve ondan özen beklenmesinden rahatsızlık duyuyordu. David'in kendi kızıyla ilgili ne hissettiğini hatırlıyor musunuz? Onu önemsemesine neden olduğu için kızına sinirlenmişti.

Şefkat gibi, duygusal besleme de biz insanları birbirimize bağlayan bir yapıştırıcı gibidir. Duygusal depoları dolduran yakıtlardır. Sağlıklı ebeveynlik için gereklidir ve iyi bir evlilikte karı koca arasında yeteri kadar olmalıdır. Çocuk olarak ebeveynlerimizden duygusal besin aldığımız zaman, onu içselleştiririz ve bizim bir parçamız hâline gelir. Daha sonra yetişkinliğe eriştiğimizde, ihtiyaç duyan diğer insanlara rahatlıkla sunabiliriz. Bu kişiler bizim ebeveynlerimiz, arkadaşlarımız, eşlerimiz ya da çocuklarımız olabilir. Çocuklar sünger gibidir. Ebeveynlerinin sevgi, özen ve yardımlarını özümserler. Uzun süre su görmeyen bir sünger en sonunda sertleşir ve kurur. Sevgiden, ilgiden ve yardımdan uzun süre uzak kalan bir çocuk da sertleşir, duvar örer, duygusal besin alıp verme konusunda sıkıntılar yaşar. David'e olan şey de budur. Ne sevgi hisseder ne de bunu ifade eder.

Kendini ve Diğerlerini Beslemede Zorlanma Belirtileri

- **Bazen insanlar size, çok uzak ve soğuk olduğunuzu söylerler.**
- **Bazen kendini beğenmiş olduğunuzu düşünürler.**
- **İnsanların, duygusal davrandıklarını düşünürsünüz.**
- **İnsanlar mantıklı tavsiyeler almak için size gelir, duygusal destek almak için değil.**
- **Birisi bulunduğunuz bir ortamda ağlarsa, kendinizi rahatsız hissedersiniz.**
- **Özellikle de birisi varken ağlamaktan rahatsız olursunuz.**
- **Birisinin gerçekten size ihtiyacı olmasından hoşlanmazsınız.**

- **İhtiyaç hissinden hoşlanmazsınız.**

9. Zayıf Öz-Disiplin

Hepimiz, her gün pek çok açıdan öz-disipline ihtiyaç duyarız. Zamanında kalkar, duş alır, yemek yer, egzersiz yapar, konsantre olur, işlerimizi yapar ve para biriktiririz. Bunları nasıl yapacağımızı bizi yetiştirenlerin beklentileri, sevgisi ve oluşturdukları yapı aracılığıyla öğreniriz.

Öz disiplin dediğimiz bu şeyleri yapmakta zorlanan duygusal anlamda ihmal edilmiş insanların sayısı oldukça çarpıcıdır. Duygusal anlamda ihmale uğramış kişilerin çoğu zaman fast food yemek, aşırı derecede para harcamak ve diğer kişisel zevkler gibi yapmaması gereken şeyler konusunda kendilerini durduramadıklarını keşfettim. Tersine baktığımızda ev işi, sorumluluklar, iş ve spor gibi yapmak istemedikleri şeyleri yapma konusunda güçlük yaşarlar. Çoğu zaman, "Kendime çok öfkeliyim. Bir türlü başlayamıyorum." gibi cümleler söylediklerini duyarsınız. Evet, hepimiz belli bir noktaya kadar bu durumla mücadele ederiz. Ancak duygusal olarak ihmal edilen insanların mücadelesi daha kronik ve yoğundur. Bu onlar için hayat boyu süren bir mesele olabilir. Duygusal olarak ihmal edilmiş kişiler terapiye çoğu zaman kendilerini parçalanmış, tembel, motivasyondan yoksun ya da erteleyen şeklinde tanımlayarak gelirler. Çocukluklarıyla ilgili konuşurken ebeveynlerinin her ne kadar verici ve sevgi dolu olsa da onlara öz-disiplin becerisini kazanmaları için gerçek bir yapı sunmamış oldukları ortaya çıkar. Mesela çocuklarına dışarıya çıkmadan önce ödevlerini yapmak, televizyon izlemeden önce ev işlerine yardımcı olmak gibi sorumluluklar vermezler.

Ebeveynler her kural koyduğunda ya da bu tarz bir beklentiye girdiğinde, bu kurallar çocukların repertuarının bir parçası olur. Çocuk sıkıcı bulduğu bu işleri yapmak için kendini nasıl zorlayacağını öğrenir. Diğer yandan duygusal anlamda ihmalkâr ebeveynler çocuklarının abur cubur yemesini ya da parasını har vurup harman savurmasını engellemez. Çocuk, kendisiyle baş başa bırakıldığında, kendi isteklerini nasıl yerine getireceğini öğrenir. Duygusal ihmal çoğu zaman kendi zevkine düşkünlük ile ilgili problemlere yol açar.

Duygusal olarak ihmale uğramış çocuklar genellikle kendilerini çok seven ve onlara her türlü fiziksel ihtiyacı sağlayan ebeveynlere sahiptir. Ancak ebeveynliğin bir parçası da çocuğunuzun kim olduğunu görmektir: Sadece iyi olduğu şeyleri fark etmek değil, onu zorlayan ve bunları kanıtlayan şeylerden emin olmak için çaba göstermektir. Duygusal anlamda ihmalkâr ebeveynlerin pek çoğu çocuklarını umursar ancak çocuklarıyla o seviyede ilgili değillerdir.

William

William terapiye geldiğinde otuzlu yaşlarının sonundaydı. Daha fazlasını başarmış olması gerektiği hissi onu boğuyordu. Çok ünlü bir işletme fakültesinde yüksek lisans yapmıştı ve yirmili yaşlarında yapılan psikoloji testinde çok yüksek bir IQ'su olduğu ortaya çıkmıştı. Bununla birlikte William diplomasının hakkını verecek ya da yönetebileceği seviyede zorlayıcı işlerde çalışmamıştı. Yakın zamanda işten çıkarılmıştı ve patronunun onun performansından memnun olmadığı konusunda çok endişeliydi.

William hem iş hem de özel hayatında çok büyük bir öz-disiplinle mücadele ettiğini söyledi. Zaman zaman gece geç saatlere kadar çalışmış ve ertesi sabah uyuyakalmıştı. Eşi bazen yemek yemeyi unutmasından ve nadiren spor yapmasından şikâyet ediyordu. Onun iyi niyetine ve gösterdiği çabaya rağmen, zor ve sıkıcı işlere başlama konusunda zorlanıyordu. Bu tarz bir işe başladığı zaman, hemen daha iyi yapabileceği bir şeyler düşünüyor ve o işe geçiyordu. İşleri tamamlama konusunda çok yavaş olduğuna dair işverenlerinden geribildirimler alıyordu. Düşük üretkenliğinden dolayı kendine çok öfkeli hissettiğini, "İşlerini erteleyen korkunç biriyim.", "Tembelim.", "Benim sorunum ne?" diyerek ifade etmişti.

William'ın ebeveynleri o doğduktan hemen sonra boşanmıştı ve babası onun hayatının bir parçası değildi. Annesi onun tek ebeveyni olarak, ona bol bol sevgi veriyordu. Annesinin göz bebeğiydi ve aslında William harika bir çocuktu. Zekiydi, popülerdi ve asla başını derde sokmazdı. Notları çok iyiydi ve öğretmenleri tarafından çok seviliyordu. Annesi ona sık sık harika bir çocuk olduğunu söylüyor ama genellikle bir şeyleri yapması için onu tek başına bırakıyordu. Geçimlerini sağlayabilmek için tam zamanlı bir işte çalışmak zorundaydı ve onun gözetimi olmadan da oğlunun en iyisini yapacağını biliyordu. Bu yüzden William çok özgür, sevgi dolu, çok fazla denetimin ve bir kurallar yapısının olmadığı bir ortamda büyüdü. Ortaokul ve lise dönemleri boyunca dönem ödevlerini son dakika yaptı, sınavlara çalışmadan girdi, arkadaşlarıyla koşup oynadı ve gece geç saatlerde eve geldi. Yapması gereken çok fazla iş ve evle ilgili çok fazla sorumluluğu yoktu. Sorumlu olduğu şeyler de son derece esnekti. Annesi kuralları esnetmek ve onu rahatlatmak konusunda çok hızlıydı. Benzer şekilde okulda akademik bir kayma yaşarsa, öğretmenleri duruma el atardı çünkü o çok parlak, iyi niyetli ve çalışkan bir çocuktu. Konfor alanının dışında çalışmak ve sıkıcı işler yapmak onun çok nadiren karşılaştığı bir durumdu.

Muhtemelen bunun çok eğlenceli bir çocukluk olduğunu düşünüyorsunuz. Evet, pek çok açıdan öyle olduğunu söyleyebiliriz. Ancak problem şu ki bütün bunlar William'ı yetişkinliğe hazırlamadı. En son işinde onların projelerini tamamlamak için müşterileriyle birlikte çalışması gerekiyordu. Onların ne istediğini anlaması, ona göre planlar oluşturması ve bunları teslim tarihine kadar bitirmesi gerekiyordu. Bu projelerin pek çoğunda bütün grubun birlikte çalıştığından emin olmak için takım üyelerinden gelen katkıları koordine etmek zorundaydı. William işini ve bu işin gerektirdiği yaratıcılığı seviyordu. Ancak koordinasyon ve planlama boyutları onu çok fazla sıkıyordu. Bu yüzden projenin son hâlini yazmaya sıra geldiğinde, kaytardı. Teslim tarihini kaçırdı ve patronu hemen sinirlendi. Bu William'ın çok aşina olduğu bir kalıptı ve onda güvensizlik yarattı. William yeterince zekiydi, hoştu ve işe ihtiyacı vardı, üstelik işini de seviyordu. Peki, o zaman eksik olan şey neydi?

William'ın çocukluğundaki mücadele eksikliği onu, kendisinden istemediği bir şeyi yapmasının beklenmediği bir hayat için son derece iyi hazırlamıştı. William bir yetişkin olarak özgür çalışma konusunda yetenekliydi. Ancak bir patron sonuçları istediğinde ya da onun bir amaç için mücadele etmesini beklediğinde, bunu gerçekleştirecek öz-disipline sahip olamıyordu.

Annesi ona istediği her şeyi vermek ya da herhangi bir kural yapısı oluşturmamak gibi kolayı seçtiği için William da öyle yaptı. Aslında William mutfakta kendisine verilecek görevlerden faydalanabilirdi. Annesi onun lisede çaba gösterme konusundaki eksikliğini görseydi, onun için yüksek matematik ya da dil dersleri bulabilirdi. William'ın kuralları içselleştirmesi ve kendine bir yapı oluşturması için evde daha fazla kural koyabilirdi. Tezgâhı düzgün temizleyip temizlemediğiyle ilgili annesiyle yaşadığı çatışmalar ona sorumluluk almanın önemini öğretebilirdi. William kendini nasıl yapılandıracağını ya da istemediği işleri yapmak için kendisini nasıl geliştireceğini öğrenemedi. Çok zeki ve hoş bir çocuk olduğu için yetişkin dünyasına girene kadar otokontrol konusundaki eksikliği fark edilmedi.

Sıkıntıyı hoşgörüyle karşılama, kendini yapılandırma ve süreklilik sağlama yetenekleri her başarılı yetişkinin önemli bir parçasıdır.

Zayıf Öz-Disiplin Belirtileri

- **Tembel olduğunuzu hissedersiniz.**
- **Ertelemeye meyilli bir yapınız vardır.**
- **Son teslim tarihleri ile ilgili önemli sıkıntılar yaşarsınız.**
- **Aşırı yemek yeme, çok içme, aşırı uyuma ve çok para harcama alışkanlıklarınız vardır.**
- **Hayatın rutininden sıkılırsınız.**
- **Yapmak zorunda olduğunuz işlerden kaçınma eğiliminiz vardır.**
- **Ne kadar az iş başardığınız konusunda kendinize kızarsınız.**
- **Kapasitenizin altında başarı gösterirsiniz.**
- **Öz disiplininiz zayıftır.**
- **Daha iyisini yapabileceğinizi bilseniz bile, genellikle düzensizsinizdir.**

10. Aleksitimi: Zayıf farkındalık ve duyguları anlamama

Duygusal ihmalin ortak noktası olarak düşünülebilecek bir belirti varsa, bu muhtemelen aleksitimidir. Duygusal olarak ihmal edilmiş her yetişkinde belli bir düzeye kadar mevcuttur. Aleksitimi kelimesi sözlüklerin çoğunda bulunmaz. Halk arasında kullanılan genel bir sözcük değildir. Daha çok psikologlar ve diğer zihin sağlığı profesyonelleri tarafından ve çoğunlukla araştırma durumlarında kullanılır.

Aleksitimi, bir kişinin duygu ile ilgili **bilgi** ve **farkındalık eksikliğini** tanımlar. Aşırı formunda ise, aleksitimik bir kişinin duyguları hem kendisi hem de diğerleri için anlaşılmazdır. Aleksitimik kişi hayatını, duygularını hoşgörüyle karşılama hatta deneyimleme konusunda isteksizlik yaşar. Aleksitimisi olan kişilerin gergin olmaya eğilimli olduğunu gözlemledim. Mesela, ortada hiçbir neden yokken diğerlerine vurabilirler ve bu davranış açık bir şekilde ilişkilerine zarar verir. Bu durum onları korkunç bir yalnızlık hissine sürüklerken diğerlerini uzak tutar.

Kabul edilmeyen ya da açıklanmayan duygular bir araya gelip, öfke patlaması olarak ortaya çıkma eğilimindedir. Sonuç olarak bastırılan duygular sakin kalmayı reddeder. Durum böyle olunca, diğerlerini inciten küçük gerginlikler patlak verir. Aşağıda, şiddetli bir aleksitimisi olan ve duygusal olarak ihmal edilen bir adamın örnek durumunu okuyacaksınız.

Cal

Cal, bir deri bir kemik gibi görünen uzun, ince bir adamdı ve terapiye geldiğinde sanırım ellili yaşlarının ortalarındaydı. Milenyumun sonunda kendini öldürmeyi planladığını söyledikten sonra, 1999 yılında onu önemseyen bir doktor tarafından terapiye yönlendirilmişti. İlk seansta, bu planı ile ilgili son derece netti. İlk seansımızdaki öfkesi ve reddedici tavırları oldukça çarpıcıydı. Sahip olduğu düşmanca duygular, sergilemek istediği duygulardı. Cal'ı tanımaya başladıkça hem alkolik hem de kapasitesinin altında başarı gösteren bir adam olduğunu anladım. Mühendislik diploması olmasına rağmen, gündüzleri tamirci olarak çalışıyor, geceleri de tek başına bira içiyordu. Hiç evlenmemişti. Çocuğu yoktu ve yalnız yaşıyordu.

Cal'ın zihni yıllardan beri yok olup gitme düşüncesiyle kaplıydı. Terapiden aylar sonra bu sırrı paylaşmayı başarmıştı: Bir ormana kaçacak ve ailesine, arkadaşlarına ya da onu tanıyan hiç kimseye söylemeden bir keşiş olarak yaşayacaktı. Onun kaybolduğunu duyduklarında nasıl endişelendiklerini, ne kadar üzgün olduklarını ve onun geri gelmesini dilerken herkesin üzüntü ve şok içinde vereceği reaksiyonları hayal etmek ona zevk veriyordu.

Cal'ın iki tane abisi vardı ve ebeveynleri hâlâ hayattaydı. Terapide, bütün ailesine karşı yoğun bir öfke ve giderek büyüyen bir nefret hissettiğini keşfettim. Neden bu şekilde hissettiğini açıklayamıyordu. Ancak tedaviye gelmeden bir yıl önce, kendi çocukluğundaki resimler de dahil olmak üzere, bütün aile fotoğraflarını attığını ifade etti. Böyle bir hareketi neden yaptığı ile ilgili hiçbir açıklama yapamadı. Ayrıca Cal işyerinde çalışma arkadaşlarına ve müşterilere asabi bir şekilde tokat attığı için birkaç kez göz hapsinde tutulmuştu.

Cal terapide konuşmaya başladıkça, bütün bunlar da anlam kazanıyordu. New York'ta işçi sınıfının yoğunlukta olduğu bir kasabada büyümüştü. Ebeveynleri ikinci kuşak Alman göçmeniydi. Babası bir fabrikada çalışıyordu ve annesi Cal ile iki abisini büyütmek için evdeydi. Ailesinde hiç istismar yoktu. Cal gayet iyi korunuyor, besleniyor ve iyi giyiniyordu. Erkek kardeşleriyle olan ilişkisi sorulduğunda, ortaokul çağına gelene kadar onlarla birlikte basketbol oynamayı sevdiğini ama ortaokula başladıktan sonra oynamayı bıraktıklarını anlattı. Aslında bu örnek, ailesinde ilişki adına anlatılan tek örnekti. Cal'a daha fazla soru sorduğumda, ailesinde hiç kimsenin bağırdığını, ağladığını, sarıldığını, birini öptüğünü, dokunduğunu, göz kırptığını ya da herhangi bir duygu ifadesi gösterdiğini hatırlamadığını ifade etti. Aslında Cal, benim duygularla alakalı sorularıma çok şaşırmıştı. Duyguların dilini konuşamadığı gayet açıktı. Basitçe söylemek gerekirse, duygu kavramı onun radarında değildi.

Bununla birlikte öfke, Cal'ın aşina olduğu tek duyguydu. Bunu çok sık aslında her gün, gün boyu hissediyordu. İşyerinde bu duyguyu kontrol etmeyi denedi (böylece patronu ile problem yaşamayacaktı) ve uyuyabilmek için geceleri içmeye başladı. Yaşamının her yerinde bulunmasına rağmen, böyle bir şey olduğunun farkında değildi. Bunu fark etmedi ve sorgulamadı. Yine de bununla rahattı çünkü onun bir parçası hâline gelmişti. Sanki kolu ya da kalp atışı gibi bir şeydi.

Onun duygusal ihmalinin doğası, onu duygusal anlamda ciddi bir şekilde engelliyordu. Bütün ilişkilerinde kendinin ve karşı tarafın hislerini anlama konusunda yeteneksizdi. Duygusal anlamda sakar ve yalnızdı. Evet, alkol aldığına şüphe yok. Onu özlesinler diye insanları geride bırakıp yok olmayı düşündüğünden ve orada olmadıklarını görünce kızdığından da şüphe yoktur. Ancak onun yaşamındaki kapalı kutudan sızan anlaşılmaz duygular ortaya çıktığında, intihar düşüncelerinin onu rahatlatması şaşılacak bir şey değildi. Her şeyden önce bu, varoluş diyebileceğimiz garip şeye anlam kazandıran tek duygu ve bağlantıdır.

Cal için terapinin ilk aşaması öfkesinin farkında olmaktı. İkincisi, duygularını yok etmek için alkolü bir yöntem olarak görmeyi bırakmasına yardımcı olmak ve ona duygularıyla oturmayı öğretmekti ki bu çok daha zor bir süreçti. Üçüncü ve en zor aşama ise Cal'ın kapalı kutudaki öfkesini açmaya, duygularını etiketlemeye ve depoladığı tüm duyguları deneyimlemesine yardımcı olmaktı.

Cal, terapide güven veren bir ilişki kurdukça, erkek kardeşlerinin onunla beyzbol oynamayı bırakmasının herhangi bir olaydan daha fazlası olduğunu anlamayı başardı. O zaman Cal kendini terk edilmiş, incinmiş, dışlanmış, sevilmeyen ve önemsiz hissetti ve hâlâ öyle hissediyordu. Bu duyguları tanımlamamış, kabul etmemiş ya da adlandırmamıştı. Daha ziyade bunları içselleştirmiş ve kapalı kutusuna eklemişti.

Cal'a duyduğum saygıdan dolayı, **okuyucuyu üzmeyi göze alarak**, onun hikâyesine burada devam etmek istiyorum. Cal duygularını fark etmeyi ve onları anlamlandırmayı öğrendikçe, gözle görülür bir şekilde yumuşadı. Terapide geçen birkaç yıl boyunca, onun aramalarına cevap veren arkadaşlarına karşı daha açık oldu. Eski tanıdıklarından bazılarını aramaya ve onlarla zaman geçirmeye başladığını duydum. Alkolü bıraktı ve nasıl yemek pişireceğini öğrenmeye başladı. Geceleri yalnız içmek yerine, bazen arkadaşlarıyla dışarıda içiyor bazen de evde etli güveç yapıyordu. Kilo aldı, fiziksel olarak daha sağlıklı ve daha güçlü görünüyordu. İntihar etme düşüncesi yok olmuştu.

Cal, dünyayla yeni kurduğu bağlantıların tadını çıkarıyordu. Ciğerinde bir leke tespit edildiği zaman iki yıldır ayıktı. Kanser beynine sıçramıştı ve dokuz aylık ömrü kalmıştı. Bu dokuz ay boyunca, fiziksel sağlığı el verdiği ölçüde terapiye gelmeye devam etti. Arkadaşları onunla oturup sohbet etti, hastaneye ziyarete geldi ve onun için yemek pişirdiler. Doktoru, onun öldüğünü haber vermek için beni aradığında, ikimiz de telefonda karşılıklı ağladık çünkü onu çok sevmiştik.

Cal bana çok değerli bir ders öğretmişti. Bu bir veda hediyesiydi. Duygusal ihmalin yaraları kalıcı olmak zorunda değildir ve hiçbir zaman çok geç değildir.

Aleksitimi Belirtileri

- **Asabi olma eğiliminiz vardır.**
- **Nadiren bir duygunuz olduğunun farkındasınızdır.**
- **Çoğu zaman diğerlerinin davranışlarına şaşırırsınız.**
- **Kendi davranışlarınıza sık sık şaşırırsınız.**

- **Sinirlendiğinizde, aşırı ve patlayıcı olmaya eğilimli olursunuz.**
- **Bazen davranışlarınız size ve diğerlerine zarar veriyor gibi görünebilir.**
- **Temel anlamda diğer insanlardan farklı olduğunuzu hissedersiniz.**
- **İçinizde bir şeyler eksiktir.**
- **Arkadaşlıklarınız derinlikten ve özden yoksundur.**

Henry David Thoreau, "Çoğu insan sessiz bir çaresizlik içinde yaşamlarını sürerler." demişti. Çocuklukta duygularının farkına varmadan, onları etiketlemeden ya da bu duyguların ötesine geçmeden yaralanan insan topluluklarını kastediyordu. Bu kitabın, içinizdeki kalıntıları görmenizde size yardımcı olmasını ve size kendi duygusal ihmalinizin üstesinden gelme cesaretini vermesini umut ediyorum.

Bölüm 4

BİLİŞSEL SIRLAR: İNTİHAR DUYGULARI İLE İLGİLİ ÖZEL SIRLAR

Bu bölümde kimsenin konuşmak hatta düşünmek bile istemediği bir konu hakkında konuşacağız. İntihar etmeyi hiç düşünmediyseniz ve düşünen birini tanımıyorsanız, bu bölümü gönül rahatlığıyla geçebilirsiniz.

Size ya da başkalarına ait intihar düşüncelerinden herhangi bir şekilde etkilendiyseniz, o zaman okumaya devam edin.

İntihar hem sevimsiz hem de korkutucu bir konudur. Pek çoğumuz için hayal bile edilemeyen, düşünmesi imkânsız bir meseledir. Bazı insanlar intiharın bencilce bir eylem olduğunu düşünür. Diğerlerine göre ise korkaklıktır. Pek çok insan hayatını ölümden kaçınmak için bir şeyler yaparak geçirir. Bir insanı ölümün eşiğine getiren şeyin ne olduğunu anlamak çok zordur. Son derece önemli ve olumsuz bir olay olması gerek değil mi?

Bu konudan kaçınmak için bütün gücümüzü kullanmaya eğilimli olsak da çoğu insan intiharı düşünen, intihara kalkışan ya da intihar eden birilerini tanır. Ulusal Zihin Sağlığı Kuruluşu'nun verilerine göre, ABD'de 2007 yılında 34,598 intihar vakası oldu. Yani her gün 95 kişi intihar etti. İntihar, erkeklerin ölümüne yol açan yedinci ölüm nedeniyken, 2007 yılında kadınlarda on beşinci sırayı aldı. Üstelik bu istatistikler ABD'de her gün gerçekleşen 1045 intihar girişimini kapsamaz. Ayrıca hayatlarının uzun bir döneminde sessizce kendini öldürmeyi düşünen insanlar da buna dahil değildir.

İnsanlar çok farklı nedenlerden dolayı kendilerini öldürebilir. Bazen yukarıda ifade ettiğimiz gibi çok dramatik bir şey ya da toplum içinde küçük düşme ve aşağılanma gibi olumsuz bir olaya verilen aşırı bir tepki olabilir. Diğer zamanlarda kişinin kendi eylemlerinin sonuçlarından kaçınmak için kalkıştığı bir girişimdir. Mesela, hapis cezası gibi. Bununla birlikte, bazı insanlar bipolar bozukluk, ciddi ya da kronik depresyondan dolayı kendilerini öldürür. Arkasında bıraktığı sevenleri için çok büyük bir şok olmasına rağmen, en azından ortada durumu hızlandıran bir faktör olarak tanımlanan bir hastalık veya olay olduğu zaman, nedenini açıklamak mümkündür.

ROBYN

32 yaşındaki Robyn, Seattle'ın merkezinde yaşar. İnsanların onu fark etmesini sağlayan doğal bir çekiciliği vardır. Genellikle bir tokayla tutturduğu ya da gelişigüzel atkuyruğu yaptığı kahverengi saçlarıyla oldukça havalıdır. İnsanlar Robyn'i gördüklerinde olağanüstü kahverengi saçlarına, kristal mavisi gözlerine bakmaktan kendilerini alamaz ve ona övgüler yağdırır. Çoğu insan Robyn'e iltifat ederken onun bu durumdan utandığını hisseder. Aslında Robyn görünüşünün bu kadar sıradışı ve dikkat çekici olmasından huzursuzdur. 32 yaşında bile görünüşünü önemsiz gibi göstermeye çalışır ve kendisini geri plana atınca daha rahat hisseder.

Robyn bekâr bir kadındır ve hiç evlenmemiştir. 21 yaşında psikoloji dalında diplomasını almış ancak iki yıl çeşitli işlerde çalıştıktan sonra, bu şekilde geçimini sağlamasının mümkün olmayacağını anlamıştır. Bu yüzden okula geri dönmüştür ve şimdi UCLA'da yüksek lisans yapmaktadır. Çok iyi kazandığı bir işe ve şehir merkezinde güzel bir apartman dairesine sahiptir. Spor salonuna yaklaşık 1.5 km uzakta yaşar ve sıklıkla hafta sonlarına doğru bir aerobik ve direnç antrenmanı kombinasyonunu dengelemek için spor salonuna gidip gelirken görülür. Robyn'in arkadaşları onun bu sağlık takıntısı ile dalga geçer. Yediği besinlere dikkat eder ve kızarmış yiyecekler yememeye özen gösterir çünkü bir yerde islenmiş besinlerin mide kanserine neden olabileceği ile ilgili bir şey okumuştur. İyi anlaştığı arkadaşları onu barbeküye çağırdıklarında onun için konserve ton balığı getirirler. Robyn arkadaşlarının onun bu tuhaf takıntılarıyla alay etmesini hoşgörüyle karşılar.

Robyn'nin arkadaşları onu aykırı olarak tanımlar. Ona her şeyi söyleyebileceklerini çünkü dinlemek ve tavsiye vermek konusunda çok iyi olduğunu; mantıklı ve sağduyulu geribildirimler vereceği konusunda ona güvenebileceklerini hissederler. Ancak Robyn kendisiyle ilgili nadiren bir şeyler paylaşır. Kendisinden bir şeyler verme konusunda son derece iyidir ancak kendisi için kimseden bir destek ya da tavsiye almaz. Hepsinin de ötesinde kimi zaman takip edilmesi imkânsız olabilir. Bazen telefonlarına hiç cevap vermeden haftalarca ortadan kaybolabilir. Arkadaşları yine 'keşiş moduna girdiği için' Robyn'e takılır. Sosyal aktiviteler için gelen davetleri kabul etse de kendisi nadiren bir davet önerisinde bulunur. Aslında Robyn'in arkadaşlarının pek çoğu onun evini hiç görmemiştir. Onun genel tavrı sessiz ve geri planda kalmak şeklindedir ancak birkaç duble içerse, partinin eğlencesi hâline gelebilir. İğneleyici mizah anlayışı ortaya çıkar; komik hatta sosyal anlamda cesur olabilir. Arkadaşları onun derinlerinde bir şey olduğunu anlarlar ama oraya ulaşamadıkları için bazen sinirlenirler. Aslında Robyn mükemmel bir arkadaş gibidir ancak keşiş moduna girdiğinde tam anlamıyla ulaşılmaz olur.

Haziran ayında bir cumartesi günü Robyn, arkadaşı Trish'in evine gitti. Trish'in yeni bir limonlu martini tarifi vardı ve gerçekten çok lezzetliydi. Herkes bifteklerinin tadını çıkarırken Robyn, onun için özel hazırlanmış ton balıklı sandviçini yiyordu ve üç tane martini içmişti. Her zaman olduğu gibi çok eğlenceli bir geceydi. Sabahın erken saatlerine kadar poker oynadılar ve en sonunda gecenin bittiğini kabul edip evlerine döndüler.

İki gün sonra Trish, Robyn'in kız kardeşinden onu şok eden haberi aldı. Kız kardeşi onu ziyaret etmek için eve uğramış, kapıya cevap vermeyince içeri girmiş ve onu bilinçsiz bir hâlde yatarken bulmuştu. Robyn, cumartesi günkü barbekünün ardından aşırı dozda ilaç alarak intihara kalkışmıştı.

Robyn'in arkadaş, aile ve iş çevresindeki hiç kimse onun bu yıkıcı hareketini anlamlandıramadı. Nasıl oluyor da bu kadar zeki, başarılı ve sevilen bir insan böyle bir şey yapabiliyordu? Aslında her şeyi vardı. Neden kendi canına kıymak istemişti? Bunu neden yaptığı ile ilgili hiçbir işaret yoktu. Neden hiç kimse Robyn'in kendini öldüreceğine dair bir işaret hissetmemişti? Robyn'i seven herkes kaçırdıkları noktanın ne olduğunu bulmak için zihinlerini yoklayıp durdu. Önceki hafta Robyn ile geçirdikleri her günü ve her dakikayı bir ipucu bulmak için analiz ettiler. Barbeküdeki arkadaşları da dahil olmak üzere hiç kimse, tek bir işaret bile bulmayı başaramadı.

Herhangi bir olaya ya da hastalığa ithaf edilemeyen pek çok intihar vakası vardır. Bunlar bazen hayatın zirvesinde olan insanlar bile olabilir: Harvard öğrencileri, başarılı iş insanları, parlak lise öğrencileri. Ya da sadece bir arkadaşınız, komşunuz, meslektaşınız veya herkesin çok iyi olduğunu söylediği komşunuzun çocuğu da olabilir. Bazen tanımlanabilen bir tetikleyici mevcuttur ancak birinin kendisini öldürmesi için yeterli olacak bir faktör gibi görülmez. Çoğu zaman geride kalanlar sadece şok olmaz aynı zamanda kafaları karmakarışık olur. Geride kalan tüm sevenler cevaplanmamış sorularla boğuşur. Sadece "Böyle bir şeyi nasıl yapar?" değil, ayrıca "Neden bunu yaptı?" diye düşünüp dururlar.

Bu sorunun cevabını bulmak için Robyn'e geri dönelim. Şimdiye dek onu arkadaşları ve ailesiyle aynı şekilde değerlendirebildiniz. Dışarıdan gördünüz. Şimdi Robyn'in iç dünyasına gireceğiz. İçeriden dışarıya doğru neden böylesine aşırı bir eyleme kalkıştığını ve neler hissettiğini anlamaya çalışacağız.

ROBYN

Robyn, Washington'da küçük, huzur dolu bir kasabada büyüdü. Sevgi dolu ve özenli bir ailenin beş çocuğundan üçüncüsüydü. Babası makine mühendisiydi. Annesi ise çocukları büyüyene kadar onlarla ilgilenmek için evde kalmıştı ancak çocuklar belli bir yaşa gelince öğretmen yardımcısı olarak işe döndü.

Robyn'in çocukluğu pek çok açıdan güzeldi. Kardeşleriyle yaşları birbirine yakındı. Pek çok ailenin çocuklarıyla birlikte yaşadığı bir mahallede oturuyorlardı. Bu yüzden hiçbir zaman bir oyun arkadaşının eksikliğini hissetmemişti. Kız kardeşleriyle yakın bir ilişkisi vardı. Ailesi çok zengin olmasa da iyi bir hayat yaşayacak kadar paraları vardı. Finansal anlamda bir zorluk yaşamıyorlardı. Her nisan ayında toplanıp bir haftalığına Disney World'e ve her yıl aralık ayında Noel'de, Oregon'da büyükanne ve büyükbabasının yanına giderlerdi.

Robyn'in ebeveynleri nadiren tartışırdı ve herhangi bir olumsuzluğa karşı çok az hoşgörü gösterirlerdi. Çocuklar arasında bir çatışma çıktığı zaman, ebeveynleri bütün çocukları odalarına göndererek, tartışmaya noktayı koyuyordu. Tartışmanın ne ile ilgili olduğu ya da birinin açıkça haklı veya kurban olması hiç önemli değildi. Ebeveynlerin mottosu 'sıfır tolerans'tı. Aynı kural herhangi bir şikâyet, mutsuzluk ifadesi, üzüntü ya da öfke durumlarında da uygulanıyordu. Sonuç sessiz bir ev ahalisiydi. Çocuklar, zihinlerinde olumsuz bir şey olursa, bunu kendilerini saklamaları gerektiğini öğrenmişlerdi. Anne ve babaları bu saçmalıkları yüklenmeyi reddediyordu. Herkesin birbiriyle iyi anlaştığı ve kimsenin memnuniyetsiz olmadığı bir ev halkı için böyle davranıyorlardı. Ayrıca, beş çocuğu yönetmek yeterince zordu ve anlamsız krizler, öfke patlamaları ve gözyaşları için ayıracakları zaman ve enerjileri yoktu. Sıfır tolerans politikası onların sorumluluk sahibi olmalarını sağladı ve hayata karşı olumlu bir bakış açısı geliştirmeleri gerektiğini hissettirdi.

Robyn ve kardeşleri nadiren evdeydi. Küçük yaşlardan beri kardeşleri ve arkadaşlarıyla mahallelerinde özgürce koşmayı tercih ediyorlardı. Evin dışında şikâyet etmek, kavga etmek, pozitif ya da negatif anlamda duygularını ifade etmekte özgürlerdi. Robyn'in kardeşleri bunu tazeleyici ve özgürleştirici buluyordu. Ebeveynlerinin kabul etmediği duygular, dışarıda tolere ediliyordu. Ancak Robyn farklıydı.

Robyn doğduğu günden beri çok hassas bir çocuktu. Ebeveynlerinin üçüncü çocuğuydu. Ebeveynleri, onun kişiliğinin diğer çocuklarından farklı olduğunu hemen fark etmişlerdi. Çok fazla ağlardı. Annesi çoraplarını giydirmek istediği ya da oynaması için aşina olmadığı oyuncaklar verdiğinde, yaygarayı koparırdı. Ebeveynleri ona, Frequent Flyer lakaplı bir jokeyden esinlenerek, Frequent Crier (her zaman ağlayıp duran) adını takmıştı. Anaokulu ve okul çağına geldiğinde aile üyelerinden fırça yemeye başladı çünkü hemen gözleri yaşarıyordu. Sessiz gözyaşları aptalca azarlamalara neden oluyordu. Ancak sesli ağlamalar başka bir meseleydi. Robyn'in gözyaşları biraz gürültü yapacak olursa ebeveynleri sıfır tolerans politikasına başvuruyor ve onu hemen odasına gönderiyordu.

Bütün bunlar sayesinde Robyn, güçlü bir ders aldı. Negatif duygunun kötü bir şey olduğu ve hoşgörüyle karşılanmayacağını anladı. Sahip olduğu herhangi neşeli, eğlenceli ya da pozitif olmayan bir hissi kendine saklamalı ve içinde tutmalıydı. Böyle duygular hissettiği için kendinden utanıyor ve kimsenin görmemesi için sessizce bir köşeye siniyordu. Bunu zamanla o kadar iyi öğrenmişti ki negatif duyguları kendinden bile saklamıştı. Kendini her zaman pozi-

tif ve yüksek tempoda tutması gerektiğinden emindi. Enerjisini yüksek tutamayacağı bir noktaya geldiği zaman, bütünüyle geri çekiliyor ve kendini dairesine kapatıyordu. Daha sonra bütün vaktini ya işte ya da kendini eve kapatıp televizyon programları izleyerek geçiriyordu. Bu şekilde davranmak, yeniden 'mutlu' olmak ve bütün negatifliklerle mücadele etmek için enerjisini yeniden kazanana kadar bu duygu ve düşünceleri uzak tutmasına yardım ediyordu.

Robyn, sadece bu savaşla başa çıkamadı. Onu yaşadı. Hayatı, içinde hissettiği negatif hiçbir şeyin görülmediği, bilinmediği ve açığa çıkmadığından emin olmak için tetikte durarak geçti. Bu, aşırı derecede enerji gerektiriyordu. İçindeki olumsuz ve negatif duyguyu dünyadan saklamaya o kadar meyilliydi ki (Robyn'in Ölümcül Hatası) hiç kimsenin onu yeterince tanımasına izin vermiyordu. Bu yüzden arkadaşlarını evine davet etmiyordu. Görülmesini istemediği yönlerinin görülmesinden korkuyordu.

Robyn'in bütün hayatı boyunca yoğun bir yalnızlık içinde olduğunu belirtmek önemlidir. Ebeveynlerinin, bütün ailesinin ve arkadaşlarının onu çok sevdiğini biliyordu. Ancak sevildiğini hissetmiyordu. Gerçekten sizi tanımadığını bildiğiniz insanlar tarafından sevildiğinizi hissetmek oldukça zordur ve kimse Robyn'i gerçekten tanımıyordu. Hatta Robyn bile kendini tanımıyordu. İnsanlardan izole olmuş bir şekilde yaşıyordu. Diğer insanlar mutlu ve tam görünüyordu. Birbirlerini tanıyor, önemsiyor gibi görünüyorlardı ve özgürdüler. Diğer insanların kendilerini saklamak için mücadele ediyor gibi bir hâlleri yoktu. Robyn, kendini hayatın dışında kalmış gibi hissedi-

yordu; kendini bir film sahnesinde gibi kopuk, yalnız ve tam anlamıyla bilinmez hissediyordu. Sık sık hayatta kalmanın anlamını merak ediyordu. Hayat bu kadar boşsa, bu kadar acı veriyorsa, hiçbir ödüle layık görmüyorsa, o zaman neden yaşıyordu?

Robyn ergenliğinden beri, hayata 'dışarıdan bakan' duygusunu yaşıyordu. 13 yaşında kendisindeki sorunun ne olduğunu merak etmeye başlamıştı. Harika bir çocukluğu vardı. Bu yüzden kendisini bu kadar kusurlu hissetmesinin bir açıklaması yoktu. İçinde eksik bir şeyler vardı, onu hasta eden gizli bir boşluk. Kendini rahatlatabileceği tek yol öldüğünü hayal etmekti. Ölü olmak gerçekten çok büyük bir rahatlık olabilirdi. Hiçbir zaman kendini öldürmek gibi bir eğilimi olmamıştı ancak bu ihtimali bir güvenlik ağı olarak saklıyordu. Artık bu acıyı daha fazla tolere edemeyeceği bir noktaya ulaşırsa, her zaman hayatına son verme gibi bir seçeneği olabilirdi. O zaman herhangi bir mücadele, boşluk, acı ya da yalnızlık duygusu olmayacaktı. Robyn 13 yaşından yetişkinlik yıllarına kadar kendini yatıştırmak için kendini öldürme fantezisine sığınmış ancak bununla ilgili tek bir kişiye bile hiçbir şey söylememişti.

Şimdi, barbeküden sonraki, Robyn'in fantezisini hayata geçirdiği güne dönelim. İşte o gün yaşananlar:

Robyn, bir gece önceki eğlenceli akşamdan kalan mahmurlukla uyandı. Kendine biraz mısır gevreği koydu ve TV'nin karşısına oturdu. Başının üstünde kara bulutlar dolaşıyordu çünkü birkaç haftadır 'keşiş modu'na girme duygusuyla savaşıyordu. Yorgun, uyuşuk, boş ve hepsinden de önemlisi duygusuz hissediyordu. Boşluk ve hissizlik duygularını, bütün gün

Andy Griffith izleyerek uzaklaştırmaya çalıştı. Hiç işe yaramadı. Daha sonra kanepeye uzandı ve rahatlamasına yardımcı olduğu için öldüğünü hayal etti. Bu kez o da işe yaramış gibi görünmüyordu. Daha ziyade boşluk ve acı hissi giderek yoğunlaşmaya başladı. Ayağa kalktı ve salonun bir ucundan diğer ucuna volta atmaya başladı. O böyle yaptıkça, kara bulutlar giderek çoğalıyor ve boşluk hissi derinleşiyordu. Andy Griffith'in ardından The Waltoons başlamıştı. Bu program onu çocukluğunda The Waltoons için ağladığında ebeveynlerinin onu acımasız bir şekilde eleştirdiği bir anısına götürmüştü. Bir anda içindeki boşluk, utanç ve kendine karşı duyduğu nefretle doldu. Giderek kötüleşen acısına umutsuzca son vermek için Robyn banyoya koştu, ecza dolabını açtı ve bir gün bu kadar umutsuz hissederse kullanırım diye biriktirdiği ilaçların hepsini içti.

Gördüğünüz gibi herkesin sevdiği ve tanıdığı Robyn aslında gerçek Robyn değildi. Aslında bir saatli bomba, her an patlamaya hazır bir volkan gibiydi. Peki, Robyn'in intihar fantezisini hayata geçirmesine neden olan bu özel durumun farkı neydi? Sonuçta çok dramatik bir olay değildi. En kötü anda bütün kuvvetiyle ona utanç ve kendini suçlama duygusunu hissettiren bir televizyon şovuydu. The Waltoons başlamadan çok önce Robyn risk altındaydı. The Waltoons şov başladı. Ancak ailesinin eleştirileri ve aşağılamalarını hatırlaması bardağı taşıran son damlaydı ve onu imkânsız yalnızlığının ve yalıtılmışlığının daha derinlerine sürüklemişti. En nihayetinde The Waltoons onu harekete geçirmişti.

Robyn, kız kardeşi eve uğradığı için şanslıydı. Robyn gibi pek çok kişi o kadar şanslı değildir ve çok geç olana kadar bulunmazlar. Bunlar, yardım edilemeyen kişilerdir. Acıları anlamaz ve paylaşmazlar. Son anlarını hiç kimseye açıklamazlar. Bence bunlar çoğu zaman, sevdiklerini şaşkın ve üzgün bir hâlde ne olduğunu anlayamayacakları şekilde bırakan insanlardır.

Şimdi 3. Bölüm'de bahsettiğimiz ve bu konuya farklı açılardan bakmamıza yardımcı olan kişilerden bazılarına yeniden göz atalım. Ancak ilk olarak intihar duyguları ve duygusal ihmal arasındaki ilişkiyi açıklamaya çalışalım. Size insanların duygu hissetmek için tasarlandığını hatırlatmak isterim. Bu tasarım kısa devre yaptığında, ilk olarak duygusal anlamda ihmalkâr ebeveynler tarafından, daha sonra da çocuğun kendisi tarafından devam ettirildiğinde bu durum bütün sistemi etkiler. Şekersiz yapılmış bir dondurma ya da en temel komutların çıkarılmış olduğu bir bilgisayar hayal edin. İşte duygular çıkarılıp atıldığında, insanın ruhu da böyle kötüleşir.

Boşluk ya da duygusuzluk çoğu yönden acıdan daha kötüdür. Pek çok insan bana, hiçbir şey hissetmemek yerine bir şeyler hissetmeyi tercih ettiğini söyler. Olmayan bir şeyi kabul etmek, anlamlandırmak ya da kelimelere dökmek çok zordur. Boşluk duygusunu kelimelere döküp bunu bir başkasına açıklamayı başarabilseniz bile, diğerlerinin bunu anlamlandırması çok zor olur. Boşluk, çoğu insana göre hiçbir şeye benzer. Hiçbir şey, hiçbir şeydir; ne iyi ne de kötü. Ancak bir insanın içindeki işleyişte, hiçbir şey kesinlikle bir şey demektir. Boşluk aslında kendi başına bir duygudur ve zamanla bunun çok yoğun ve güçlü bir duygu olabileceğini keşfettim. Aslında bu durumdan kaçmak için insanları her türlü aşırılığı yapmaya sürükleyen bir duygudur.

Simon'ı hatırlayalım. Hava dalışı yapan 38 yaşındaki yakışıklı ve başarılı adam. Simon da içindeki boşluk ve duygusuzluktan dolayı intihar duygularına eğilimliydi. Onun için hayat, bağlılık, anlam ve tutkudan yoksundu. Hava dalışının verdiği heyecan çok kısa sürüyordu ve ona yaşama isteği verecek kadar yeterli değildi.

Öte yandan **David,** "Duyguların olmasın, duygularını gösterme, hiçbir zaman başka hiç kimseden bir şey isteme." mesajlarını içselleştirmişti. Onun intihar eğilimleri ebeveynlerinin kendisine empoze ettiği bu zorunlulukları gönülsüzce yerine getirmek zorunda olmasına dayanıyordu. David bir canlı, duyguları ve ihtiyaçları olan bir insan olduğu için bu zorunluluğu yerine getirebileceği tek yol ölmekti. Esasında onunla karşılaştığım zaman, hayata katılmayı çok önce bırakmıştı.

Duygularını tam anlamıyla kapatan **Laura**'nın hikâyesini düşünün. Bunun üstesinden gelmek için bira içiyor, vücuduna kesikler atıyor ancak bedelini yoğun bir utançla ödüyordu. Laura, kendi kusurlarını içselleştirip durduğu bir hapishanede yaşadı. Hasarlı, sevilmeyen ve kopuk biri gibi hissediyordu. Laura'nın intihar eğilimleri, kabul etmekte ya da ortadan kaldırmakta başarısız olduğu duygu ve ihtiyaçlara sahip olduğu için kendisine karşı duyduğu öfkeden kaynaklanıyordu. Bu açıdan **Robyn** ile son derece benzerdirler.

Cal milenyumun sonunda kendini öldürmeyi planlıyordu. Ölüm düşüncesi ona çok büyük bir rahatlama hissi sunuyordu çünkü bu sayede çevresindeki insanlarla kelimeler aracılığıyla iletişim kuramadığı için onun çektiği acıyı görmelerini sağlayacaktı. Cal'ın duyguları galip geldiğinde, kendini yatıştırmak için bu görkemli kaçış fantezisini kullanıyordu.

Duygusal anlamda ihmal edilmiş bu dört kişinin intihar duygularını eyleme dökme konusunda en riskli pozisyonda yer aldığına inanıyorum. Tedaviye zamanında gelmiş olmasalardı, hepsi de gerçekten kendilerine zarar verme potansiyeline sahipti. Robyn'e ek olarak bu dört kişinin paylaştığı birkaç ortak nokta vardır.

- Boşluk ve duygusuzluk
- Sessizce acı çekme
- Hayatın anlamını ve değerini sorgulama (Yaşamanın ne anlamı var?)
- Fanteziden Kaçma

Burada, David, Laura, Robyn ve Cal'ın hepsinin de sevgi dolu ve iyi niyetli ebeveynleri olduğunu vurgulamak son derece önemlidir. Hepsi de gayet huzurlu orta sınıf ailelerde büyümüşlerdi ve bakımları gayet iyiydi. Hiçbiri istismara uğramamıştı ve hepsinin de çocukluğunda çok neşeli anlar vardı. Onlar için ciddi anlamda yanlış giden tek bir şey vardı ve bu yanlış şey görülmeyen ve algılanamayan bir şeydi. Öyle ki ne ailenin içinden ne de dışından hiç kimse bunu görememişti.

Duygusal ihmalden muzdarip olan bir kişi, duygusuzluk ve acıyı bir sır gibi saklar. Diğer bütün duygularda olduğu gibi onlar da başka hiç kimseyle paylaşılmaz. Zamanla bunun bir insanın üstleneceği bir bedel hâline geleceğini düşünebilirsiniz. Duygusal ihmal, bir nehir havzasındaki sel suları gibi yavaş yavaş bir insanın varoluşunun temelini aşındırır. O insanın enerjisini, motivasyonunu, özsaygısını ve hayat akışını elinden alır.

3. KISIM

DEPOYU DOLDURMAK

Bölüm 5

DEĞİŞİM NASIL GERÇEKLEŞİR?

Eksik olan şeyi düzeltmeye çalışma sürecine başlamadan önce, değişimi düşünmek için biraz zaman ayırmak önemlidir: Nasıl gerçekleşir, nasıl gerçekleşmez ve istediğiniz gibi gitmediği zaman ne yapmalısınız?

İlerleyen bölümlerde sizin için bazı Değişim Tabloları hazırladım. Bunlar duygusal ihmalden dolayı gelişen alışkanlıklarınıza değinmek amacıyla sizin için tasarlandı. Değişim Tabloları, kesinlikle değişimin tek boyutlu olduğunu vurgulamaz. Endişem şu ki bu bölümü okudukça, bunların karşı karşıya bırakıldığınız yoğun içerikli, karmaşık bireysel girişimlerle ilgili cookie-cutter (bireysel özellikler dikkate alınmadan her zaman kullanılan aynı yaklaşım) yaklaşımı olduğunu hissetmenizdir.

Fabrikadan çıkma, herkese uygun tek kalıp yaklaşım benim hedefim değildir. Böyle bir yaklaşım, sizin duygusal ihmalinizi daha ileriye taşımaktan başka bir şeye yaramaz ki bu benim hiç istediğim bir şey değildir. Geri kalan bölümleri **Depoyu Doldurmak** üzerinden okuyacağınız için sizin bir mücadele yaklaşımını benimsemenizi istiyorum. Size hitap eden Uygulama Tablolarını, teknikleri ve önerileri seçin ve bu Uygulama Tablolarını size uygun olacak şekilde düzenleyin.

Bu arada, değişim için başarıya ulaşmada bazı güçlü faktörleri konuşalım. İlerleme sırasında bunları anlamak ve aklınızda tutmak gelişimi fark etmeniz konusunda size yardımcı olacaktır. Adımları atmakta geri kalırsanız bu faktörler üzerinde çalışmanız faydalı olacaktır.

Başarılı Değişim Sürecinde Gerekli Olan Faktörler

1. Yanlış Beklentiler

- **Bu değişim doğrusaldır:** Bir şeyleri değiştirmek için çalışmaya başladığınız zaman, aşama aşama inşa edilen ve giderek artan başarıyı görmeyi beklemek normaldir. Tırmandığınız ve sabit bir gelişimle her seferinde yukarıya doğru bir adım daha attığınız bir merdiven düşünün. Gerçek değişimlerin pek çoğu bu şekilde işlemez. Daha ziyade düzensiz şekilde gerçekleşir. İki adım ileri, bir adım geri gibi bir seyir izler. Ters yönde ilerleyen bu adımlarla çalışmaya devam edebilmenin gerçek anahtarı, ileriye doğru bir adım daha atana kadar sürekli ve ısrarlı bir şekilde mücadele etmektir.

- **Bu geri adımlar başarısızlıktır:** Geriye doğru bir adım attığınızda bunun bir başarısızlık olduğunu düşündüğünüz zaman, bu başarısızlık hissi kolayca kendinize duyduğunuz bir öfkeye dönüşebilir. Kendinize duyduğunuz öfke ilerlemenin düşmanıdır. Sizi hemen yolunuzdan çıkarıp geriye götürebilir.

- **Yolunuzdan çıkarsanız, vazgeçme ihtimaliniz doğar:** Yoldan çıkmanız değişimi gerçekleştirme sürecinin üzerine inşa edilir. Daha iyi beslenmeyi, egzersiz yapmayı ya da uzun zamandır var olan bir alışkanlığı veya davranışı değiştirmeyi deniyorsanız, birçok kez yoldan çıkma ihtimaliniz yüksektir. Böyle bir şey olursa her şey yolunda demektir ve bu gerilemeler sizi uzun vadedeki amacınıza götüren yolda önemsiz bir detaydır. Tabii vazgeçmediğiniz sürece.

2. Kaçınmak

Değişim pek çok açıdan çok zordur. İlk olarak kendinizi size yabancı gelen bir hisse uydurmak zorundasınızdır. İkincisi, sizin için çok zor olan bir şeyi yapmanız gerekir. Üçüncüsü, yukarıda da tanımladığımız gibi ısrarcı olmaktır ve dördüncüsü, değişmek gerçekten çok büyük bir çaba gerektirir.

Yukarıda bahsi geçen dört zor durum karşısında verilen tepki kaçınmaktır. Bunları yapmaya başlamak gerçekten çok zor, değil mi? Sadece zihninizi bir kenara bırakıp bütün bu savaşlarla ilgili endişelenmemek çok daha konforlu olmaz mıydı? Tabii ki olurdu. Ancak tıpkı kendine duyulan öfke gibi kaçmak da ilerlemenin düşmanıdır. Kaçmak belki de çöldeki vahayı işaret eder ancak sizi kavrulmuş bir şekilde bir köşede bırakır.

Bizi doğal olarak kaçmaya doğru çeken şeyle mücadele etmenin tek yolu, onunla yüzleşmektir. Kaçmak istediğiniz anlar ortaya çıktığında bunun farkına varın. Daha sonra tüm gücünüzle duruma odaklanın ve meydan okuyun. Sizi aşağı çekeceğini ve kesinlikle bir yere taşımayacağını kendinize hatırlatın. Bütün bunların çaba göstermeye değer olduğunu düşünün. Daha sonra Değişim Tablosu'nu elinize alın ve çalışmaya başlayın.

3. Huzursuzluk

Değişim çok korkutucu bir şey olabilir. Eskiden olduğunuzdan farklı bir şekilde hissetmeye başladığınızda ya da gerçekleştirdiğiniz değişimlerden dolayı insanlar size farklı davrandığı zaman, kendinizi yabancı bir dünyada yaşıyor gibi hissedebilirsiniz. Nasıl davranacağınızı ya da nasıl tepki vereceğinizi bilmek gerçekten çok zor olabilir. Bir anda hiçbir şey, bir zamanlar olduğu kadar güvenli olmaz.

Deneyimlerime göre çoğu insan bu huzursuzluğun farkında değildir. Ancak bunu hissederler ve doğal olarak değişime karşı geri adım atmak ve daha önce olduğunuz yere gitmek isterler. Bu tam anlamıyla doğal bir duygudur ve çok normal bir tepkidir. Ancak yine de yukarıda bahsettiğimiz faktörlerin herhangi biri kadar tehlikelidir. Sizi başlangıçta olduğunuz noktaya götürür. Mesela insanların çoğu, birkaç kilo kaybettikten sonra, aniden farklı bir şekilde hissetmeye başlar. Daha iyi hissettirse de garip ve huzursuz hissedilmesine de yol açar. Bu yüzden oyunu kaybederler ve bütün çabaları solup gider. Bunun size de olma ihtimalinin çok yüksek olduğunun farkında olmalısınız. Dikkatle izleyin. Bunun normal ancak yıkıcı olduğunu göreceksiniz. Sizi ele geçirmesine izin vermeyin. Sadece devam edin.

Bölüm 6

DUYGULAR NEDEN ÖNEMLİ VE ONLARLA NE YAPMALIYIZ?

"Pek çoğumuz kendimizi hissedebilen düşünsel yaratıklar olarak düşünsek de biyolojik olarak düşünebilen hissel yaratıklarız."

—*Dr. Jill Bolte Taylor, Nörobilimci*

1. Duygularınızın Amacını ve Değerini Anlamak

Toplumumuzda duyguya hak ettiği değer tam anlamıyla verilmez. Çoğu zaman duygular bir detay olarak görülür. Genellikle 'aşırı hassas', 'aşırı duygusal', 'aşırı romantik' gibi kelimeler kullanılır. Duygu; çocukça, feminen ya da zayıf bir şey gibi düşünülür. Zeki insanların duygusal, duygusal insanların da zeki olmadığını düşünmeye eğilimliyizdir. Gerçek şu ki en zeki insanlar, düşünmelerine yardımcı olması için düşüncelerini de duygularını yönetmek için kullanan kişilerdir. Buradaki anahtar noktaysa duyguyu sağlıklı bir şekilde dengelemekten geçer. Duygularınızın size ne söylediğini dinleyin ve daha sonra içinde bulunduğunuz durumu, hayatınızı ve dünyayı daha iyi bir hâle getirmek için harekete geçeceğiniz yolu bulun. En değerli bilimsel araştırmaların çoğu, bilim adamları o konu üzerinde tutkulu olduğu için yapıldı. Bilim insanlarının tutkusu bir acı tarafından ya da çok sevdikleri birinin acı çekmesini engelleyecek bir yol bulmak için yönlendirilebilir. Ancak en başarılı insanlar hisleriyle güdülenen insanlardır.

Sinirbilimciler insan beyninin gelişimi ile ilgili çok kapsamlı çalışmalar yapmıştır. İnsanlık açısından duyguyu hissetme yeteneği, düşünme yeteneğinden çok önce gelişmiştir.

İnsanların duyguları, beynin düşüncelerin meydana geldiği bölümü olan serebral korteksin derinlerine gömülen limbik sistemde oluşur. Bu şekilde duygularımız, düşüncelerimizden ziyade kim olduğumuzun temel bir parçasıdır. Tırnaklarımız ya da dizlerimiz gibi vücudumuzun psikolojik parçalarını oluştururlar. Nasıl açlığımızı, susuzluğumuzu, dirseklerimizi ya da kulak mememizi inkâr edemiyorsak; duygularımız da inkâr edilemez ya da silinemez.

Peki, neden ilk olarak duygu gelişti? Bazen, özellikle de duygusal olarak ihmal edilmiş kişiler duyguları bir yük olarak görür. Sevdiğimiz bir arkadaşımızla çatışma yaşadığımızda üzülmesek, trafikte yolumuzu kesen birine sinirlenmesek ya da bir iş görüşmesine girmeden önce endişelenmesek çok daha iyi olmaz mıydı? Yüzeysel olarak baktığımızda, bu duyguları hissetmezsek daha kolay olurdu gibi düşünülebilir. Ancak bana sorarsanız, duygularımız olmasaydı hayat daha iyi olmazdı. Aslına bakarsanız katlanılmaz olurdu.

Duygu, hayatta kalmak için gereklidir. Duygular bize ne zaman tehlikede olduğumuzu, ne zaman koşacağımızı, ne zaman savaşacağımızı ve neyin savaşmaya değer olduğunu söyler. Duygular vücudumuzun bizimle iletişim kurma ve bizi güdüleme aracıdır. Aşağıda birkaç duygunun amacıyla ilgili örnekler bulabilirsiniz:

Duygu	***İşlev***
Korku:	Bize kaçmamızı ve kendimizi korumamızı söyler.
Öfke:	Kendimizi korumak için bizi yeniden savaşmaya iter.
Sevgi:	Eşlerimizi, çocuklarımızı ya da diğer insanları umursamamızı söyler.
Tutku:	Bir şeye hayat vermek, yaratmak ya da onu icat etmektir.
İncinme:	Bizi bir durumu düzeltmeye iter.
Üzüntü:	Önemli bir şeyleri kaybettiğimizi anlatır.
Şefkat:	Bizi diğerlerine yardım etmeye yöneltir.
İğrenme:	Bir şeyden uzak durmamızı söyler.
Merak:	Bizi keşfetmeye ve öğrenmeye yöneltir.

Meseleyi anladınız diye düşünüyorum. Her duygunun bir amacı vardır. Duygular bizim adapte olmamıza, hayatta kalmamıza ve mücadele etmemize yardımcı olan, çok faydalı araçlardır. Duygusal olarak ihmal edilmiş insanlar bu çok değerli geribildirim sistemini silmek, reddetmek, hasıraltına süpürmek ve bazı durumlarda ondan utanmak için eğitilirler. Duygularını dinlemedikleri için geri kalanımızdan dezavantajlı bir şekilde işlev gösterirler. Bu hayati bilgi kaynağını fırlatıp atmak sizi savunmasız ve muhtemelen daha az üretken biri yapar. Ayrıca hayatı dopdolu bir şekilde deneyimlemeniz de daha zor olur.

Duygular bizi bir şeyler için güdülemekten daha fazlasını yapar. Hayatı yaşamaya değer kılan zenginlik ve derinliği sunan bağlantıları besler. Bence "Hayatın anlamı nedir?" sorusuna en iyi cevabı veren bu derinlik ve zenginliktir. Diğerleri ile kurulan duygusal bağlar, bize varoluşsal kaygının yanısıra, boşluk hissinden uzaklaşmamız için yardımcı olur.

2. Duygularınızı Tanımlamak ve Adlandırmak

2. Bölüm'de Aleksitimi konusunda örnek verdiğimiz Cal'ı hatırladınız mı? Cal'ın probleminin büyük bir kısmı kendisinin de duyguları olduğu konusunda sıfır farkındalığı olmasıydı. Bu durum (her zaman o kadar şiddetli olmasa da) duygusal olarak ihmal edilmiş insanlarda bir dereceye kadar doğrudur. Farklılaştırılmamış, içselleştirilmiş duyguları Cal'ın içinde iltihaplanmış, sadece öfke ve asabiyet olarak ortaya çıkmıştı.

Duygular hasıraltı edildiğinde ya da görmezden gelindiğinde çok ilginç şeylere neden olabilirler:

- Üzüntü, baş ağrısı ya da sırt ağrısı gibi fiziksel belirtiler ortaya çıkabilir.
- Yeme, uyuma, hafıza ve konsantrasyonda azalma ya da sosyal izolasyona dönüşebilir.
- Enerjinizi baltalayabilir.
- 'Ortada hiçbir şey yokken' patlamanıza neden olabilir.
- Kaygıyı artırabilir ve panik ataklara neden olabilir.
- İlişkileriniz ve arkadaşlıklarınız derinlikten yoksun, yüzeysel olur.
- Boş ve tamamlanmamış hissedebilirsiniz.
- Kendi hayatınızın amacını ve değerini sorgulamanıza neden olur.

Yukarıda bahsettiğimiz şeylerden herhangi birinin meydana gelmesini engellemek için ilk adım duygularınızı fark etmeyi ve onları kelimelere dökmeyi öğrenmektir. "Üzgünüm.", "Öfkeliyim." ya da "Şunu yaptığında beni incittin." gibi cümlelerde sihirli bir şeyler vardır. Kendinize ya da bir başkasına duygularınızı tanımladığınız ve onları adlandırdığınız zaman bir adım atar ve gaza basarsınız. İçinizden dışınıza bir şey çıkarırsınız. Bilinmeyeni bilinir hâle getirir ve idareyi ele geçirirsiniz. Çok değerli bir kaynak oluşturursunuz: Duygularınız, yakıtınızdır.

3. Kendi Duygularınızı İzlemeyi Öğrenmek

Duyguları tanımlamak ve kelimelere dökmek gerçek bir yetenektir. Diğer beceriler gibi üzerinde çalışılması gerekir ve gelişmek için çok fazla çaba gereklidir. Burada bunu yapmayı öğreneceğiniz bir uygulama göstereceğiz. Bu egzersizi ilk defa uygularken bir odada yalnız ve bütün dikkat dağıtıcı şeylerden uzak olmanız önemlidir.

Uygulamayı Tanımlamak ve İsimlendirmek

Adım 1: Gözlerinizi kapatın. Sizi ele geçiren bütün düşünceleri engelleyen boş bir ekran çizin. Dikkatinizi içinize çevirerek bütün dikkatinizi ekrana odaklayın.

Adım 2: Kendinize şu soruyu sorun:

"Şu an ne hissediyorum?"

Adım 3: İçinizdeki deneyime odaklanın. Zihninize gelen herhangi bir düşüncenin farkında olun ve onu hemen temizleyin. Odaklanmaya devam edin:

"Şu an ne hissediyorum?"

Adım 4: Duygularınızı açıklamaya çalışın. Birden fazla kelimeye ihtiyaç duyabilirsiniz.

Adım 5: Herhangi bir duyguyu tanımlamakta zorlanıyorsanız, kitabın sonundaki Kaynakça bölümünden Duygu Kelime Listesi'ne göz atabilir ve bir mi yoksa birden daha fazla kelimeyi mi hemen kabul ettiğinizi görebilirsiniz.

Adım 6: Bir duygu size doğru aktığında sonraki aşamaya geçerek neden böyle hissettiğinizi anlamaya çalışmak için hazırsınız demektir.

Bu yüzden şimdi kendinize sorun:

"Neden şu an .... hissediyorum?"

Bir duygunun arkasındaki nedenlere karar vermek özellikle duygusal ihmal yaşamışlar olmak üzere, çoğu insan için çok zordur. Duyguyla ilgili kendinize sorular sormak, neden öyle hissettiğinizi anlamak için size yardımcı olacaktır. Bu yüzden şimdi bunun nasıl yapılacağını aydınlatmak amacıyla bir örnek kullanacağız. Şimdi hissettiğiniz duygunun üzüntü olduğunu varsayalım.

Yine gözlerinizi kapatın, dikkatinizi içinize verin ve duygularınızı anlamak için kendinize aşağıdaki sorulardan sorabildiklerinizi sorun.

"Şu an hayatımda beni üzecek ne oluyor?"

"Son zamanlarda beni üzen bir şey oldu mu?"

"Geçmişte beni üzen ya da rahatsız eden bir şeyler, yakın zamanda gerçekleşen bazı durumlarla geri geldi mi?"

"Bu üzüntü hissine aşina mıyım?"

"Bu üzüntüyü daha önce çok sık yaşadım mı?"

"Öyleyse, ne zaman ve neden?"

"Bu çok sık benimle olan bir his mi?"

"Öyleyse, geçmişte bunun başlamasına ne sebep oldu?"

Bu egzersiz çok basit görünebilir ancak hiç kolay değildir. Duygusal olarak ihmal edilen kişiler genellikle kendi kendilerine oturmakta çok zorlanırlar ve bu egzersizin işe yaraması için bu bir gerekliliktir. Bunu yapmaya ilk kez giriştiğiniz zaman size çok zor hatta imkânsız gelebilir. Denemeye devam etmek zorundasınız. Bazı insanlar burada çok önemli olan içsel odaklanma becerilerini oluşturabilmek için yoga ve meditasyon derslerinden yardım alırlar. Birkaç alışılmamış aktivite yapmak için beyninizi zorlayabilirsiniz. İşin özü şu ki başarılı olamadığınız zamanlarda bile her denediğinizde daha iyi ve daha güçlü performans gösteren nöral ağlarınızı pekiştirirsiniz.

Günde en az üç defa duygularınızı kaydetmek için bir kalıp olarak Duygular Tablosu'nu kullanın. Amaç aşamalı olarak içinize odaklanabilmektir. Böylece duygularınız doğal olarak ortaya çıktığında onları ayarlayabilirsiniz. Bu farkındalık gerçekleşmeye başladığı zaman, en sonunda duygularınızın size getirdiği güce erişmeyi başaracaksınız. Böylece onları baskı altına almak gibi yıkıcı ve sıkıcı bir yükten kurtulacaksınız.

Duygular Listesi

*Günde 3 kez duygularınızı yazın. İhtiyaç duyarsanız Kaynakça'da yer alan Duygular Listesi'ni kullanabilirsiniz.

PAZAR	Sabah	
	Öğle	
	Akşam	
PAZARTESİ	Sabah	
	Öğle	
	Akşam	
SALI	Sabah	
	Öğle	
	Akşam	
ÇARŞAMBA	Sabah	
	Öğle	
	Akşam	
PERŞEMBE	Sabah	
	Öğle	
	Akşam	
CUMA	Sabah	
	Öğle	
	Akşam	
CUMARTESİ	Sabah	
	Öğle	
	Akşam	

Duygular Tablosu'nu kendi ihtiyaçlarınıza göre biçimlendirdiğinizden emin olun. Daha önce söylediğim gibi bunun bir cookie-cutter yaklaşımı olması gerekmiyor! Bunu yapmakta zorlanıyorsanız ya da yeterince iyi yapamayacağınızdan korkuyorsanız lütfen geri dönün ve Bölüm 5'i, 'Değişim Nasıl Gerçekleşir'i yeniden okuyun.

Artık duygularınız olduğuna göre onlarla ne yapacağımızı öğrenmeye hazırız.

4. Kendi duygularınızı kabul etmek ve onlara güvenmek

Duygusal anlamda ihmal edilmiş biriyseniz, muhtemelen kendi duygularınızı kabul etmek ve onlara güvenmek konusunda zorluk yaşarsınız. Duygusal anlamda ihmal edilen insanların bazıları duyguları olduğunun farkında değildirler (Cal gibi). Diğerleri duygularını derinlerine gömerler çünkü duyguların kötü olduğu, diğer insanların üzerine yük olacağı ya da onları kötü bir insan yapacağı gibi çok derinlerine yerleşmiş bir düşünceye sahiptirler. Aşağıdaki üç kuralı unutmayın.

a. Kötü duygu yoktur.

Duyguların kendileri iyi ya da kötü doğru ya da yanlış ahlaklı ya da ahlaksız değildir. Her insan öyle ya da böyle bir zamanda öfke, kıskançlık, nefret, yıkıcılık ve üstünlük duygularını hisseder. Çoğu insan çok daha ölümcül duygulara sahiptir. Bu duyguların kendisi kötü değildir ve bizi kötü bir insan yapmaz. Önemli olan bu duygularla ne yapacağınızdır. Kendinizi hissettiklerinizden dolayı yargılamayın. Kendinizi eylemlerinizden dolayı yargılayın.

b. Duygular her zaman mantıklı değildir ancak her zaman ortaya çıkmalarının iyi bir nedeni vardır.

Duygular mantık ilkelerini izlemezler. Onlar anlaşılamaz ve önceden tahmin edilemez olarak bilinir. Ancak yeterince iyi çalışırsanız her duyguyu açıklayabilirsiniz. Ne kadar tuhaf görünürse görürsün vücudumuzdaki her duygu bize bir mesaj gönderir. Örnek olarak David'e geri dönelim. Çocukluğunda hiçbir denetime maruz kalmamış, kırklı yaşlarında bir iş insanıydı. Bir seferinde bana restoranda yemek yiyen birini gördüğü zaman katlanılmaz bir tiksinme ve itilme duygusu hissettiğini söyledi. Bu duygudan dolayı çok şaşkındı ve bunun bir kaçık olduğu anlamına gelmesinden endişeliydi. Ancak en nihayetinde, onun duygusal ihmalini araştırırken nedeni bulduk: David'in tanımadığı limbik sistemi yemek yemeyi beslenme ile eşit tutuyordu. Kendisi yemek yemekten hiç zevk almıyordu. Besinle beslenme konusunda olduğu gibi duygusal beslenmeye izin verme konusunda da zorlanıyordu. Bilinçsiz bir şekilde, ne zaman birilerini beslenmekten hoşlanırken görse midesi bulanıyordu. Bu örnek yüzeysel olarak mantıksız ve anlamsız gibi görünür ancak aslında çok anlamlıdır ve çok geçerli bir sebebi vardır.

c. Duygular çok güçlü olabilir ancak üstesinden gelebilirsiniz.

Gizlenmiş duyguların üzerinizde çok güçlü etkileri vardır. Bir duygunun farkında olduğumuz zaman onun idaresini elimize geçirebiliriz. David, yoğun iğrenme duygusunun merhametine kalmıştı ve bazen sırf bu duygudan kaçmak için restoranlara gitmiyordu. Bununla birlikte bu duygunun kaynağını fark ettiği ve böyle bir duyguya sahip olduğu için kendisini yargılamadığı zaman, farkındalık ve kabul noktasına ulaştı. Bu duyguyla savaşmaya başladı ve iğrenme duygusu onun üzerindeki gücünü kaybetti. Sonuç olarak hep birlikte yok oldular.

TKBE Adımları

TKBE bir emeklilik fonu gibi görünebilir ancak öyle değildir. **TKBE Tanımlamak, Kabul Etmek, Bağ kurmak** ve **Eyleme Geçmek**tir. Bu adımlar yukarıdaki üç kuralın sonucudur. Bunlar duygularımızın değerini artırmanın, enerji kazanmanın ve onlardan faydalanmanın dört önemli adımıdır. Birincisi **duyguyu tanımlamak** ikincisi onu **kabul etmektir**. Duygunun iyi ya da kötü olmasını yargılamayın. Üçüncüsü böyle bir duyguya sahip olmanızın nedenini anlamaya çalışmak ya da nedenle duygu arasında **bağ kurmaktır.** Dördüncüsü bu konunun gerektirdiği bir **eylem** olup olmadığını belirlemek ve varsa uygun bir şekilde ele almaktır.

Şimdi ne hissediyorsunuz? Gözlerinizi kapatın ve kendinize sorun. Cevap 'ezilmiş' ise umutsuzluğa kapılmayın. Duygularınızla arkadaş olma süreci biraz karışık görünebilir hatta hiç aşamayacakmış gibi hissedebilirsiniz ancak isterseniz yapabilirsiniz. Evet, biraz zaman alacak. Ancak çalışmaya devam ederseniz hayatınızda küçük değişikliklerin olmaya başladığını fark edeceksiniz. Bu değişiklikler çok belirsiz hatta başlangıçta önemsiz gibi gelebilir. Ancak farkındalığa ulaştığınız her an sizin için yeni bir şeydir; sizin geliştiğinizin ve öğrendiğinizin işaretidir. Kendinizi çok fazla mücadele ederken buluyorsanız ya da vazgeçmenin eşiğine geliyorsanız bir terapiste görünmek size yardımcı olabilir. Yetenekli bir terapist bu becerileri oluşturmanıza yardımcı olabilir. Böylece hayata tam anlamıyla bağlı, var olduğunu hisseden ve canlı biri hâline gelebilirsiniz.

5. Duyguları Etkili Bir Şekilde İfade Etmeyi Öğrenmek

Duyguların kendi başlarına kötü olmadığını, asıl meselenin onlarla ne yaptığınız olduğunu hatırlayın. Duyguları dizginlemenin ve duyguların gücünü kullanmanın çok etkili bir yolu, onları düzgün bir şekilde ifade etmektir. Bunun anlamı pasif ya da saldırgan bir şekilde değil, olumlu bir şekilde ve şefkatle ifade etmektir. 'Olumlu' kelimesi iş eğitimlerinde ve seminerlerde çok sık kullanılır. Ancak bu kelimenin özel bir anlamı vardır. Bir şeyleri olumlu bir biçimde dile getirdiğiniz zaman, karşınızdaki kişinin onu özümseyebileceği şekilde açıklayabilirsiniz. Gerçek anlamda olumlu olabilmek için söylemek üzere olduğunuz şeyin, bir başka kişiyi nasıl etkileyebileceğinin farkında olduğunuzu gösteren şefkate ve empatiye sahip olmanız gerekir.

Diyelim ki tanımlamak ve adlandırmak aşamasındaki bütün adımlar üzerinde çok sıkı çalışıyorsunuz ve kızgın olduğunuz zamanın daha çok farkına varmaya başladınız. Bir gün sinemada bilet kuyruğunda bekliyorsunuz ve pespaye bir çocuk sırada sizin önünüze geçiyor. Bu durumu olumlu bir şekilde ele alabilmek için öfkenizi kendinize saklamamalısınız, bunu sadece arkadaşınızın kulağına fısıldamamalısınız, çocuğa bağırmamalı ya da onu kolundan tutup çekmeye çalışmamalısınız (yapmayı istediğiniz şey bu olsa bile). Omuzuna hafifçe dokunmalı, onu utandırma ihtimalinizin farkında olarak sessizce ama net bir şekilde, "Affedersiniz ancak sıranın sonu arkada." diyebilirsiniz. Mahcubiyetle karışık bir şaşkınlıkla düzgün bir şekilde sıraya girecektir. Ancak elbette girmemesi de mümkündür. Buradaki kilit nokta, öfkenizi içinize atıp daha sonra içinizde patlamasına neden olmak yerine, onu açıklamayı tercih etmenizdir. Karşınızdaki kişinin cevabını kontrol edemezseniz bile, olumluysanız ne yaparsa yapsın doğru eğilimi gösterdiğiniz için kendinizi daha iyi hissedersiniz. Böylece öfkeniz büyümez ve sonrasında baş ya da sırt ağrıları çekmezsiniz.

Şimdi bir başka örneğe bakalım. Diyelim ki günlerden cuma ve en yakın arkadaşınız Betsy ile bu gece dışarı çıkmayı dört gözle bekliyorsunuz. Dışarı çıkmadan hemen önce patronunuz sizi ofisine çağırdı ve size Chris P. Bacon hesabı ile ilgili çalışmanızdan dolayı hayal kırıklığına uğradığını söyledi. Hesabı hemen yükseltmenizi yoksa sizi bu çalışmadan çıkarmak zorunda kalacağını belirtti. Üzerinize yıktığı bu negatif geribildirimlerden sonra, sizi hafta sonunuzun 'tadını çıkarmanız' için evinize gönderdi. Hiç beklenmedik bir şekilde karşınıza çıkan bu sözel dayak, modunuzun düşmesine neden oldu. Böylece Betsy ile karalar bağlamış bir şekilde buluşmaya gittiniz.

Bu durumda seçim yapmanız gerekir. Birinci seçim: Bu olaydan dolayı duyduğunuz utancı Betsy'e söylememek ve sadece olayı geride bırakıp gecenin tadını çıkarmak. İkinci seçim: Olup biteni Betsy'e anlatmak.

Birinci seçeneği tercih ederseniz muhtemelen geri tepecektir. Üzüntünüzü Betsy'den gizlemeyi başaramazsınız ve arkadaşınız bütün gece neden her zamanki kadar neşeli olmadığınızı merak eder. Çok fazla içer, somurtkan bir yüz ifadesi takınır ya da bütün gücünüzü tüketirsiniz.

İkinci seçeneği tercih ederseniz, aşağıda gecenin nasıl olabileceğiyle ilgili bir örnek bulabilirsiniz:

> *"Betsy, bu gece dışarı çıktığımız için ne kadar mutlu olduğumu anlatamam çünkü gerçekten kafamı biraz dağıtmaya ihtiyacım var. Çok üzgünüm. Bugün işte ne olduğuna inanamayacaksın. Kendimi yanlış anlaşılmış, değersiz ve kızgın hissediyorum."* Betsy'e konuyu ve nasıl hissettiğinizi anlatın. Birkaç yorum yapmasına, sizi avutmasına ya da sadece dinlemesine izin verin. Bu konuşmayı yaptıktan sonra, Betsy bir arkadaş olarak size daha yakın olacaktır. Siz de Betsy'e karşı kendinizi daha yakın hissedeceksiniz. Gözünüzde biriken yaşı boşaltacak ve bu duyguyu bir kenara bırakarak daha güzel bir gece geçirme fırsatı yakalayacaksınız.

Burada çok önemli bir etkeni not almanızı istiyorum. Betsy sizin probleminizi çözmenize yardımcı olmadı. Sadece sizi dinledi. Daha iyi hissetmek ve bazı durumlarla daha iyi başa çıkmak konusundaki sihirli dokunuş hislerinizi kelimelere dökmek ve onları paylaşmaktır. Böylesine sihirli bir deneyimi daha önce hiç yaşamadıysanız, sizin için son derece önemli bir gelişme olacak. Bunu bir arkadaşınızla ya da ailenizle yapmak çok zor geliyorsa, profesyonel bir terapist ya da danışmana başvurabilirsiniz. Bu kişiler sizin bu süreci öğrenmeniz konusunda son derece eğitimlidirler.

Yukarıda tanımladığımız ilkelerin hepsi hoşnutsuzluk, ihanet ve farklılık gibi bütün duygular için geçerlidir. Bir kez tanımladıktan, kabul ettikten ve bağ kurduktan sonra harekete geçebilirsiniz. Duygularınızı uygun bir şekilde ifade etmek için kelimelere başvurabilirsiniz. Bazen belirli durumlarda, bu duyguları sadece kendinize ifade etmek yeterlidir ya da en iyisidir. Bazen en iyisi konuya doğrudan dahil olmayan üçüncü bir kişiyle konuşmaktır. Bazen de bu duyguları doğrudan olaya dahil olan kişiyle konuşmanız gerekir. İşte orası ayaklarınızın yere sağlam basması gereken yerdir.

Kendi ayaklarınız üzerinde durabilmek ile ilgili ulaşabileceğiniz pek çok iyi kitap var. Duygularınızı kendinize güvenerek ve şefkatli bir şekilde ifade etmeyi öğrenmenize yardımcı olacak bir kitaba kaynaklar kısmından ulaşabilirsiniz.

6. İlişkilerde Duyguların Farkına Varmak, Onları Anlamak ve Değerlendirmek

Duygusal anlamda ihmal edilerek büyüyen insanlar, ilişkilerinde duygular ile alakalı yanlış düşünceler taşımaya eğilimlidir. Burada güzel ancak çok ayrıntılı olmayan birtakım örnekler sunacağız:

1. Duygularınızı ya da problemlerinizi diğer insanlarla paylaşmak onları yük gibi hissetmenize neden olur.
2. Duygularınızı ya da problemlerinizi diğerleriyle paylaşmak onların uzaklaşmasına sebep olur.
3. İnsanların sizin nasıl hissettiğinizi görmesine izin verirseniz, bunu size karşı kullanacaklarını düşünürsünüz.
4. Diğerleriyle duygularınızı paylaşmak sizi güçsüz gösterir.
5. Zayıf yönlerinizi diğerlerinin görmesine izin vermek sizi dezavantajlı bir konuma sokar.
6. İyi bir ilişkiniz olmasını istiyorsanız savaşmamak en iyi yoldur.
7. Problem ile ilgili konuşmak yararlı değildir. Sadece eyleme geçmek bir problemi çözebilir.

Neyse ki bu inançlardan bir tanesi bile doğru değildir. Aslında her birisi ölümcül bir hatadır diyebiliriz. (Sadece herhangi bir fikre nasıl tepki vereceğini bilmeyen duygusal anlamda ihmal edilmiş bir başka kişi ile duygularınızı paylaşıyorsanız bir istisna olabilir.) Duygularınızı kendinize saklamanız gerektiğini ifade eden doğrudan ya da dolaylı mesajlar alarak büyüdüğünüz zaman, bu duyguları yük ya da diğer insanların hoşlanmayacağı şeyler olarak düşünmeniz son derece doğaldır. Bu bölüm, bu yanlış algılarınızın üzerinden nasıl geleceğinizle ilgilidir. Onların gitmesine izin vermezseniz hayatın her aşamasında, özellikle diğerleriyle olan ilişkilerinizde sizi engelleyecektir.

İlk olarak arkadaşlıkla ilgili konuşalım:

Arkadaşlık

Patronunuzun eleştirisi ve Betsy ile dışarı çıktığınız geceyle ilgili hikâyeyi okurken, bu konu hakkında Betsy ile konuşmanın doğru olacağını kabul etme konusunda zorlandınız mı? Bu durumdaysanız, gerçekten yukarıda bahsettiğimiz yedi maddeden dolayı mı problemlerinizi kendinize saklıyorsunuz? Öyleyse, gerçeği öğrenmenin tek bir yolu vardır ve bu da The George Costanza Deneyi'ni uygulamaktır.

1990'lı yıllarda Seinfeld muhtemelen televizyondaki en popüler diziydi. Bir bölümde, tam bir kaybeden olan George Costanza, bütün bir haftayı her zaman yaptığı şeylerin tam zıddını yaparak geçirmeye karar verdi. Çok çekici genç bir kadın ona nerede yaşadığını sorduğu zaman yarısı yalan cümleler kurmak ve başarılı olduğunu ima etmek için çaba göstermek yerine, "İşsizim ve Queens'de ailemle birlikte yaşıyorum." dedi. Elbette, bu durum George için çok eğlenceliydi ancak aynı zamanda ona yeni bir dünyanın penceresini açtı. Çok fazla randevuya gitti ve farklı konularda da bir dizi olumlu kazanım elde etti.

Kendi amaçlarımız açısından baktığımızda bu deney duygularımızı paylaşmak söz konusu olduğu zaman, normalde yaptığımızın tam zıddını yapmak anlamına gelmektedir. Mesela problemin üstesinden gelebilmek için Betsy'e durumu anlatmanın size yardımcı olup olmadığını görmek; bu durumu size karşı kullanıp kullanamayacağını görmek; sizden uzaklaşıp uzaklaşmayacağını anlamak; gecesini mahvettiğini düşünerek bunu bir yük gibi görüp görmediğini anlamak; size 'zayıf' gibi bir bakış açısıyla yaklaşıp yaklaşmadığını keşfetmek anlamına gelebilir. Bu problemi bir kenara bırakmak yerine arkadaşınızla paylaşmaya cesaret etmek, ilişkiniz açısından yıkıcı olup olmayacağını görmek için yardımcı olabileceği anlamına gelir.

Hiçbir zaman her durumda her şey dört dörtlük değildir. Bazı arkadaşlıkların duygusal derinlik oluşturma konusundaki zorluklarla hayatta kalmayı başarması pek mümkün olmayabilir ancak herhangi biri bu tür arkadaşlıkların kaliteli arkadaşlıklar olmadığını iddia edebilir. Bu yüzden George Costanza deneyine bağlı kaldığınızda, ilişkilerinizin daha güçlü ve derin, kendinizin daha sakin, gerçekçi olduğunu, ve diğerlerinin sizi zayıf değil, güçlü bir insan olarak gördüğünü keşfedeceğinizden eminim.

Duygusal anlamda ihmal edilen insanlar iyi birer dinleyicidirler. Ancak konuşmakta, özellikle de kendileriyle ilgili bir şeyler anlatmakta çok iyi değillerdir. Aslında bu şekilde hayatlarındaki önemli bir besin kaynağını kesip atarlar. Her şeyden önce duygusal bağ hayatın özüdür ve hayatı yaşamaya değer kılar. Çok güzel bir kekin, şekeridir. İnsanın kalbidir.

Şimdi evlilikle ilgili konuşalım:

Evlilik

Yıllardır gerçekleştirdiğim terapilerde, ilişkilerinde yaşadıkları karşılıklı memnuniyetsizlikleri dile getiren ancak bunun nedenlerini ifade edemeyen yüzlerce çift gördüm. 2. Bölüm'de Başarı/Mükemmeliyetçilik Odaklı ebeveynler kısmındaki çiftimiz Trish ve Tim'i hatırlayalım. Trish, "Onunla konuşmaya çalıştığım zaman sözümü kesiyor. Çok yorgun olduğunu biliyorum ve ona yardım etmek istiyorum ancak edemiyorum." Mutsuz eş genellikle, "Bana kötü davranmıyor, alkolik değil ve iyi para kazanıyor ama onunla mutlu değilim. Bir şeyler eksik." der. Bazı insanlar, eşlerinin kendilerine verdiğinden daha fazla yakınlığa ihtiyacı olduğunu söyleyebilirler. Ancak eşi bunun anlamının ne olduğunu sorduğunda, çoğu zaman verecek cevapları yoktur.

Aslında istedikleri şey bir duygusal bağ hissi; eşlerin onları okuyabileceği ve onların da eşlerinin duygularını okuyabileceği hissidir. Böylece eşler doğal olarak birbirlerinin duygusunu anlayabilirler. Duygusal bağ hayatın özü olduğu için hem ilişkiyi bir arada tutan bir zamk hem de ilişkiyi sıcak tutan bir yakıttır.

İçinde hiçbir mücadelenin olmadığı bir ilişki kötü bir şekilde sonuçlanır ve yok olur. Birbirine gerçekten duygusal anlamda bağlı olan çiftler incindiklerinde, öfkelendiklerinde ve ihtiyaç duydukları şeylerle ilgili savaşmaya başladıklarında bunları birbirinin bilmesine izin verirler. Bu şekilde duyarlı olmak, tutkuyu canlı tutar ve çiftlerin terapistlere ya da boşanma avukatlarına gitmesini engeller.

Yukarıda arkadaşlıkla alakalı okumuş olduğunuz her şey romantik ilişkiler için de geçerlidir. Arkadaşlık sadece ortak bir ilgiyle en azından belirli bir süre sürdürülebilir. Romantik ilişki sadece duygusal bağ gerektirmez; onun üzerine odaklıdır. Duygular romantizmin, aşkın ve sonsuz bir ilişkinin temelidir.

Aşağıda size evliliğinizde duygusal bağ oluşturabilmeniz için birkaç öneride bulunacağız:

1. Duyguları tanımlama ve adlandırma egzersizini günlük olarak uygulayın.
2. TKBE Adımları'nı izleyin.
3. Eşinizle şefkatli ve olumlu dil kullanmaya çalışın.
4. Sorular sorun! Eşinize sorular sorun, onun cevaplarını dinleyin ve daha fazla soru sorun. Aşağıda ne demek istediğimizi daha iyi anlayacaksınız.

Yatay ve Dikey Sorgulama[****]

Bütün sorular aynı değildir. Bazı sorular diğerlerinden daha güçlüdür. Duygusal anlamda uyumlanabilen insanlar doğal olarak güçlü soruları nasıl sormaları gerektiğini bilirler. Bir ki-

---

[****] Dr. Sharon Jacques, Çift Eğitimi Semineri, Psychological Care Associates, 2002

şinin kalbine girmek için hangi soruyu sormaları gerektiğinin farkındadırlar. Daha önce konuştuğumuz sebeplerden dolayı duygusal olarak ihmal edilmiş insanlar kendilerini geliştirmek için gayret etmedikleri sürece bu beceriyi doğal olarak sergileyemezler.

Bir kişinin gerçekten kalbine girmek için yatay sorgulamaya ek olarak dikey sorgulama uygulaması gereklidir. Yatay sorular bilgi edinmeyi, dikey sorular anlamayı amaçlayan sorulardır. Diyelim ki eşiniz, annesini ziyaretten döndü ve morali bozuk görünüyor. Sizin ilk sorunuz doğal olarak, "Ziyaretin nasıl geçti?" olur. Eşiniz cevap olarak, "İyi..." der.

Bu durumda yatay sorgulama örnekleri şu şekildedir:

Q: Annen nasıl?

A: İyi.

Q: Bugün dışarıya çıktı mı?

A: Markete gitti.

Q: Geçen hafta gönderdiğim çorbayı beğenmiş mi?

A: Beğenmiş.

Q: İyi görünüyor muydu?

A: Her zamanki gibi.

Q: Hâlâ depresyonda gibi mi görünüyor?

A: Her zaman biraz depresyondadır.

Q: Suzy'nin yarınki dans gösterisini söyledin mi?

A: Evet.

Bu alışverişte yatay sorularınızın size arzuladığınız bilgileri verdiğini görebilirsiniz. Kayınvalidenizin iyi olduğunu, çorbanızı sevdiğini, her zamankinden daha fazla depresif olmadığını ve kızınızın dans gösterisinden haberi olduğunu öğrendiniz.

Yatay sorgulama bilgi toplamak ve bilgi alışverişinde bulunmak için son derece faydalıdır. Sanırım insanlar arasındaki iletişimin %90'nını yatay sorular oluşturmaktadır.

Ancak yatay soruların çok eksik kaldığı bazı durumlar olabilir. Bir kişiyi ya da deneyimini daha derin bir şekilde anlamak ya da bir konunun daha derinlerine girmek gibi durumlar örnek olarak verilebilir. Bir sonraki örnekte de eşinizin annesini ziyaretten eve dönüşüne yer vereceğiz. Ancak bu kez daha karmaşık sorulara cevap arayacaksınız. Eşinizin neden o kadar üzgün göründüğünü öğrenmek isteyeceksiniz ve bu ihtiyacınızı karşılamak için onu dikey olarak sorgulamak zorunda kalacaksınız.

Şimdi aynı durumda dikey sorgulama örneğine bakalım:

Q: Çok üzgün görünüyorsun. Annenle ilgili her şey yolunda mı?

A: Öyle mi görünüyorum? Evet iyi.

Q: Son zamanlarda ne zaman onu görmeye gitsen moralin bozuk dönüyorsun. Neler oluyor?

A (Düşünceli bir şekilde duruyor): Öyle mi? Hiç farkında değilim.

Q: Seni üzecek bir şey mi söyledi?

A: Hayır sanmıyorum.

Q: Onu ziyarete gitme konusunda seni üzen bir şey olduğunu düşünüyor musun?

A (Yeniden düşünceli bir şekilde durur): Bilmiyorum, belki de onu bu kadar yaşlı görmek beni üzüyor. Daha ne kadar süre bizimle olacağını bilmiyorum. O kadar güçsüz görünüyor ki. Onun tek başına yaşamasından endişeleniyorum.

İşte bu! Dikey sorgulama eşinize kendisini kendi gözleriyle görmesini, kendisi ve duyguları ile alakalı daha derin düşünmesini, duygularını kelimelere dökmesini ve onları sizinle paylaşmasını sağladı. Artık duyguları gün yüzüne çıktığına göre onu dinleyebilir, bu duyguları işlemesine ve onları kullanmasına yardımcı olabilirsiniz. Belki duyguları ona annesinin bakımı için daha fazla adımlar atmaya başlamanın zamanı geldiğini söylüyordur. Belki de ona annesini kaybetme olasılığına karşı kendisini hazırlaması gerektiğini anlatıyordur.

Doğru bir şekilde gerçekleştirilen dikey sorgulamada, diğer kişinin cevaplarını dinlemek hayati önem taşır. Sonraki sorunuz onun dikkatini kendi içine yöneltecek ve onu daha derin duygulara teşvik edecek biçimde ayarlanmalıdır. Her zaman sevgi ve şefkatle yapılmalıdır. Doğru bir şekilde yaparsınız kişinin kalbini gerçekten kazanmanıza yardımcı olacaktır.

Bu bölümde özetlediğim adımlar, ilişkilerde duyguların farkına varma, duyguları anlama ve onları değerlendirmenin kolay gibi görünmesine neden olabilir. Ancak öyle değildir. Çok zordur hatta duygusal anlamda ihmal edilmemiş kişiler için bile çok zordur. Siz ya da partneriniz duygusal olarak ihmal edilmişseniz, çok ama çok daha sıkı çalışmak zorunda kalacak ve bazı adımlarda yardım almaya ihtiyaç duyacaksınız. Lütfen **Kaynakça** bölümünde önermiş olduğum, duygusal bağ konusunda çiftlere anlayış ve yardım sunan Terrence Real'ın mükemmel kitabını okuyun.

Yardım isteme konusunda çok istekli olmadığınızı biliyorum. Ancak bu becerileri ve sıradaki bölümde anlatacaklarımızı geliştirme sürecinde tıkanıyor ya da sorun yaşıyorsanız, profesyonel yardım alma konusunu düşüneceğinizi umut ediyorum.

LASSIE!
YARDIM ÇAĞIR!

Bölüm 7

ÖZ-BAKIM

Mevzu kendi öz-bakımlarını ve ihtiyaçlarını karşılamaya geldiğinde, duygusal anlamda ihmal edilmiş insanların başarısızlığa uğradıkları dört önemli nokta vardır. Çocukken ihmal edilmiş olan yetişkinler genellikle kendi ihtiyaçlarının neler olduğunu bilmezler. İstekleri, ihtiyaçları ve duyguları sadece alakasız değil, görünmezdir. İşte bahsedeceğimiz bu dört alan:

Bölüm 1: Kendinizi Beslemeyi Öğrenin
Bölüm 2: Öz-Disiplininizi Geliştirin
Bölüm 3: Kendinizi Yatıştırın
Bölüm 4: Kendinize Karşı Şefkatli Olun

Bu becerilerin hepsi çocuklukta ebeveynlerinden yeteri kadar besin ve disiplin alarak yetişmiş insanların hepsinde doğal olarak mevcuttur. Ebeveynleriniz çocukken ne hissettiğinize yeteri kadar şefkat ve empatiyle yaklaşırsa, siz de yetişkin olduğunuzda kendiniz için aynı şeyi hissedersiniz. Ebeveynleriniz sizinle olan ilişkilerinde size bir çocuk olarak yeteri kadar yakınlık, özen ve kabul gösterirse, yetişkin olduğunuz zaman yakın ilişkiler kurma konusunda sağlam bir kapasiteye sahip olursunuz.

Duygusal olarak ihmal edilmiş bir şekilde yetiştiğiniz zaman, diğerlerine her nasılsa doğal bir şekilde sunulmuş gibi görünen bu beceriler, sizin yetişkinlikte geliştirmek zorunda olduğunuz beceriler gibi görünür. Bir beceriyi geliştirmek çaba ister. Zaman ve bilinçli çaba gerektirir. Bu bölümde bu becerilerin neler olduğu, ne anlama geldikleri ve onları kendiniz için nasıl geliştireceğinizi açıklayacağız. Başlangıçta her beceri yabancı gelir ve denedikçe kendinizi sakar hissedersiniz. Gerekli olan, nasıl hissettirirse ettirsin denemeye devam etmektir. Bu, size kendi duygularınızı göz ardı etmenizi söyleyeceğim birkaç durumdan biridir! Beceri gelişimi istikrar gerektirir ve bu istikrarın buna değeceğine söz veriyorum.

Bu bölümdeki becerileri okurken sizin için **Değişim Tablosu** adını verdiğim bir özel takip çizelgesi hazırladım. Bu beceriler üzerinde çalışırken ve Değişim Tablosu'nu kullanırken, bütün bu becerilerin hepsi üzerinde çalışıyorsanız, bunun çok yorucu olacağının farkında olun. Size bir defada bir beceri üzerine odaklanmanızı öneririm ve burada sunduğum sırayı tercih etmenizi tavsiye ederim. En fazla ikisini deneyin. Bir tanesinde uzmanlaşana kadar diğerine başlamayın. İçlerinden biri size hitap etmiyorsa, o zaman onu atlayın ve size uygun gibi görünen seçenekle devam edin. Kendi adımlarınız olduğundan emin olun çünkü bütün çabanızı azar azar hepsine odaklamak yerine, tek bir beceriye odaklamak çok daha iyidir.

Bu bölümde bahsedeceğimiz bütün beceriler uzmanlaşmanın çok zor olduğu becerilerdir. Çok ama çok fazla insan, bu beceriler üzerinde kontrol sağlamaya çalışarak yıllarını harcamıştır. Kendinize yeteri kadar zaman vermeniz, anlayış ve özen göstermeniz bu **Değişim Tablosu**'nu kullanırken son derece önemlidir. Başarılarınızla gurur duyun. Yoldan çıktığınız zaman kendinize kızmayın, sadece yolunuza yeniden devam edin.

Bu bölümde **Değişim Tablosu**'nu kullanırken büyük ihtimalle biraz yardıma ihtiyaç duyacaksınız. Bu süreç boyunca, yardım, ipucu ve destek ihtiyacınız için lütfen web sitemiz olan, www.drjonicewebb.com'u kullanın.

Öz-Bakım Bölüm 1: Kendinizi Beslemeyi Öğrenin

Bunun tam olarak ne anlama geldiğini merak ediyor olabilirsiniz. Besleme kelimesinin çok çeşitli anlamları vardır. Burada kendinize sağlıklı, eğlenceli bir hayat sunmanız için gerekli olan adımlar olarak kendini besleme ile ilgili konuşacağız. Sağlıklıysanız ve hayatınızdan zevk alıyorsanız, çevrenizdeki insanlar üzerinde olumlu bir etki bırakırsınız. Sağlığınız ve mutluluğunuz eşiniz, çocuklarınız ve arkadaşlarınız üzerinde coşkulu bir etki yaratır. Duygusal olarak ihmal edilmiş bir kişi olarak, belki de diğerlerinin bakımını mükemmel bir şekilde üstlenebilirsiniz. Artık sizin için kendi ihtiyaçlarınıza odaklanmak ve kendi bakımınızı üstlenmenin zamanı geldi. Kendinizi beslemeyi öğrenmenin dört adımı vardır. Bunlar:

Adım A: İlk Önceliğe Kendinizi Koymak

Adım B: Yemek Yemek

Adım C: Egzersiz Yapmak

Adım D: Dinlenmek ve Rahatlamak

Kendinizi Beslemek Adım A: İlk Önceliğe Kendinizi Koymak

Önceliği kendinize vermekten başlayalım. Ne? Bencilce dediğinizi duyar gibi oldum. Hayır değil! Sağlıklı ve güçlü olduğunuz zaman, diğerlerine daha zengin, daha derin, daha sağlıklı ve daha güçlü bir şekilde bir şeyler verebilmek için özgürleşirsiniz.

Bu şekilde düşünmeyi seviyorum: Uçuş güvenliği anonsu sırasında ki bunları nadiren dinleriz, oksijen maskelerinin her bir koltuğun önünde olduğu ve yetişkinlerin bu maskeleri çocuklarına yardım etmeden önce kendilerine takmaları söylenir. Bu öneri harika bir algıyı ortaya çıkarmaktadır. Kendiniz nefes almakta zorlanırken çocuğunuzun maskesini düzgün bir şekilde takamazsınız. Bu kuralı hayatın geneline uygulayın. Kendinize güvenli ve sağduyulu bir ortam oluşturduğunuz zaman, diğerlerine çok daha etkili bir şekilde yardımcı olabilirsiniz.

Önceliğe kendinizi koymak için çalışmaya başladığınız zaman, bir dirençle karşılaşabilirsiniz. Şaşırtıcıdır ki bu direnç temel olarak size en yakın olanlardan gelecektir. Bunu şu şekilde düşünelim: Tanıdığınız bütün insanlar sizden belirli bir şekilde en iyiyi yapmanızı beklerler. Mesela, sizden bir iyilik istediklerinde buna 'evet' diyeceğinizi bilirler. Onlara ilk kez 'hayır' dediğinizde şaşıracaklardır. Kırgın hissedebilirler ve bunu size bir şekilde belirtebilirler. Lütfen bunun değişim sürecinin normal bir parçası olduğunu unutmayın. Değişim, değişmek isteyen kişinin kendisi ya da onun sevdikleri için, pozitif ve sağlıklı bir değişim olsa bile kolay bir şekilde gerçekleşmez. Bazen en yakınınızdaki insanlara kendinize daha fazla özen göstermeye çalıştığınızı ve bu yüzden bazı şeyleri daha farklı yapmaya başladığınızı açıklamanız yardımcı olabilir. Bu bir uyumsuzluk gibi gelebilir ancak sizi gerçekten önemseyen herhangi biri en nihayetinde size uyum gösterir ve muhtemelen bunun için size saygı duyar.

Önceliğe kendinizi koymayı daha iyi öğrenmek için aşağıdaki yönlendirmeler yardımcı olabilir. Bu beceriyi inşa etmeye çalıştıkça, bu yönlendirmelerden bazılarını izlemeyi diğerlerine göre daha kolay bulabilirsiniz. Bunları okurken hangilerinin size en çok yardımcı olacağını düşündüğünüzden emin olun.

Her birini ayrı ayrı çalışmanıza yardımcı olması için bir **Değişim Tablosu** hazırladım.

Hayır demeyi öğrenin: Hayatınızdaki insanların sizi çok iyi tanıdığına hiç şüphe yoktur. Onlar, yanlarında olacağınızı bilirler çünkü duygusal anlamda ihmal edilmiş insanların yaptığı şey budur. Diğerlerine karşı gösterdiğiniz aşırı şefkat sizi arkadaşlarınızdan, ailenizden, çocuklarınızdan ve patronunuzdan gelen taleplere evet demek zorundaymışsınız gibi hissettirir. Tabii ki 'evet' demekte yanlış olan hiçbir şey yoktur. Bu, olumlu ilişkiler ve yaşamda gelişim için gereklidir. Burada önemli olan nokta ise sizden istenen şeye 'hayır' demek için geçerli bir mazeretiniz yoksa 'evet' demek zorunda hissetmenizdir. Sonuç olarak aslında yapmak için yeterli zamanınız ya da enerjiniz olmayan şeylere evet diyerek kendinizi kurban etmiş oluyorsunuz. Diğerlerinin ihtiyaçlarını da göz önünde bulundurarak kendi açınızdan en doğru kararları verebilmek için bu zorunluluk duygusundan kurtulmanız son derece önemlidir.

Kendine güvenerek ayakta durmanın temel kuralı herhangi birinin sizden herhangi bir şey istemeye hakkı olması ve sizin de aynı ölçüde herhangi bir sebep göstermeden 'hayır' diyebilme hakkına sahip olmanızdır. Herkes bu şekilde hareket ederse, yardıma ihtiyaç duyulduğunda yardım istenirse ve 'hayır' deme ihtiyacı hissedildiğinde özgürce 'hayır' denebilirse dünya çok daha iyi bir yer olacaktır. Sınırlar daha net hâle gelir ve çok daha az gereksiz ve faydasız suçluluk hissedilir. 'Hayır' dediğinizde kendinizi suçlu hissediyorsanız ya da kendinizi 'hayır' dediğiniz için huzursuz hissedeceğiniz şeylere 'evet' derken buluyorsanız, lütfen hayır diyebilme yetkinliği üzerine yazılmış iyi bir kitap bulun ve hemen sorunun üstesinden gelmeye çalışın. İhtiyacınız olduğunda 'hayır' demek, suçluluk ve huzursuzluktan arınmış bir öz-bakım inşa etmenin hayati bir parçasıdır.

Kendine güvenerek ayakta durmak üzerine yazılmış bir kitap okumak, kendi felsefenizi umut veren bir şekilde değiştirmenizi sağlayacak kavramı kucaklamanızı ve anlamanızı sağlar. Ancak felsefenizi değiştirdikten sonra bu süreci davranışlarınızı da değiştirerek izlemelisiniz. Sizden yerine getirilmesi beklenen aşırı taleplere 'hayır' diyebilme sayınızı takip edebileceğiniz, sonraki sayfada yer alan **'Hayır De' Değişim Tablosu'nu** kullanmanızdır.

'Hayır De' Değişim Tablosu

*Her gün kaç kez 'hayır' dediğinizi kaydedin.

	Oca	Şub	Mar	Nis	May	Haz	Tem	Ağu	Eyl	Eki	Kas	Ara
1												
2												
3												
4												
5												
6												
7												
8												
9												
10												
11												
12												
13												
14												
15												
16												
17												
18												
19												
20												
21												
22												
23												
24												
25												
26												
27												
28												
29												
30												
31												

Daha önce de söylediğimiz gibi size yabancı gelen şeyleri ne kadar çok yaparsanız, sizin için daha az yabancı olurlar. Zaman içinde normal bir süreç hâline gelir ve çok küçük bir çabayla sizin bir parçanız hâline gelmiş gibi görünürler. Bu **Değişim Tablosu**'nun kritik noktası 'hayır' deme sayısını artırmak değildir çünkü her gün uygun bir şekilde hayır diyebileceğiniz farklı durumlar vardır. Bunun anlamı sizin davranışınızın bütünün değişmesine yardımcı olmasıdır. Ayrıca size her gün bu konuda çalışmanız gerektiğini hatırlatır. Her akşam kaydetmeniz gereken bir şey olduğunu bildiğiniz zaman, bunu yapmayı unutmak daha zordur.

Yardım istemek: Yardım istemek duygusal anlamda ihmal edilmiş kişilerde çok fazla kökleşmiş olan karşı bağımlılığa vurguda bulunur. 3. Bölüm'de karşı bağımlılık örneğinde bahsettiğimiz David'i hatırlıyor musunuz?

David, ebeveynlerinin "Duyguların olmasın, duygularını gösterme, hiçbir zaman kimseden bir şey isteme." mesajını o kadar içselleştirmişti ki yetişkin olduğu zaman da hayatını bu şekilde yaşıyordu. Bütün hayatınızı diğerlerine güvenmeyerek yaşamayı bir seçenek değil, zorunluluk olarak görürseniz artık onu başka şekilde yaşamanız pek mümkün değildir.

Duygusal olarak ihmal edilmiş insanlar açısından yardım istemek baş edilmesi çok zor bir konudur. Sizin için 'hayır' demek zorsa, muhtemelen yardım istemek de çok zordur. Kendine güven olmadığında iki açıdan kayıp yaşarsınız. Başkalarına 'hayır' deme konusunda zorlanmanın yanısıra başkalarının size 'hayır' diyemeyeceğini düşündüğünüzden, bir şey istemekte de zorlanırsınız. Duygusal olarak ihmal edilmiş insanlar genellikle hayatlarını Madde-22[*****] romanındaki gibi tutsak hissederek yaşarlar. Birisi sizden bir iyilik istediğinde kendinizi 'evet' de-

***** Joseph Heller tarafından yazılmış ve 2. Dünya Savaşı'nı konu alan bu eser XX. Yüzyılın en önemli eserlerinden biri olarak kabul edilmektedir.

mek zorunda hissettiğiniz için diğerlerinin de doğal olarak aynı şekilde davranacağını düşünürsünüz. İnsanları böyle bir zorunluluğa sürüklemek istemediğiniz için onlardan yardım isterken kendinizi rahat hissetmezsiniz. Kafanızın içinde hiç kimsenin hiçbir şeye hayır demediği bir dünyada her zaman kaybedeceksiniz. Bu tarz düşünme biçimleri, sizin diğer insanlara yardımcı olmanızı sağlayabilir ancak siz yardıma ihtiyaç duyduğunuzda bunu isteyemezsiniz. Bunun hiç kazananın olmadığı bir sistem olduğunu görebiliyor musunuz?

Kendinizi bu sıkıntılı durumdan kurtarmak için yapmanız gereken tek şey, diğer insanların 'hayır' dedikleri için suçlu ya da rahatsız hissetmediklerini kabul etmektir. Diğer insanlar bu kendine güven kuralı anlayışına içsel olarak sahiptir. İnsanların çoğu, diğer insanlardan yardım isteme ya da diğer insanlara 'hayır' deme konusunda çok az endişe duyarlar. Onların arasına katılır katılmaz kendinize yeni bir dünyanın açıldığını göreceksiniz.

Diğerlerinden daha sık yardım istemek girişimlerinizin farkında olmak ve bu girişimleri takip etmek için **'Yardım İsteme' Değişim Tablosu**'nu kullanın.

'Yardım İsteme' Değişim Tablosu

*Her gün kaç kez yardım istediğinizi yazın

	Oca	Şub	Mar	Nis	May	Haz	Tem	Ağu	Eyl	Eki	Kas	Ara
1												
2												
3												
4												
5												
6												
7												
8												
9												
10												
11												
12												
13												
14												
15												
16												
17												
18												
19												
20												
21												
22												
23												
24												
25												
26												
27												
28												
29												
30												
31												

Sevdiğiniz ve sevmediğiniz şeyleri keşfedin: Siz büyürken tercihleriniz çok fazla göz önünde bulundurulmaz. "Bugün ne yapmak istiyorsun?" "Pizzacıya mı yoksa hamburgerciye mi gitmeyi tercih edersin?" "Yeşil tişörtü mü yoksa pembe tişörtü mü almak istersin?" "Bu konu ile ilgili ne hissediyorsun?" gibi sorular çok fazla sorulmaz. Duygusal olarak ihmal edilen yetişkinler kendilerini tanıma konusunda çok büyük güçlük yaşarlar. 3. Bölüm'de gerçekçi olmayan öz değerlendirme konusunda örnek verdiğimiz Josh'ı hatırlayın. Josh, çocukluğunda bu tür soruları o kadar az duymuştu ki üniversite öğrencisiyken neye ilgisi olduğu, neyi sevdiği ya da kendisi için en uygun olan şeyin ne olduğu konusunda hiçbir fikri yoktu. Siz büyürken ebeveynlerinizin göstermiş olduğu ilginin türüne ve miktarına bağlı olarak, çok iyi olduğunuzu bildiğiniz ya da kendinize şaşırdığınız belirli alanlar olabilir. Aşağıda sevdiğiniz ve sevmediğiniz şeyler açısından kendinizi daha iyi anlamanıza yardımcı olacak birtakım sorular derledik:

- En sevdiğiniz yiyecek nedir?
- Yapmayı en çok sevdiğiniz spor nedir?
- İzlemeyi en çok sevdiğiniz spor hangisidir?
- Spor yapmayı seviyor musunuz?
- Modaya ilginiz var mı? Varsa tarzınız nasıldır?
- En sevdiğiniz cumartesi aktivitesi nedir?
- Doğru bir kariyer yaptığınızı düşünüyor musunuz?
- En sevdiğiniz film tarzı nedir?
- Ne tür kitaplar okumayı seversiniz?
- Kendinizde olduğunu düşündüğünüz ve geliştirmek istediğiniz bir özelliğinizi söyleyiniz?

- Herhangi bir yere seyahat etme imkânınız olsaydı nereye gitmek isterdiniz?
- Yeterince arkadaşınız var mı?
- Sahip olduğunuz arkadaşlarınızla eğlenceli zaman geçirebiliyor musunuz?
- En çok hangi arkadaşlarınızla iyi vakit geçiriyorsunuz?
- Size neler doğal geliyor?
- Yapmayı en az sevdiğiniz iş nedir?
- En az sevdiğiniz aktivite hangisidir?
- Başarılı olmakta en çok zamanınızı alan şey nedir?

Burada sorabileceğimiz binlerce soru var ancak bence burada durabiliriz. Pek çoğuna kolayca cevap verebiliyorsanız, iyi durumdasınız demektir. Cevap vermekte zorlandıysanız, hayatınızın büyük çoğunluğunda dışarıya odaklandığınız (çocukluğunuzda sizden yapmanızı istedikleri gibi) ve hiç kendi içinize dönmediğinizle ilgili kesin bir kanıt var demektir. Neyi sevdiğinizi bilmek, kendinizi önemsemenin önemli bir parçasıdır. Neyi sevdiğinizi bilmek ne istediğinizi tanımlama konusunda size yardımcı olur. O zaman eşiniz ya da arkadaşınız size, "Akşam yemeği için nereye gidelim, İtalyan mı yoksa Yunan restoranına mı?" diye sorduğunda ona verecek bir cevabınız olacaktır. Karşı taraf sizinle aynı fikirde olsun ya da olmasın kendi cevabınızı paylaşabiliyorsanız, o zaman kendinize öncelik verme konusunda önemli bir adım atmışsınız demektir.

Sevdiğiniz ya da sevmediğiniz şeyler olarak sınıflandırabileceğinizi düşündüğünüz her şeyi **'Sevdiğim ve Sevmediğim' Değişim Tablosu**'na yazın. Yerleri, renkleri, yiyecekleri, aktiviteleri, mobilya tarzlarını, insanları, insanların eylemlerini ya da kendi ruh durumlarınızı da yazabilirsiniz. Belli bir kategoriye koyabileceğiniz her şeyi bir kâğıda yazın. Daha sonra ilerledikçe, sizde gerçekleşen şeyleri yazın. Sevdiğiniz ve sevmediğiniz şeyleri keşfederken onları yazmak size sadece bir şeylerle ilgili kendi duygularınızın farkında olmanızı değil, aynı zamanda bu duyguları sahiplenmeniz konusunda da yardımcı olacaktır. Sevdiğiniz ve sevmediğiniz şeylerle ilgili doğru ya da yanlış bir şey yoktur. Onlar nasıllarsa öyledirler; sizin için geçerli ve önemlidirler.

'Sevdiklerim ve Sevmediklerim' Değişim Tablosu

Sevdiklerim	Sevmediklerim

Mutluluğunuza öncelik verin: Duygusal anlamda ihmal edilerek büyüdüyseniz, sizi mutluluğa taşıyacak seçimler yapma konusunda çok şanslı olduğunuzu söyleyemeyiz. Çok daha büyük bir ihtimalle diğer insanların istekleri sizin için daha önce gelir. Ya da aileniz birtakım kaynaklara ulaşmak için çok fazla mücadele ediyorsa, eğlenceli şeyler için fazla zamanınız yoktur. Duygusal anlamda ihmal edilmiş bir ebeveynle büyüdüyseniz, muhtemelen bir yetişkin olarak kendi zevk ve eğlencelerinize çok az değer verirsiniz. Bunu değiştirebilmek için sadece bir seçenek vardır ve bu seçenek de tabii ki kendinize öncelik vermenizdir.

Bu son madde bazı açılardan diğer üçünü kapsamaktadır. Kendi mutluluğunuza daha fazla öncelik vermek için sizi bu mutluluktan uzaklaştıran taleplere 'hayır' demek zorundasınız. Diğerlerinden yeteri kadar destek gördüğünüzü ve onlarla yeteri kadar bağ kurabildiğinizi hissedebilmek için bazen diğer insanlardan yardım istemek zorundasınız. Ayrıca arayıp bulabilmeniz için neyi sevdiğinizi bilmeye de ihtiyacınız var.

Bir kez daha, "Kendi mutluluğum için ilk olarak kendimi düşünürsem, bu beni bencil biri yapmaz mı?" diye merak ediyor olabilirsiniz. Unutmayın ki herkes mutlu olmayı hak eder ve herkesin buna ihtiyacı var. Siz de bunu diğer herkes kadar hak ediyorsunuz. Bazen bir başka kişiyle eğlenceli vakit geçirebilmek için zaman yarattığınızda diğer bir kişiye 'hayır' demek zorunda kalacaksınız. Bunun, bencillikle hiçbir alakası yok. Bu tam anlamıyla dengeyle ilgili. Almak ve vermek arasındaki dengeyi; kendimiz ve diğerleri arasındaki denge gibi gruplayabiliriz. Kendi mutluluğunuzu en öne koyma konusunda karar verirken tereddüt etmeyin. Duygusal olarak ihmal edilen insanlar çoğu insana göre bencil olma konusunda daha az risk altındadır. Kendi ihtiyaçlarını, arzularını ve isteklerini kenara koyması için yetiştirilen biri olarak, bencil olmak için epeyce yolunuz var.

Kendi mutluluğunu en sona koymak sizde o kadar derinlere işlemiştir ki sadece değişmeye karar vermek yeterli olmayacaktır. Bu kararı vermek önemli bir adımdır ancak bunu bir eylemin takip etmesi gerekir. Bunun nereye gittiğini görebiliyor musunuz? İşte bir diğer **Değişim Tablosu, 'Mutluluğunuza Öncelik Verin'.** Bu tablo sizin farklı seçimler yapmak için duyduğunuz ihtiyacın farkında olmanızı ve kendinizi izlemenizi sağlayacak. Bu konu üzerinde çalışmaya devam ederseniz belli bir süre sonra, bu meseleye kendinizi daha az yabancı hissedeceksiniz. Beyniniz kendi kendine seçimler yapmaya başlayacak ve bu durum sizin ikinci doğanız olacak. Bu süreç boyunca, bazı noktalarda hayatın çok daha az sıradan ve sıkıcı olmaya başladığını görünce çok şaşıracaksınız.

'Mutluluğunuza Öncelik Verin' Değişim Tablosu

*Günde kaç kez kendi mutluluğunuza öncelik verdiğinizi yazın.

	Oca	Şub	Mar	Nis	May	Haz	Tem	Ağu	Eyl	Eki	Kas	Ara
1												
2												
3												
4												
5												
6												
7												
8												
9												
10												
11												
12												
13												
14												
15												
16												
17												
18												
19												
20												
21												
22												
23												
24												
25												
26												
27												
28												
29												
30												
31												

Kendinizi ön plana koymaya başlamanız son derece iyi bir adımdır! Çünkü yemek yeme, spor yapma ve dinlenme konularında ilerleme kaydedebilmek için çok daha iyi olmaya ihtiyaç duyacaksınız. Bunların hepsi de kendinizi beslemenin fiziksel yönüne vurgu yapmaktadır. Hepsi vücudunuza ne yüklendiğiniz ve enerjinizi nasıl harcadığınızla ilgilidir.

Kendini Besleme Adım B: Yemek Yemek

Duygusal anlamda ihmalkâr olan ebeveynlerin hepsi çocuklarını bu alanda ihmal etmezler. Ancak bu konuda daha önce de konuştuğumuz gibi, ebeveynler açısından çocukları için yeteri kadar yiyecek sağlamak ama yine de bu alanda duygusal olarak onları ihmal etmek mümkündür. Çocuğa besinlerle sağlıklı bir ilişki kurması konusunda yardımcı olmak ebeveynin işidir. Duygusal olarak ihmalkâr olmayan pek çok ebeveyn, çocuklarıyla bunu yapma konusunda başarısız olur çünkü kendileri de besinlerle sağlıklı bir ilişki kuramamışlardır. Ancak duygusal olarak ihmalkâr ebeveynler bu alanda, diğer alanlarda başarısız olmalarına sebep olan aynı nedenlerle başarısız olurlar.

Yemek yemekle ilgili daha fazla konuşmadan önce, sizin yetişkinlikteki yeme alışkanlıklarınızla ilgili aşağıda soracağımız sorulara yanıt verin.

1. Eşiniz ve çocuklarınızla yemeklerde genellikle bir arada olur musunuz?
2. Beslenmeye dikkat eder misiniz ve dengeli bir beslenme biçimi uyguladığınızdan emin misiniz?
3. Evde çok fazla abur cubur var mıdır?
4. Yemeniz gerekenden daha fazla abur cubur yiyor musunuz?
5. Sosisli, nugget ya da pizza gibi 'çocuk yiyecekleri' tercihiniz hâlâ var mı?

6. Her öğünde biraz sebze ve meyve tükettiğinizden emin misiniz?
7. İyi bir aşçı mısınız?
8. Evde yemek pişirmek için kelimenin tam anlamıyla hiç yiyeceğin olmadığı zamanlar oluyor mu?
9. Dondurulmuş ya da hazır yiyeceklerden çok fazla tüketiyor musunuz?
10. Bazen yemek yemeyi unutuyor musunuz?
11. Aşırı yeme eğiliminiz var mıdır?

Yukarıdaki soruların hepsini 'evet' ya da 'hayır' şeklinde cevaplayana kadar okumaya devam etmeyin. Bu soruları cevaplamayı bitirdiğinizde, çocukluktaki yeme alışkanlıklarınızla ilgili aşağıdaki soruları cevaplamaya başlayın.

1. Çocukken, yemekleri ailece bir arada oturarak mı yerdiniz?
2. Ebeveynleriniz dengeli beslenmeniz konusunda yeterince dikkatli miydi?
3. Cips, kurabiye, dondurma, şeker ya da tatlı gibi abur cuburlardan çok fazla var mıydı?
4. Varsa ebeveynleriniz bunlardan ne zaman ve ne kadar yediğinizi denetliyorlar mıydı?
5. Sosisli, nugget ve pizzayla mı büyüdünüz?
6. Genellikle her öğünde sebze ve meyve yer miydiniz?
7. En azından ebeveynlerinizden birisi iyi bir aşçı mıydı?
8. Evde yemek için kelimenin tam anlamıyla neredeyse hiç yiyecek olmadığı zamanlar oluyor muydu?
9. Ebeveynleriniz çok fazla dondurulmuş ya da paketli yiyecekler tüketir miydi?

10. Çocukken öğün atlar mıydınız?
11. Çocukken çok fazla yeme eğiliminiz var mıydı?

Yetişkinlik bölümünde sorulan bazı soruların doğrudan çocukluktaki beslenme alışkanlıklarıyla ilgili sorulan sorularla bağlantılı olduğunu fark etmişsinizdir. Şimdi geriye dönün ve cevaplarınızı kontrol edin. Burada cevap aradığımız şey yetişkinlikteki yeme alışkanlıklarınızla çocukluktaki yeme alışkanlıklarınızın ne kadar örtüştüğüdür. Çocukluğunuzu hayatınızın programlama evresi olarak düşünün. Yetişkinlik döneminde çoğumuz çocukken ayarladığımız programları izlemeye eğilimliyizdir. Buna üçüncü sınıfa giden Zeke'yi örnek verebiliriz. Zeke'nin izin verici annesi onu futbola gönderdi ve öğretmeninden getirdiği notla ilgili kendisini daha iyi hissetmesi için ona dondurma önerdi. Herhangi bir ebeveyn çocuğun kendisini daha iyi hissetmesi için yiyecek önerisinde bulunabilir. Ancak Zeke'nin annesi bunu çok sık ve yanlış zamanlarda kullanırsa, çocuğuna farkında olmadan yiyecekleri duygularını kontrol etmek için kullanabileceğini öğretmiş olur. Çocuk, yetişkinlik dönemine geldiğinde bu davranışı devam ettirmeye eğilimli olabilir. Bu da onun yanlış nedenlerden dolayı, hiç de sağlıklı olmayan yanlış şeyleri yemesine yol açar.

Yetişkin olarak çoğu kişi ebeveynlerinin onları çocukken programlama biçiminden hangi ölçüde etkilenmiş olduklarını göz ardı eder. Yetişkinler olarak, kendimizi özgür seçimler yaparken ve kendi kararlarımızı verirken buluruz. Gerçek şu ki çocuklukta ebeveynlerimiz tarafından programlama biçimimiz inanılmaz derecede güçlüdür. Bu programların üstesinden gelmek o kadar kolay değilken aslında istenirse bu programlar kesinlikle tersine çevrilebilir. Yeme alışkanlıklarınızla ilgili sorularda muhtemelen çocukluğunuzdaki alışkanlıklarınızla bağdaşmayan birtakım maddeler bulmuşsunuzdur. Bunlar ya kendi kendinize üstesinden geldiğiniz ya da hayattaki diğer deneyimleriniz sayesinde değişime uğrayan çocukluğunuzdaki programlanma biçimlerinizdir.

Duygusal olarak ihmal edilmiş bir kişi olarak, yeme alışkanlıklarının bazı boyutları ebeveynlerinizin size hiç aşılamadığı şeyler olabilir. Bu alanlarda hiç seçme şansınız yoktur ve programı kendi kendinize doldurursunuz. Bunu açıklığa kavuşturmak için 2. Bölüm'de 'kendine karşı şefkat eksikliği' konusunda verdiğimiz Noelle örneğine geri dönebiliriz. Noelle ortaokuldayken ve lisedeyken her sabah kahvaltı için kendisine dondurulmuş tavuklu sandviç hazırlardı. Ebeveynlerinin hiçbiri onun taze ve sağlıklı yiyecek ihtiyacını dikkate almadığı için Noelle, bir şeyleri kendi kendine yapması gerektiğini anlamakta zorlandı. Kendi bulduğu çocukça çözümler onun programı hâline geldi. Bu program ben Noelle ile tanıştığım zaman da devam ediyordu; bir yetişkin olarak o, eşi ve çocukları neredeyse sadece hazır ve dondurulmuş yiyecek kombinasyonuyla besleniyorlardı. Aslında bu durum duygusal anlamda ihmal edilen çocuğun kendine özgü programının ebeveynlerinden aşılanan program kadar istikrarlı ve güçlü olduğunu son derece iyi bir şekilde ortaya koymaktadır.

Çocuklukta ve yetişkinlikte ortaya çıkan yeme alışkanlıkları ile ilgili soruları cevaplayarak beslenmeyle ilgili kendi ilişkilerinizde sağlıklı olmayan bazı alanları tanımlamayı başarabildiniz mi? Son zamanlarda bu alışkanlıkları değiştirmek için herhangi bir çaba sarf ettiniz mi? Sarf ettiyseniz bu anlaşılabilir bir durumdur. Bizim çocukluk programlarımızın değişmesi o kadar da kolay değildir. Yetişkinliğe ulaştığımız zaman, sadece alışkanlık olmaktan daha öteye geçerler ve bizim yaşam biçimimiz hâline gelirler. Bir yaşam biçimini değiştirmek zordur ama kesinlikle mümkündür. Sadece biraz zaman alır. Yeme alanlarındaki problemlerin duygusal ihmalinize nasıl yerleştiğini fark etmek sizin kendinizi suçlamanıza son verecek ve öfkenizi azaltacaktır. Enerjinizi bunlara harcamamanız önemlidir. Bunun yerine enerjinizi kendinize şefkat göstermek ve değişmek için harcamalısınız.

Sağlıksız programlanmanızın üstesinden gelebilmeniz için 6. Bölüm'de öğrendiğiniz duygusal becerilerin pek çoğunu kullanmaya ihtiyaç duyacaksınız. Ayrıca öz-bakım becerileri bölümünde öğrendiğiniz pek çok şey de size yardımcı olacak. Duygularınızın farkında olun, onları kabul edin ve onları diğerleriyle paylaşın. Bu sizin duygusal nedenlerden dolayı yemek yemekten kurtulmanıza yardımcı olacaktır. İhtiyaç duyduğunuzda 'hayır' deyin. Yardım isteyin ve size sunulan yardımı kabul edin. Kendi mutluluğunuz önceliğiniz olsun. Böylece ödül ve tatmin duygusu için aşırı yemek yemeye ihtiyaç duymazsınız. Bunlara ek olarak **'Yemek Yemek' Değişim Tablosu**'nu, bu bölümde problem olarak tanımlanan yeme alışkanlıklarınızı değiştirmek için kullanabilirsiniz. Yeniden küçük bir hatırlatma yapmakta fayda var. Bütün alışkanlıkları tek seferde değiştirmeye çalışmayın.

'Yemek Yemek' Değişim Tablosu

*Günde kaç kez sağlıksız bir yeme alışkanlığını bastırdığınızı yazın.

	Oca	Şub	Mar	Nis	May	Haz	Tem	Ağu	Eyl	Eki	Kas	Ara
1												
2												
3												
4												
5												
6												
7												
8												
9												
10												
11												
12												
13												
14												
15												
16												
17												
18												
19												
20												
21												
22												
23												
24												
25												
26												
27												
28												
29												
30												
31												

Kendini Besleme Adım C: Egzersiz Yapın

Fiziksel egzersizin gelişmiş sağlığın birincil yönü olduğunu gösteren açık ve tutarlı araştırma bulgularına rağmen, Amerikalılar'ın çoğu bunu yapmaz. Atlanta'daki Hastalık Kontrol ve Önleme Merkezleri'ne göre, yetişkinlerin sadece %35'i boş zamanlarında düzenli fiziksel aktivite yapmaktadır (2009). İnsanların, doktorların ve sağlık araştırmacılarının en iyi tavsiyeleri doğrultusunda hareket etmemelerinin çeşitli sebepleri vardır. Yaşam boyu sağlıklı egzersiz alışkanlığı oluşturmak için bu üç temel yapı taşına sahip olmanız işi kolaylaştırır. Egzersizin öneminin farkına varır, anlar ve egzersiz yapmaya değer verirsiniz. Sizin için uygun olan bir egzersiz türü bulursunuz ve öz-disiplinle çok daha iyi olursunuz.

Artık duygusal ihmal ve çocuklukta gerçekleşen programlamayla ilgili daha çok şey anladığınıza göre, duygusal olarak ihmal edilen bu üç alanın herhangi birinde veya hepsinde daha fazla zorluk yaşayabileceğinizi görebilirsiniz.

Yaşınıza bağlı olarak, egzersizin değeri hakkında bilgi edinme fırsatınız olabilir veya olmayabilir. Ailenizin bunun farkında olmayabilir çünkü araştırmanın çoğu son yirmi yıl içinde yapılmıştır. Otuz yaşın üzerindeki insanlar genellikle egzersizin faydalarını ebeveynlerinden ziyade, kendi kendilerine öğrenmişlerdir. Egzersizin öneminin öğretilmemesi, kendi başına duygusal ihmalin bir işareti değildir. Bununla birlikte öneminin farkına varmazsanız, bunu gerçekleştirme olasılığınız yoktur.

Bu alanda duygusal olarak ihmal edilmediyseniz, yetişkinlik hayatınıza taşıyabileceğiniz bir spor ya da fiziksel aktiviteniz olma olasılığı daha yüksektir. Örneğin; aileniz hafta sonu kayak yapmaya gidiyor veya dağa çıkıyorsa ya da sizi basketbol, beyzbol, futbol gibi sporlar yapma konusunda destekliyorsa, çocukluktan fiziksel egzersizin eğlenceli yanını takdir ederek büyürsünüz. Egzersiz size eğlenceli geldiği zaman, bir yetişkin olarak önceliğiniz olması çok daha kolaydır.

Öz disiplin büyük ihtimalle duygusal anlamda ihmal edilmiş insanların ayağına takılan en büyük güçlüklerden biridir. 3. Bölüm'de annesinin, ona yapmak istemediği şeyleri yaptırmayarak, yapılandırılmamış bir çocukluk bıraktığı William ile ilgili konuştuk. Çok katı ya da çok gevşek bir disiplinle büyüdüğünüz zaman, kendinizi sağlıklı bir şekilde disipline etme yeteneğini içselleştirme fırsatınız olmaz. Yapmak istemediğiniz şeyleri nasıl yapacağınızı kendi kendinize öğrenemezsiniz. Bundan sonraki bölümü okudukça, öz-disiplinle alakalı çok daha fazla şey öğreneceksiniz.

İfade ettiğimiz bu üç fiziksel alandaki duruşunuzu değerlendirmek için, **yetişkinlik** döneminizle ilgili bazı soruları cevaplamaya başlayabilirsiniz:

1. Egzersizin önemli olduğuna inanıyor musunuz?
2. Kendinizi aktif bir insan olarak tanımlayabilir misiniz?
3. Bir ya da daha fazla spor yapıyor musunuz?
4. Yapmak istemediğinizi hissettiğiniz zamanlarda kendinizi spor yapmaya zorluyor musunuz?
5. Aerobik, dağcılık, koşu, yüzme, ağırlık kaldırma ve bisiklete binmek gibi eğlenceli spor türlerinden bir ya da daha fazlasını keşfettiniz mi?
6. Yaptığınızdan daha fazla egzersiz yapmanız gerektiğini düşünüyor musunuz?
7. Genellikle öz-disiplinle mücadele eder misiniz?

Yukarıdaki yedi sorunun her birine 'evet' ya da 'hayır' diye cevap verene kadar devam etmeyin. Soruların hepsini cevapladığınız zaman, aşağıda çocukluğunuzla ilgili olanları cevaplamaya geçebilirsiniz:

1. Siz çocukken, ebeveynleriniz egzersizin önemli olduğuna inanıyor muydu?
2. Kendinizi, çocukluğunuzda aktif bir çocuk olarak tanımlayabilir misiniz?
3. Çocukken bir ya da daha fazla spor yapmaktan hoşlanır mıydınız?
4. Çocukken ebeveynleriniz sizi dışarı oyun oynamaya ya da siz istemediğiniz zamanlarda sizi aktif olacağınız bir şeyler yapmaya götürür müydü?
5. Çocukken aktif oyunları sever miydiniz?
6. Çocukken daha fazla egzersiz yapmanız gerektiğine inanıyor musunuz?
7. Çocukken, ebeveynleriniz disiplin konusunda genel anlamda çok gevşek (izin verici) mi yoksa çok katı (otoriter) mıydı?

Bu bölümde, yeme alışkanlıklarını zaten incelediğimiz için çocukluk ve yetişkinlik dönemleriyle ilgili cevaplarınız arasındaki uyumun ne anlama geldiğini anlamak çok daha kolay olacaktır. Cevaplarınızdan, yeterince aktif olduğunuzu ve bu alanda bir problem yaşamadığınızı görüyorsanız, o zaman tebrikler. %35'in içindesiniz demektir. Belki de bu, ebeveynlerinizin sizin için başardığı şeylerden biridir ya da belki kendi sağlıklı alışkanlıklarınızı kendiniz oluşturmayı başardınız. Her iki durumda da çok şanslısınız.

Üzerinde çalışmanız gereken egzersiz alanının belirli boyutlarını tanımlamayı başardıysanız *Öz-Bakım Bölüm 2: Öz-Disip-*

lini Geliştirmek bölümünü okuduğunuzdan emin olun. Ayrıca, kendinizi bu yönden geliştirmek amacıyla davranışlarınızı değiştirmek için **'Egzersiz' Değişim Tablosu** üzerinde çalışın.

'Egzersiz' Değişim Tablosu

*Egzersiz yaptığınız günler için işaret koyun.

	Oca	Şub	Mar	Nis	May	Haz	Tem	Ağu	Eyl	Eki	Kas	Ara
1												
2												
3												
4												
5												
6												
7												
8												
9												
10												
11												
12												
13												
14												
15												
16												
17												
18												
19												
20												
21												
22												
23												
24												
25												
26												
27												
28												
29												
30												
31												

Kendini Besleme Adım D: Dinlenmek ve Rahatlamak

Kendinize Öncelik Vermek, Yemek Yemek ve Egzersiz Yapmak ile ilgili konuştuğumuza göre 'Rahatlama' yeteneğiniz üzerine odaklanabiliriz. Duygusal anlamda ihmal edilmiş insanların çoğunun iki kategoriye girdiğini keşfettim: Ya çok az ya da çok fazla dinlenir ve rahatlarlar. Bazen çok az bir dengeyle bir ileri bir geri giderler. Şimdi duygusal ihmalin nasıl böyle bir dengesizliğe neden olduğuna bakalım.

Çocuğu ile duygusal anlamda denge sağlamış olan bir ebeveynin çocuğu acıktığı zaman bunu söyleyebilir ve ebeveyn, çocuğunun beslenmesi konusunda elinden gelenin en iyisini yaptığından emindir. Böyle bir ebeveyn aynı zamanda çocuğu yorulduğu zaman da bunu fark eder ve çocuğu istese de istemese de onun dinlenmesi için ne gerekiyorsa yapmak ister. Dahası, farkındalık sahibi ve gözlemci ebeveynler çocuklarını kendileri için uygun olan zamanda dinlendirmez; ya çocuğa rutin ve istikrarlı bir şekilde kendine bakmasını öğreten düzenli bir program dahilinde ya da çocuğun gerçekten açık bir şekilde dinlenmeye ihtiyacı olduğu zaman bunu yaparlar. Bunlar, çocuğa kendi yorgunluğunun işaretlerini nasıl okuyacağını ve ihtiyaç duyduğunda nasıl dinleneceğini öğretir. Ebeveynlerin gözlemi ve duygusal anlamda kendilerini çocuklarına ayarlamaları ile gerçekleşen bir süreçte, çocuk bu becerilerin hepsini içselleştirme fırsatına sahiptir. Bir yetişkin olarak, kendi bedeniyle uyum içinde olacaktır. Ne zaman yorgun olduğunu -bu zayıflık, sersemlik, sessizlik ya da başka bir şey olabilir- gözlemleyebildiği zaman, kafasındaki ses "Evet, şimdi dinlenmeye ihtiyacın var." diye bir uyarı verir. Böylece dinlenmek istese de istemese de tıpkı çocukluğunda ebeveynlerinin öğrettiği gibi dinlenmesi gerektiği zaman elinden geleni yapar. Bu senaryonun bir bölümünde bu beceriden ayrı fakat beceriyle bağlantılı yapmak istemediği bir şeyi yapmak zorunda kalabilir.

Bazen bütün çocuklar tembel olabilir. Duygusal olarak çocuğuna göre yaşayan bir ebeveynin işi, çocuğu aşırıya kaçtığı zaman onu *istese de istemese de* bir aktiviteye katılmaya zorlamaktır. Altı yaşında bir çocuğun, saatlerce televizyon izlemesine ya da bir ergenin bütün gün yatağında iPod'dan müzik dinleyerek uzanmasına izin verilmemelidir. Bunların hiçbirisi çocuğunuz için doğru değildir. Bu tür davranışlara çok fazla izin veren ebeveynler bunu muhtemelen kendi çıkarları için yapıyorlardır. Gözden uzak olan gönülden de uzak olur. Çocuk ayak altında değilse ve bir probleme neden olmuyorsa, ebeveyn özgür kalabilir. Elbette, hiçbir ebeveyn bu konuda kusursuz değildir. Her şey, yeterince iyi yapıp yapmadığına bağlıdır. Ebeveyn bunu yeterince iyi yapmazsa, daha sonra çocuk bir yetişkin olarak kendisi *istese de istemese de* harekete geçmekte güçlük yaşar.

İsterseniz şimdi Narsist ve Sosyopat ebeveyn türlerini ele alalım. 2. Bölüm'de de bahsettiğimiz gibi, bu ebeveynler kendi ihtiyaçlarını çocuklarının ihtiyaçlarının üstünde tutmaya eğilimlidir. Bu tür durumlarda ebeveyn çocuğu belirli bir zamanda dinlendirir çünkü ebeveyn yorgundur ve bir araya ihtiyaç duyar. Tam tersi olarak, ebeveyn çocuğun ihtiyaç duyduğu zamanda onun dinlenmesine izin vermez çünkü ebeveynin kendisi için uygun bir zaman değildir. Otoriter ebeveyn çocuğun yorgunluğunu saygısızlık ya da sevgi eksikliği şeklinde algılayabilir ve bu durumdan incinebilir. Boşanmış, bağımlı, depresif, işkolik, ailedeki hasta üyenin ebeveyni ve iyiniyetli ebeveyn türlerinin hepsi de sadece dikkatsizlikten dolayı çocuklarının güçsüz ya da yorgun düşmelerine neden olabilirler: İzin verici ebeveynler sadece çatışma yaşamaktan kaçınırlar. Bu yüzden çocukların ihtiyaçlarına bu seviyede dahil olmazlar. Başarı odaklı ebeveynler çocuğun göstermiş olduğu fiziksel ihtiyaçları yerine, keman pratiği yapmak ya da ders çalışmak gibi ihtiyaçları ön planda tutabilirler.

Bu durumların hepsinde de çocuk, ihtiyacı olan şeyi alamaz ya da kendine ait fiziksel ihtiyaçları öğrenemez. Yorulduğunda dinlenmenin önemi ya da çok fazla dinlenmenin kendisi için kötü olduğu ile ilgili mesajı alamaz. Ayrıca öz-disiplinin önemli bir parçası olan dürtülerin üzerinde nasıl kontrol sağlayabileceğini de öğrenemez.

Duygusal anlamda ihmal edilmiş bir kişi olarak, ebeveynlerinizin sizinle ilgili nerede başarısız olduğunu belirlemeniz önemlidir. Dinlenmek için can atan bir kişi misiniz? Yeterince dinlenir misiniz? Yoksa bu iki uç arasında gelgitler mi yaşarsınız? Öyleyse lütfen **'D&R' Değişim Tablosu**'nu kullanmaya başlayın. Böylece dinlenmek için kendi ihtiyaçlarınızı nasıl düzenleyeceğinizi öğrenebilirsiniz. Ayrıca kendinizi düzenleyebilmenizin önemli bir parçası olan Öz-Disiplin bölümünü okumaya devam edin.

'Dinlenme ve Rahatlama' Değişim Tablosu

*Dinlendiğiniz ve rahatladığınız günler için işaret koyun.

	Oca	Şub	Mar	Nis	May	Haz	Tem	Ağu	Eyl	Eki	Kas	Ara
1												
2												
3												
4												
5												
6												
7												
8												
9												
10												
11												
12												
13												
14												
15												
16												
17												
18												
19												
20												
21												
22												
23												
24												
25												
26												
27												
28												
29												
30												
31												

Öz-Bakım Bölüm 2: Öz-Disiplin Geliştirmek

'Öz-disiplin'in bu kitabın çeşitli yerlerine serpiştirilmiş bir kavram olduğunu fark etmişsinizdir. Sıkça kullandık çünkü duygusal anlamda ihmal edilmiş kişiler arasında çok yaygındır. Öz-disiplin sağlama çabalarının altında yatan çok farklı sebepler olmasına rağmen -ki depresyon ya da dikkat bozukluğu gibi durumları bunlar arasında sayabiliriz- ben genellikle bunun duygusal ihmalden kaynaklandığını keşfettim. Duygusal anlamda ihmal edilmiş çoğu insan kendini erteleyen kişi olarak tanımlar. Bazıları kendine tembel diyebilir. Ortak özellikleri arasında aşırı ya da çok az yeme, aşırı derecede para harcama ya da aşırı alkol alma gibi alışkanlıkları sayabiliriz. Yukarıda da bahsettiğimiz üzere, duygusal anlamda ihmal edilmiş insanların pek çoğu aynı zamanda kendilerini spor yapma, sıradan işleri tamamlama ya da kendilerine eğlenceli gelmeyen veya görev verilmeyen herhangi bir işi yapmaya zorlama konusunda sıkıntı yaşar.

Bu size alakasız maddelerden oluşmuş büyük bir liste gibi görünebilir. Aslında hepsi de aynı şeyi demeye çalışır: Yapmak istemediğiniz şeyleri yapmak ve yapmamanız gereken şeyleri yapmayı bırakmak. Bu durum duygusal anlamda ihmal edilmiş insanların yaşamış olduğu klasik ikilemdir.

Üçüncü bölümde William'ın öz-disiplin konusundaki çabasını okuduktan sonra ve bu bölümdeki yemek yeme, egzersiz yapma, dinlenme ve rahatlama bölümlerinin ardından, neden durumun bu şekilde geliştiği ile ilgili muhtemelen genel bir algı edinmişsinizdir. İnsanlar kendilerini kontrol ve disipline etme yeteneğini doğuştan getirmezler. Bunlar şanslı insanların çocukluklarında öğrendiği hayati becerilerdir. Ne demek istediğimi şöyle açıklayayım:

Anneniz sizi akşam yemeği ya da yatma vakti geldiği için sokaktan çağırdığı zaman aslında size bu önemli beceriyi öğretmektedir. Burada size bazı şeyleri yapmayı istemeseniz bile yapmak zorunda olduğunuzu öğretiyor. Babanız size haftalık çimleri biçme aktivitesini yapmanızı söylediğinde ve bunu yapıp yapmadığınızı sevgi dolu ama sert bir şekilde kontrol ettiğinde, size yapmak istemediğiniz şeyleri nasıl yapabileceğinizi öğretmektedir. Ebeveynleriniz dişlerinizi günde iki kez fırçaladığınızdan emin olmak için kontrol ettiğinde, tatlıya 'hayır' dediğinde, sürekli kaytardığınız için her gün okuldan geldiğinizde 'ev ödevi saati' için sizi zorladığında, düşüncesiz bir şekilde bu kuralı çiğnediğiniz için dışarı çıkmanızı yasakladığında, bu konuyla ilgili ebeveynlik eylemlerini yerine getirmektedir. Böylece bu eylemler çocukken sizin tarafınızdan içselleştirilir. Sadece bir şeyler yapma yeteneğinizi değil, aynı zamanda yapmamanız gereken şeylerden vazgeçmeyi de öğrenir ve daha sonra yetişkinlik döneminde sizin iç sesiniz olacak ebeveynlerinizin sesini de içselleştirirsiniz.

İçselleştirilmiş ebeveyn sesi son derece önemlidir ve duygusal ihmalde genellikle çarpık bir şekilde ortaya çıkar. İsterseniz 3. Bölüm'de öz-disiplin konusunda örnek verdiğimiz William'ı ele alalım. William'ın bekâr ve çok meşgul olan annesi, onu gerçekten çok sevmektedir. Çocukluğu boyunca ona son derece özgür bir ortam sunmuş, evde çok az sorumluluk vermiş ve okulla ilgili çok az hesap sormuştu. William çok zeki, sevilen hatta son derece çekici bir çocuktu ve herkes onun için en iyisini istiyordu. Okulda öğretmenleri onun çok fazla üstüne gitmiyordu çünkü onun yeterince parlak ve yetenekli bir çocuk olduğunu biliyorlardı. William daha sonra çok eğlenceli ve özgür bir çocukluk geçirdiğini ancak yetişkinlikte üretken ve kendine güvenen biri olma konusunda verdiği mücadeleden afalladığını söyledi. Eşi onun yeme, uyuma ve çalışma alışkanlıkları karşısında şaşkındı. Gece saatlerinden sabah saatlerine kadar çalışması, birkaç saat uyuması, öğün atlaması ve ardından sonraki akşam yedide yatması gibi kararsız eğilimlerine hayretle bakıyordu. Ancak William'ın üretkenliği sadece bu dengesiz programdan dolayı sekteye uğramıyordu. Aynı zamanda, kafasının içinde sürekli ona yaptığı şeyin yeterince iyi olmadığını, yeterince hızlı yapılmadığını ya da bunun patronunu hayal kırıklığına uğratacağı ile ilgili çok sert bir ses vardı. William bu sert, eleştirel sesle savaşmak için o kadar çok zaman ve enerji harcıyordu ki geriye gerçekten herhangi bir şey üretebilecek çok az güç kalıyordu.

Şimdi belki de William bu içindeki sert sesi nereden edindi diye düşünüyor olabilirsiniz. Her şey bir yana, annesi ona karşı sert değildi. Onu yargılamadı ya da çok fazla beklentisi olduğuna dair ona geribildirimlerde bulunmadı. Problem aslında şuydu; ebeveyn sesinin yokluğunda, kendininkini uydurmak zorunda kalmıştı. Sadece kendini yapılandırma becerilerinin eksikliğini hissetmemiş, aynı zamanda kendisinden ne beklemesi gerektiği ya da ürettiği şeylerin niteliğini değerlendirmeyi nasıl başaracağı ile ilgili hiçbir fikri olmamıştı. Kendisi için icat ettiği ses dengeli, ılımlı ve sevgi dolu bir yetişkin sesi değildi. Onun içindeki ses sert eleştiriler ve vazgeçişler arasında gidip gelmekteydi. İşte bu yüzden, eşi onun dengesiz uyku saatlerinden, yeme alışkanlıklarından ve çalışma programından son derece şaşkındı.

William'ın içindeki öz-disiplin sesi dengesiz, sert ve itaatkârdı. Duygusal anlamda ihmal edilmiş insanların bazılarının kendi yarattığı ses daha tahmin edilebilirdir. Başka bir deyişle ya öyle ya da böyledir. Yine de duygusal anlamda ihmal edilmiş diğer insanlar aslında kendileri için öz-disiplin oluşturmayı başarabilir ve kendilerine olgun, ölçülü, sevecen ve otoriter bir ses yaratmayı başarabilirler. Son kategoride yer alıyorsanız, kendinize bu işin iyi bir şekilde yapılması için bütün krediyi verebilirsiniz. Önceki kategorilerden birinde yer alıyorsanız, umutsuzluğa kapılmayın. Öz-disiplinle ilgili sesinizi değiştirebilirsiniz. Bir yetişkin olarak temel anlamda kendi beyninizi yeniden yapılandırarak kendinize yeniden ebeveynlik yapabilirsiniz. Bunu **Üç Şey Programı** adını verdiğim basit ama etkili bir yeniden yapılandırma programını kullanarak yapabilirsiniz.

Bu beceri oluşturma egzersizi sayesinde beyninizi, yapmak istemediğiniz şeyleri yapmak ya da yapmamanız gereken şeyleri yapmayı bırakmak için gerekli olan donanıma kavuşturuyor olacaksınız: **Her gün yapmak istemediğiniz Üç Şey'i yapmalısınız ya da yapmamanız gereken ama yapmak istediğiniz Üç Şey'den vazgeçmelisiniz.** Her gün üç şey kaydedin, ne olduğunu tahmin etmişsinizdir: **'Öz-Disiplin' Değişim Tablosu.**

'Öz-Disiplin' Değişim Tablosu

*Her gün 'Üç Şeyi' yazın.

PAZAR	Sabah	
	Öğle	
	Akşam	
PAZARTESİ	Sabah	
	Öğle	
	Akşam	
SALI	Sabah	
	Öğle	
	Akşam	
ÇARŞAMBA	Sabah	
	Öğle	
	Akşam	
PERŞEMBE	Sabah	
	Öğle	
	Akşam	
CUMA	Sabah	
	Öğle	
	Akşam	
CUMARTESİ	Sabah	
	Öğle	
	Akşam	

Bunu yapmanıza biraz daha yardımcı olmak adına, sizinle danışanlarımdan bazılarının yaptığı ve benimle paylaştığı üç şey örneklerinden birkaç tanesini sunacağım. Bunlar: Yüz yıkama, fatura ödeme, egzersiz yapma, yerleri süpürme, telefon etme, bulaşık yıkama ve işe başlamak. 'Yapmaktan vazgeçmeniz gereken şeyler' kısmında, çikolatalı kekten bir dilim yememek, internette gördüğü kolyeyi almamak, arkadaşlarıyla birlikteyken bir kadehten fazla içmemek ve dersleri ekmemek yer alır. Yalnız buradaki noktanın sizi mutluluktan yoksun bırakmak olmadığını aklınızda bulundurun. Çikolatalı kek sizin için bir problem değilse, o zaman bastırmanız gereken bir dürtü olması gerekmiyor. Hayatınızda negatif etkileri olan dürtüleri seçmeyi deneyin.

Gördüğünüz gibi 'şey'in ne kadar küçük ya da büyük olduğu önemli değildir. Bu uygulamada gerçekten yapılan ya da yapılmayan şey mesele değildir. Varsayılan ayarların üstesinden gelmeye çalışma eylemidir. Bu durum biraz da kendinizi şu anki nöral bağlantılarınız tarafından desteklenmeyen bir şeyleri yapmaya zorlayarak, beyninizde yeni nöral yolları pekiştirmesi açısından George Costanza Deneyi'ne benzer. Bu programı düzenli olarak uygulamayı deneyin. Raydan çıkarsanız, yeniden başlayın ve yeniden başlarken kendinize karşı aşırı eleştirel olmaktan ya da isteklerinizi frenleyememekten kaçının. Devam ederseniz, öz-disipline ulaşmanın, dürtülerinizi yönetmenin ve sizi memnun etmese de gerekli olan sorumlulukları tamamlamanın giderek çok daha kolay hâle geldiğini fark edeceksiniz. Zamanla gelişecek büyüyecek ve en nihayetinde sizin aktif ve istemsiz düşünen bir parçanız olacaktır.

Öz-Bakım Bölüm 3: Kendinizi Yatıştırın

TKBE Adımları'nda kendinizi yönetmek açısından ne kadar iyi olursanız olun, hiç şüphe yok ki duygusal anlamda huzursuz olduğunuz zamanlar olacaktır. Şimdiye kadar yaşadıklarımıza bakarak hayatın bize böyle deneyimler sunduğunu söyleyebiliriz. Bu deneyimlere cevap olarak, hepimizin her çeşit duygusu olabilir. Bazıları harika, bazıları nötr ve bazıları da kötüdür. TKBE böyle durumlarda bize kesinlikle yardımcı olacaktır. Peki ama ya bu duygu ısrarcı veya baş etmesi çok zor olursa ne yapacağız? İşte burada devreye kendini yatıştırma girmektedir.

Duygusal anlamda ihmal edilmiş bir kişi olarak, muhtemelen kendini yatıştırma kavramı ile ilgili çok fazla bir bilginiz yoktur. Kendini yatıştırma, ihmal edilmemiş çocukların ebeveynlerinden öğrendiği bir başka hayat becerisidir. Bir baba kâbus gören oğlunun uyumasına yardımcı olmak için sırtını okşadığı zaman, bir anne ağlayan çocuğunu kucağına alıp alnını tuttuğu zaman, bir baba bugün okulda meydana gelen adaletsiz bir şeyle ilgili kızının anlattığı uzun hikâyeyi dinlediği zaman, bir anne oğlunun öfke nöbeti sırasında onunla empati kurarak sessiz bir şekilde yanında oturduğu zaman, duygusal anlamda orada bulunan ebeveynler hayatla ilgili bu önemli becerileri çocuklarına öğretmiş olurlar. Duyguları kabul edilen, hoş görülen ve uygun bir şekilde yatıştırılan çocuklar ebeveynlerinin bu yeteneklerini içselleştirir. Çocuklar kendini yatıştırma becerisini sünger gibi emerler ve bu bütün hayatları boyunca ihtiyaç duyacakları bir beceridir.

Büyük ihtimalle ebeveynleriniz tarafından hiç yatıştırılmamış bir şekilde büyüdünüz. Mesele, yine bunun yeterince olup olmadığıyla ilgilidir. Duygusal anlamda ihmal edilmiş insanların çoğu yetişkinlik dönemine geldiklerinde bu alanda doğaçlama bir şekilde ilerler.

"Hikâye anlatır mısın? Tatlım, bir sakinleştiriciye ne dersin?"

Bu dünyada nasıl iki insan tıpatıp aynı değilse, iki farklı insanın da tam olarak aynı şekilde yatıştırılması mümkün değildir. Herkesin ihtiyaçları farklıdır. Bir psikolog olarak kariyerim boyunca, insanların çok sayıda farklı kendini yatıştırma tekniği tanımlamasına yardımcı oldum.

Sizin için en uygun olanını anlamaya çalışmak için en kötü zaman kendinizi yatıştırmaya en çok ihtiyacınız olduğu zamandır. İyi stratejiler tanımlamak ve ihtiyacınız olduğu zamanlarda bunlara başvurmak sizin avantajınıza olacaktır. Muhtemelen bir durumda işe yarayan bir strateji, başka bir durumda işe yaramayabilir. Bu yüzden bir tane strateji yerine, stratejiler listesi yapmanız çok daha iyi olur. Bu şekilde, ihtiyacınız olduğu anda bir tanesini dener ve işe yaramazsa diğerlerine geçebilirsiniz.

Etkili yatıştırıcılar tanımlayabilmek için çocukluğunuza dönmekte fayda var. Çocukken sizi rahatlattığını düşündüğünüz bir şeyler var mıydı? Ayrıca yetişkinliğinizde duygusal anlamda sizi en çok zorlayan zamanları düşünün. Geçmişte bunun hiç farkına varmadan kendinizi yatıştırmak için kullandığınız yardımcı stratejiler var mıydı? Burada yapacağım bir uyarı, kullandığınız stratejilerle ilgili dikkatli olmanızdır. Sizin için sağlıklı olduklarından emin olun. Alkol, alışveriş ve yemek yemek bir nebze yardımcı olabilir ancak aşırı kullanılırsa, daha sonra daha büyük bir probleme yol açabilirler ya da sizi baş etmek zorunda kalacağınız, başka bir problemle karşı karşıya bırakabilirler.

Aşağıda kendinizi yatıştırma stratejileri ile ilgili tanımlanmış ve diğerleri tarafından etkili bir şekilde kullanılan sağlıklı stratejiler bulabilirsiniz. Bunları sizin için neyin işe yaradığını anlamak ve daha sonra kendi listenizi oluşturmak için bir başlangıç noktası olarak kullanın.

Kendinize basit ve dürüstçe gerçekleri hatırlatın. Aşağıda kendi kendinize söyleyebileceğine birkaç cümle örneği bulabilirsiniz:

- Köpük banyosu
- Uzun, sıcak bir duş
- Müzik dinlemek; özel bir şarkı olabilir
- Arabanızı cilalamak
- Egzersiz yapmak, koşmak, ağırlık kaldırmak, bisiklete binmek
- Gitar ya da herhangi bir müzik aleti çalmak
- Yemek pişirmek (burada süreci anlatıyoruz; dikkatli olun yemek yemenin kendisini, kendinizi yatıştıran bir yöntem olarak kullanmayın)
- Evcil hayvanınızla zaman geçirmek
- Bir çocukla oynamak

- Yürüyüşe çıkmak
- Çocukluğunuzda sizi rahatlattığını hissettiğiniz bir koku
- Bir arkadaşınızı aramak
- Yere uzanmak ve bulutları izlemek ya da yıldızlara bakmak
- Temizlik yapmak
- Sinemaya gitmek
- Sessizce oturmak ve pencereden bakmak
- Kiliseye gitmek ya da meditasyon yapmak
- **Kendi kendine konuşmak:** Kendi kendine konuşmak muhtemelen bütün kendini yatıştırma stratejileri içinde en faydalı ve çok yönlü olandır. Hissettiğiniz huzursuz ruh durumu ile ilgili kelimenin tam anlamıyla kendi kendinize konuşmayı içerir. Bunu sessiz bir şekilde kendi kendinize, kendi zihninizde yapabildiğiniz gibi toplum içinde, bir toplantıda ya da metroda yapabilirsiniz.

  "Bu sadece bir duygu ve duygular sonsuza dek sürmez."

  "İyi bir insan olduğunu biliyorsun."

  "İyi niyetli olduğunu biliyorsun."

  "Elinden gelenin en iyisini denedin ama işe yaramadı."

  "Sadece bekle."

  "Geçecek."

  "Bundan ne öğrenmem gerektiğini bilmeye ihtiyacım var; daha sonra bunu geride bırakacağım."

Bu ihtimaller sonsuzdur ve içinde bulunduğunuz duruma ya da ne hissettiğinize bağlı olarak belirlenmelidir. Kendini yatıştırma stratejisi pek çok insan için işe yarar. Kesinlikle repertuvarınıza eklemeye değecek bir çalışmadır.

'Kendinizi Yatıştırma' Değişim Tablosu'nu kendi listenizi yapmak için kullanın. Bunun esnek bir liste olduğundan emin olun. Sizin için işe yaramayan şeyleri çıkarın ve ihtiyaç duyduğunuz yeni şeyler ekleyin. Kendinizi yatıştırmayı sizinle büyüyen ve değişen anlamlı ve amaçlı bir girişim olarak görün. Hayatınızın her aşamasında kendinizi yatıştırmaya ihtiyaç duyacaksınız. Bu konuda daha iyi oldukça, daha kontrollü ve daha huzurlu olduğunu hisseden sakin bir insana dönüştüğünüzü göreceksiniz.

Kendini Yatıştırma Listesi

1.

2.

3.

4.

5.

6.

7.

8.

9.

10.

Öz-Bakım Bölüm 4: Kendine Şefkat Duymak

Kendinize şefkat göstermeyi öğrenebileceğiniz herhangi bir **Değişim Tablosu** olmadığını duyunca rahatlayabilir ya da hayal kırıklığına uğrayabilirsiniz. Çünkü öz-bakımın bu boyutu aslında bir beceri olmaktan ziyade, bir felsefe ya da duygudur. Davranışlarınızı değiştirerek ya da başka bir deyişle dışarıdan değişiklik yaparak bu duyguyu inşa etmek çok daha zordur. En iyi içeriden dışarıya doğru gerçekleşir.

Bununla birlikte, kendine yönelik şefkati bir sebepten dolayı diğerlerinden ayrı tutarım çünkü öz-bakımın üst seviyedeki bir boyutudur. Eğer öz-bakımın bütün bileşenleri bir piramit biçiminde oluşturulursa, kendine yönelik şefkat en üst noktada olabilir. Yukarıda üzerinde çalıştığınız bütün öz-bakım becerilerine bağlıdır. Kendine şefkat duyabilmek için belli ölçüde kendini de sevmek gerekir.

Peki, kendine yönelik şefkat neden bu kadar önemlidir? Kendinize duyduğunuz şefkat eksikse, 3. Bölüm'de ele aldığımız Noelle ve William gibi, hatalarınızdan dolayı acımasız iç sesinizin azarlamalarına maruz kalabilirsiniz. Bölüm 3'teki Laura gibi, normal duygulara sahip olduğunuz için kendinizi suçlayabilir ya da kendinize kızabilirsiniz ya da 4. Bölüm'de intihara kalkışan Robyn gibi değersiz ve boş hissedebilirsiniz.

Neresinden bakarsanız bakın, yargılamak, suçlamak, hoşlanmamak, aşağılamak ve kendini öldürmek istemek öz-bakımın tam zıddıdır. Büyük ihtimalle kimseye bu şekilde davranmıyorsunuz, peki neden kendinize böyle davranıyorsunuz? Bütün bunlar gerçekten yıkıcı şeylerdir ve enerji rezervlerinizi tüketerek, sizi aşağı çekmekten başka bir işe yaramaz.

Empati ile birlikte şefkatin, insan duygularının en üst formları olduğunu hatırlayın. İyileştirici, yatıştırıcı ve birleştiricidir.

İnsanları bir araya getirir ve onlara olumlu ve saygı uyandıran bir ortam sunar. Diğerlerine karşı duyduğunuz şefkat insanlar üzerinde ve kendi dünyanızda bıraktığınız olumlu etkinin bir parçasıdır. Artık kendi adınıza bundan faydalanmanın zamanı geldi de geçiyor bile. Aşağıda kendinize duyduğunuz şefkati artırmanıza yardımcı olacak beş ilkeye göz atabilirsiniz:

Öz-Sevgi İlke 1:

Tersine Altın Kural

"Size yapılmasını istemediğiniz şeyi başkalarına yapmayın." bir Altın Kural'dır. Duygusal anlamda ihmal edilmiş kişiler için de Altın Kural aynıdır ancak tersine. "Kendinize başkalarına davrandığınız gibi davranın." Başka bir deyişle içinizdeki eleştirel sesin, önemsediğiniz insanlara söylemeyeceğiniz şeyleri size söylemesine izin vermeyin. Kendinizi, sevdiğiniz bir insanı cezalandırmayacağınız şekilde cezalandırmayın. O şeyi yaptı diye bir arkadaşınızı ya da sevdiğiniz birini cezalandırmıyorsanız, aynı şey için kendinize de eziyet etmeyin. Arkadaşınız arabasını park etmeye çalışırken kaldırıma çıkarsa, "Seni aptal, dandik şoför. Tam bir yüz karasısın!!" der misiniz? Hayır, demezsiniz. Bu yüzden kendinizle de bu şekilde konuşmamalısınız. İçinizdeki sert eleştirel ses karşısında sessiz kalmakta zorlanıyorsanız, McKay &Fanning imzalı *Self-Esteem* kitabını okumanızı şiddetle tavsiye ederim.

Öz-Sevgi İlke 2:

Kendinize yönelik öfkenin zararının farkında olun

Kendine yönelik öfke, şefkatin zıddıdır. Kendinize karşı ne kadar sık ve ne kadar yoğun bir öfke yaşadığınızı anlamaya çalışın. Bu son derece önemlidir çünkü kendinize yönelik öfkenin işe yaramadığı bir nokta vardır. Bu, bir kişi olarak kendinizden nefret etmenize neden olur ve benliği yıkıcı bir özellik taşır. Bir hata yaparsanız, bunun için yapabileceğiniz tek şey ondan ders çıkarmaktır. Geri kalan her şey boşa zaman kaybıdır. Ne zaman kendinize öfke duyarsanız, bunun, diğerlerine karşı hissettiğiniz şefkati kendinize yönlendirmek için bir ipucu olduğunu düşünün.

Öz-Sevgi İlke 3:

Kendi erdemlerinizden ve şefkatinizden faydalanın

Duygusal anlamda ihmal edilmiş bir kişi olarak, muhtemelen çok iyi bir dinleyicisinizdir. 4. Bölüm'den Robyn gibi, arkadaşlarınız da size gelir ve sizden tavsiye almak ister. Yargılamazsınız, önemsersiniz ve diğerlerine şefkat gösterirsiniz. Bu, sizin için bir meltem esintisi gibidir. Şimdi yapmanız gereken ise, diğerlerine yardımcı olmak için kullandığınız yöntemin aynısını kendiniz için kullanmaktır. Bunun anlamı, *kendi bilgeliğinizi kendinize aktarmak* ve *kendi sesinizi dinleyip, içselleştirmektir.* Diğerleri sizin bilgeliğinizden ve özeninizden faydalanırken, siz neden bundan mahrum kalasınız?

Öz-Sevgi İlke 4:

Sevgi dolu ama sert bir iç ses geliştirin

Duygusal olarak ihmal edilmiş bir kişi olarak, ebeveynlerinizden sevgi dolu fakat sert sesi içselleştirmenin faydasını alamadınız. Diğer çocukların ebeveynleri, "Tamam, şimdi bir dahaki sefere daha iyi olman için ne yapmamız gerektiğine bakalım." derken, siz kendinizi tırmalıyordunuz. Size yardımcı olacak ebeveynlik verilerinin yokluğunda, kendinize çok daha sert bir şekilde, "Seni aptal!" ya da kendinizi bu zor durumdan kurtarmak için, "Bu konu ile ilgili düşünmeyeceğim." diyordunuz.

Birinci durumda kendi öfkenizi besler ve enerjinizi tüketirsiniz; ikinci durumda ise kendinizi yine aynı hatayı yapmaya hazırlarsınız. Her iki durumda da kaybeden siz olursunuz. Yardımcı, olumlu, sevgi dolu ancak sert bir ses, kendinizi sorguladığınız, yargılayıcı olmayan bir tavırla sizi geçmişte neyin yanlış gittiğini ve bunun gelecekte yeniden olmasını nasıl engelleyeceğinizi düşünmeye teşvik etmesi açısından gerçekleştirdiğiniz bir diyolog gibidir. Aşağıda depoyu doldurmayı unuttuğunuz ve otobanda yakıtınız bittiğinde size ne söyleyeceği ile ilgili bir örnek okuyacaksınız.

> *"Bu nasıl olur? Bugün öğle yemeğinden sonra durup bir yerde dolduracaktın!"*
>
> *"Pekâlâ, neden bugün öyle yemeğinden sonra oturup bu işi halletmediğimi bir düşüneyim."*
>
> *"Ah, evet geç kalıyordum. Saat 1.00'deki toplantıya son anda yetiştim çünkü Motorlu Taşıtlar Departmanı'nda çok uzun bir kuyruk vardı."*
>
> *"Bunlar gerçekten benim kontrolüm dışında gerçekleşen şeyler. Bunların yeniden olmayacağından nasıl emin olabilirim?"*
>
> *"Bir daha asla öyle yemeğinde gaz almayı planlama. Bunu yapabilecek kadar esnek zamanın olmayabiliyor."*
>
> *"Şu andan itibaren yakıtı ya sabahları işe giderken ya da evet dönerken dolduracağım böylece bir daha unutmak zorunda kalmam."*

Fark ettiyseniz bu sevgi dolu ancak sert ses çok yumuşak değildir ancak aşırı derecede yıkıcı da değildir. Bu ses dört önemli adımı içermektedir. Bunlar:

1. Herhangi bir yargıda ya da suçlamada bulunmadan hatanızın sorumluluğunu alırsınız.
2. Hatanın hangi boyutunun size ait olduğu ile ilgili ve hangi boyutunun diğer insanlar ya da durumlardan kaynaklandığını düşünmenize yardımcı olur.
3. Bu hatanın gelecekte tekrarlanmaması için neyi farklı yapmanız gerektiğine karar verirsiniz.
4. Bu hatanızdan önemli dersler çıkarmanıza ve bunu arkanızda bırakmanıza yardımcı olur.

Bu adımların hepsi üretken ve faydalı adımlardır. Özsaygınıza ya da kendinize olan güveninize zarar vermeden, hayatınızı daha iyi bir hâle getirme konusunda yardımcı olur. Hayatın tamamı öğrenmek, gelişmek ve daha iyi olmaya çalışmakla ilgilidir. Burada atacağınız adımların hepsi sizin içindir. İçinizde sevgi dolu ancak sert bir ebeveyn sesi yaratmak için çalışmaya devam edin.

Öz-Sevgi İlke 5:

İnsan olduğunuzu kabul edin

Tıpkı duygularınızın olması gibi hata yapmak da insan olmanın önemli bir parçasıdır. Her ikisi de tartışmaya kapalı konulardır. Lütfen dünyada çok ama çok duyguları olan ve çok ama çok hata yapmamış tek bir insan bile olmadığını unutmayın. Size aksini söyleyen insanlar olursa lütfen onları dinlemeyin; tam anlamıyla saçmalıyorlar.

Hiç şüphe yok ki bütün bu beceriler üzerinde çalışmak biraz ürkütücü görünebilir. Duygusal sağlığınız ve öz-bakımınız açısından en önemli bileşenlerden mahrum bir çocukluk yaşamanız sizi yetişkinlik döneminizde kendinize yeniden ebeveynlik yapmak zorunda bırakır.

Size burada kutsal bir söz vermek istiyorum. Kendinizi inşa etme işini tuğla tuğla, beceri beceri, adım adım gerçekleştirirseniz, hayatın size olağanüstü ödüller sunacağından emin olabilirsiniz. Öz-sevgi piramidini inşa ederken, daha önce varlığını hiç bilmediğiniz içinizdeki sakinlik ve nezaket seviyesini bulana kadar siz de tırmanacaksınız. İçinizdeki güçlü şefkati kendinize çevirdiğinizde, artık yeni bir sizle yaşıyor olacaksınız. Sevilen, hata yapan, kusurlu, güçlü ve zayıf yönleri, kazandıkları ve kaybettikleri ile hassas ve yeniden hataya düşen biri olacaksınız: Tam ve bağlı bir siz.

Bölüm 8

DÖNGÜYE SON VERİN: ÇOCUĞUNUZA SİZİN HİÇ ALMADIĞINIZ BİR ŞEY VERİN

"Hikâye anlatır mısın? Tatlım, bir sakinleştiriciye ne dersin?"

"Ebeveynlerimin çocukken bana yaptığı hataların aynısını kendi çocuklarıma yapmayacağıma yemin ederim."

Duygusal olarak ihmal edilmiş biriyseniz ve ebeveyn olduysanız ya da bir gün olmayı düşünüyorsanız, bu bölümü dikkatli bir şekilde okumanız son derece önemlidir. Burada vurgulayacağımız ilk şey sizin kendi ebeveynlik suçunuzdur. İkincisi duygusal ihmal konusunda yaşadığınız problemler ile ilgili alanlar ya da gelecekte ebeveyn olarak karşılaşabileceğiniz durumlardır. Son olarak, duygusal anlamda farkındalık sahibi olan, kendine ve diğerlerine uyum sağlayan çocuklar yetiştirebilen, duygusal anlamda uyumlanmış bir ebeveyn olacağınızdan emin olmanız için neler yapabileceğiniz hakkında konuşacağız.

Ancak bunlardan önce iyi haberlerle başlayalım. Bir ebeveyn olarak ne hata yapmış olursak olalım, bunlar tamir edilebilir. Çocuklar inanılmaz derecede dirençlidir. Daha önce de söylediğim gibi, çocuklar küçük süngerler gibidir. Onlara ne verirseniz onu özümserler. Onlara verdiğimiz şeyleri değiştirir değiştirmez, bir adaptasyon sürecinin ardından onlar da değişir. Her şeyden önce, kendinizde gerçekleştirdiğiniz herhangi bir değişiklik çocuğunuza damla damla süzülür. Kendinizi pozitif anlamda ne kadar çok değiştirirseniz, çocuğunuz da doğal olarak pozitif anlamda değişecektir. Hatta bu durum, zaman zaman farklı olabilen gençler için bile geçerlidir çünkü çoğu zaman bu değişiklikleri sizden yani ebeveynlerinden saklamak için ellerinden ne gelirse yaparlar. Sizi kandırmalarına izin vermeyin. Onlar da sizinle birlikte değişir.

1. Ebeveynlik Suçunuz

İşte bu konuda size soracağım iki soru: Bu kitabı okumak ebeveyn olarak size kendinizi suçlu mu hissettirdi? Duygusal anlamda ihmal edilen insanlarda doğal olarak bulunan kendini acımasızca yargılama ve suçlama algısı mı yerleşti? Eğer öyleyse, lütfen okumaya başlamadan önce yukarıdaki ilkeleri iyice özümseyin. Bu bölümde ilerlerken, içinizde herhangi bir suçluluk duygusu uyandığında; ihtiyaç duyduğunuz her an bu beş ilkeyi yeniden okuduğunuzdan emin olun. Bu durum ne zaman suçlu hissettiğinizi fark etmeniz için duygusal anlamda kendinize bağlı olmanızı gerektirir. Bu yüzden duygusal anlamda kendinizi önemseyin çünkü geri dönüp yeniden okumak zaman alacaktır.

- Ebeveynlerin pek çoğu, zaman zaman ebeveynlikleri ile ilgili suçluluk hisseder. Bu genellikle doğru işi yapıp yapmadığınızdan kaynaklanan bir endişedir. Ancak suçluluk iyi ebeveynlik için olumlu bir his değildir ve aslında sağlıklı ebeveynliği engeller.

- Suçluluk duygusuna eğilimli bir ebeveynseniz, suçunuz doğru ebeveynlik kararlarını verme yeteneğinizi engeller. Kendinizi suçlu hissettiğiniz zaman, hayır demek ve çocuklarınızla sınırlar koymak daha zordur. Her adımınızı iki kez düşünmenize neden olur. Çocuklar ebeveynlik ile ilgili düştüğünüz şüpheyi anlar ve bundan nasıl faydalanacaklarını çok iyi bilirler. Bu yüzden suçluluk duygusu otoritenizi zayıflatır.

- Suçluluk umursadığınıza dair bir işaret olsa da muhtemelen suçluluk hissetmeden de daha iyi bir ebeveyn olabilirsiniz. Suçlu hissetmek yerine, amacınız bir ebeveyn olarak sorumluluğunun farkında olmak, aynı zamanda hiçbir ebeveynin kusursuz olmadığını bilmektir. Bütün ebeveynler hata yapabilir ve bunların içinde en az birkaç tanesi büyük hatalardır.

- Öz disiplini geliştirmek için izlediğiniz kuralların aynısını uygulamayı deneyin. Ebeveynlik konusundaki hatalarınızla ilgili kendinize karşı çok acımasız davranıyorsanız, enerjinizi tüketirsiniz ve güçsüz ve etkisiz bir hâle gelirsiniz. Sorumluluğunuzun bilincinde olmak kendinizi hırpalamakla aynı şey değildir.

- Diğer herkes gibi siz de ne bildiğiniz ve ne deneyimlediğinize göre ebeveynlik yaparsınız. Kendinizin sahip olmadığı duygusal anlamda güçlü yönleri çocuklarınıza sunmanız pek mümkün değildir. Bu kitabı okuyor olmanın anlamı bunu önemsediğiniz ve değişmek için yeterince güçlü olduğunuz anlamına gelir. Kendi ebeveynlerinize göre çok daha büyük bir avantaja sahip olduğunuz açıktır.

2. Şimdiye Kadar Yaptığınız Değişiklikler

Belki de bu kitabı okurken kendinizde bazı değişiklikler yapmışsınızdır. Öyleyse, o zaman çocuklarınız da bu değişikliklere birtakım tepkiler vermiştir. Daha sık hayır diyor musunuz? Kendinizi daha çok ön plana koyuyor musunuz? Hayattan zevk almayı daha üst sıralara koydunuz mu? Bunların tamamı sizin için sağlıklı değişikliklerdir ve ayrıca çocuğunuz üzerinde pozitif etkiler bırakırlar. Ne yazık ki onlar bunun henüz tamamen farkında değillerdir. Çocuklar sadece istedikleri şeyi alamadıkları zaman tepki gösterirler. Ancak bu istediklerini alamamanın kötü olduğu anlamına gelmez. Çocuklar sizin kendinize değer verdiğinizi ve kendi ihtiyaçlarınızı önemsediğinizi gördüğünde bundan çok büyük fayda sağlar. Onların kendilerine ve kendi ihtiyaçlarına değer vermelerini sağlayarak büyümelerini kolaylaştırır. Çocuğunuz sizin gerçekleştirdiğiniz değişikliklere adapte olmaya çalışırken yardıma ihtiyaç duyabilir. Siz de sizden ona sızan duygusal ihmalin etkileriyle savaşmak zorunda kalabilirsiniz. Çocuğunuzun sizin yaptığınız değişikliklere tepki verdiğini görürseniz, ona herhangi bir reaksiyon vermemeye çalışın. Bunun yerine onun davranışının altındaki sebebi düşünüp kendinize, "Şu anda ne hissediyor?" diye sorun. Daha sonra ona nazikçe bir geribildirimde bulunun: "Benim çok fazla hayır dememe alışık olmadığını biliyorum, tatlım. Üzgünüm, farklı kararlar vermek zorunda kaldığımda bu senin için de zor olacak." Bu, sizin hayır demenizden dolayı üzülmesini engellemeyecektir. Ancak onun duygularını geçerli hâle getirmenize ne kadar yardımcı olduğunu görünce şaşırabilirsiniz. Bununla ilgili daha sonra daha detaylı bilgi vereceğiz.

3. Kendinize Özgü Ebeveynlik Probleminizi Tanımlayın

Duygusal ihmalin çocuklarınızı nasıl etkilediğini anlamanın en iyi yolu; geriye gidip sizin nasıl etkilendiğinizi anlamaktır. O boşlukları kapatmadığınız sürece, sizde var olan boşluklar büyük olasılıkla çocuğunuzda da var olmaya devam edecek. Şimdi genellikle duygusal anlamda ihmal edilmiş kişilerde görülen yetişkin özelliklerinin bir listesine bakalım. Bu listeyi okurken, 3. Bölüm'de tanımladığınız her maddenin yanına bir işaret koyun.

1. **Boşluk hissi**
2. **Karşı bağımlılık**
3. **Gerçekçi Olmayan Öz-Değerlendirme**
4. **Kendine Karşı Şefkat Eksikliği**
5. **Kendine Yönelik Öfke, Kendini Suçlama**
6. **Suç ve Utanç: Benim Sorunum Ne?**
7. **Ölümcül Hata (İnsanlar Beni Gerçekten Tanırsa Beni Sevmeyecekler)**
8. **Kendini ve Diğerlerini Beslemede Zorluk**
9. **Zayıf Öz-Disiplin**
10. **Aleksitimi: Zayıf Farkındalık ve Duyguları Anlamama**

Belirli bir özellikle ilgili emin değilseniz, lütfen geri dönün ve 3. Bölüm'ü yeniden okuyun. Üzerine çok fazla düşünmeyin; iç sesinizi dinleyin. Bu, ne *düşündüğünüzle* ilgili değil, ne *hissettiğinizle* ilgilidir. *Kendinize bu özel durumun sizinle ilgili olup olmadığını sorun.* Bu konuda hislerinize güvenmek zorundasınız ve bu da genel anlamda kendinize güvenme konusunda iyi bir pratik yapmak için ekstra bonusunuz olacak.

Duygusal ihmal ile ilgili yetişkin özelliklerinizi tanımladığınıza göre, bunların her birinin ebeveynlik bağlamında nasıl rol oynadığıyla ilgili konuşalım.

1. Boşluk Hissi ya da **Yüksek Kaliteli Yakıt**

Boşluk hissi, bir çocuk olarak duygusal anlamda tamamlanmamaktan kaynaklanır. Ebeveynlerinizle aranızdaki bağın kalitesinde bir şeyler eksiktir. Şimdi, ebeveynlerinizle kurduğunuz duygusal bağı bir yakıt seviyesi olarak düşünelim. Yeterli seviyede normal ya da üst kalite yakıt ile büyüyen bir çocuk muhtemelen bir yetişkin olduğunda boşluk duygusunu hissetmeyecektir.

Çocukken düşük seviyede yakıt aldıysanız ve yetişkin olarak içinizde bir boşluk hissediyorsanız, büyük ihtimalle kendi çocuğunuza yeteri kadar yakıt sağlamanız mümkün olmayacaktır. Burada çanlar sizin için çalıyorsa, *bunun sizin hatanız olmadığının* farkına varmanız son derece önemlidir. Kendinizde olmayan bir şeyi çocuğunuza veremezsiniz. Ayrıca bu çelişkinin çözümü olduğunu bilmeniz de önemlidir. Basit bir formül, bir kontrol listesi değildir ve davranışınızı değiştirmek konusu ile hiç ilgisi yoktur. Aslında kendinizde olmayan bir şeyi çocuğunuza vermenin tek yolu, sahip olmadığınız şeyi kendiniz için temin etmektir. Ancak o zaman çocuğunuz bundan faydalanabilir.

Şimdi bunun nasıl çalıştığına bakalım. Size, duygularınıza değer vermeyi öğretmek için tasarladığımız 6. Bölüm'de sunulan örneklerin hepsi üzerinde çalışırken daha bağlantılı, daha dışavurumcu ve daha farkındalık sahibi bir insan olacaksınız. 7. Bölüm'deki değişim sürecinden geçerken, kendi deponuzun oktan seviyesini artırıyor olacaksınız. Kendi yakıtınız daha zenginleştikçe, çocuğunuzu da daha zengin bir yakıtla dolduracaksınız. Kendinizi umursadıkça, sevdikçe, anladıkça ve değer verdikçe, çocuğunuzu ve onun duygularını da daha çok umursayacak, sevecek, anlayacak ve onun duygularına değer vereceksiniz. Zamanla siz daha az boşluk duygusuna kapılacaksınız ve çocuğunuz da boşluk hissine daha az eğilimli olacak. Depoları, bütün hayatları boyunca ilerlemelerini sağlayacak; hem kendileri hem de diğerleri için zengin, dayanıklı ve kaliteli bir yakıtla dolacak.

2. Karşı Bağımlılık ya da **Karşılıklı Bağlılık**

Bu özelliği taşıyorsanız, bunun anlamı bazı noktalarda ebeveynlerinizden diğerlerine güvenmemeniz ve ihtiyaç duymamanız konusunda bazı mesajlar aldınız demektir. Ebeveynlerinizin, duygusal ihtiyaçlarınızı karşılamadaki başarısızlığı ya da dikkat ve hoşgörü eksikliği size tamamen bağımsız olmanız gerektiği mesajını net olarak vermiştir. Birinden yardım istemekten kaçınmalısınız. Kendiniz için bu durumu çözmeniz daha iyi olur.

Şimdi şu soruyu düşünmeye biraz zaman ayıralım: Çocuklarınızı yetiştirirken onlara böyle bir mesaj veriyor olabileceğinizi düşünebiliyor musunuz? Katı bir bağımsızlık anlayışıyla büyüdüğünüzü göz önüne aldığımızda, çocuğunuzu da bu değeri aşılayarak yetiştireceksiniz. Belki de bunları hiç düşünmüyorsunuz ve otomatik olarak bildiğiniz şeyi yapıyorsunuz. En nihayetinde bütün ebeveynlerin böyle bir eğilimi vardır. Her iki durumda da çocuklarınızı, diğer insanlarla karşılıklı bağ kurmanın büyük avantajlarından mahrum kalmaya hazırlıyorsunuz.

"Bu karşılıklı bağlılık saçmalığı da nedir?" diye kendi kendinize söyleniyor olabilirsiniz. Karşılıklı bağlılık evlilik ya da arkadaşlık olsun, yetişkinler arasındaki ilişki açısından bir dengedir. (Ebeveyn çocuk ilişkisini ayrı tutuyorum çünkü bu bağlılığın çok büyük bir kısmı doğal olarak ebeveyn çocuk ilişkisi üzerine inşa edilir.) Karşılıklı bağlılık, ilişkideki her iki tarafın da sağlıklı bir bağımsızlık düzeyine ve kendine güvenme kabiliyetine sahip olduğu anlamına gelir ancak ilişkideki her iki taraf bazı zamanlarda bazı şeyler için karşı tarafa güvenir. Her kişi kendini önemseme potansiyeli açısından en üst düzeydedir ancak diğer kişinin sunacaklarının eklenmesiyle bu potansiyel daha da artar.

Çocuklarınıza diğerlerine bağlı olmamaları gerektiği mesajını verirseniz, onları diğer insanların hayatlarına getireceği güçlü değerlerden yoksun bir şekilde yetiştirirsiniz. Bu güçlü yönler herhangi bir insanın bizi zenginleştirebileceği, canlandırabileceği ve üzerimizdeki yükleri azaltabileceği herhangi bir şey olabilir. Uçsuz bucaksız ihtimaller denizinden birkaç örnek verecek olursak, rahatlatıcı kelimeler, yatıştırıcı birkaç dokunuş, mobilyaların taşınmasına edilen yardım ve çok güzel pişirilmiş bir yemek yeterli olur diye düşünüyorum. Hayatlarımızda verme ve alma, sevme ve sevilme, önemseme ve önemsenme arasında bir denge olmak zorundadır. Bu, karşılıklı bağlılıktır ve hem siz hem de çocuğunuz buna sahip olmayı hak eder.

Bir ebeveyn olarak, sizde doğal olarak var olmayan bu tür bir dengeyle çocuğunuzu nasıl yetiştirirsiniz? Gerçeği söylemek gerekirse, hiç kolay değildir. Ancak iyi haber şu ki kendi karşı bağımlılığınızda değişiklikler yaparsanız, bunlar çocuklarınıza da yansıyacaktır. Diğerlerine bağlı olmaktan daha az korktukça, çocuklarınız da diğerlerine bağlı olmaktan daha az korkmaya başlar. Ancak bu durumun en önemli boyutu aslında şudur: çocuklarınız ihtiyaç duyduğu zaman ne kadar onların yanında olursanız, onlar da o kadar karşılıklı bağlılık geliştirebilir. Onları bağlı hâle getirmekten korkmayın. Bunu yapmanın tek yolu, onlara ihtiyaç duymadıkları zamanda bile sık sık yardımcı olmaktır.

Çocuklarınız size ihtiyaç duyduklarında orada olabilmeniz için çocuğunuzla bir uyum içinde olmak zorundasınız. 3. sınıftaki Zeke'nin sosyopat annesini hatırlayın. Onu odasına göndermiş ve el yazısıyla elli defa "Okulda bir daha asla başımı derde sokmayacağım." yazmasını istemişti. Bu hikâye çocuğunun becerilerinin hiç farkında olmayan, kopuk bir anneyi anlatan aşırı bir örnekti. Çocuğunun gelişimsel olarak ne yapıp yapamayacağından bu kadar bihaber olan bir ebeveyn, çocuğuna ne zaman yardım edeceği ile ilgili zayıf bir kanaate sahip olacaktır.

Çocuğunuza ne zaman yardımcı olmanız gerektiğini doğru bir şekilde ayırt edebilmek için, yine Zeke örneğini kullandığımız 1. Bölüm'de *Sağlıklı Ebeveynliğe karşı Duygusal Anlamda İhmalkar Ebeveynlik* örneğini okuyabilirsiniz. Çocuğunuza karşı **duygusal bağ hissetmek** zorundasınız. Böylece ne zaman adım atacağınızı, yatıştıracağınızı ve yardımcı olacağınızı bilebilirsiniz. Ona **dikkat etmek** zorundasınız ki gerçekten ne yapıp yapamayacağı konusunda bir fikriniz olsun. Bu şekilde, gerçekten yardıma ihtiyacı olup olmadığını anlayabilirsiniz. Çocuğunuza anlamlı ve uygun yardımı sağlamak için **etkili bir şekilde cevap vermek zorundasınız.**

Hiçbir ebeveyn bu adımların hepsinde de kusursuz değildir. Yapabileceğiniz tek şey, elinizden gelenin en iyisini denemektir. Denerseniz, çocuğunuz sizi sever ve farklı bir şekilde takdir eder çünkü onu anladığınızı ve ihtiyaç duyduğu anda destekleyeceğinizi anlar. Daha yüksek bir seviyeye ulaşmaya, daha zengin ilişkiler kurmaya ve kendi potansiyellerini gerçekleştirmek için daha iyi olmaya istek duyarlar. Hem bağımsız bir birey olurlar, hem de diğerlerinden yardım alırlar. Hayatları boyunca dünyada çok daha az yalnız hissederler.

3. Gerçekçi Olmayan Öz-Değerlendirme ya da **Güçlü ve Açık Bir Benlik Algısı**

Bu yetişkin özelliği temel olarak kim olduğunuzu gerçekten bilmemenizden dolayı ortaya çıkar. Çocuklarının kendilerini ebeveynlerinin gözlerinden görerek öğrendiğini daha önce söylemiştik. Ebeveyniniz size çok fazla bakmıyorsa bu yansımayı yakalamak o kadar kolay değildir. Bir yetişkin olarak kendinizle ilgili açık olmayan ya da gerçekliğe dayanmayan bir fikre sahipseniz, bu muhtemelen ebeveynlerinizin size yeterince dikkat etmediği anlamına gelir. Bunun anlamı sizinle yeterince zaman geçirmedikleridir. Bir ebeveyn 7/24 çocuğuyla birlikte olabilir (ki bu sağlıklı bir durum değildir) ve yine de çocuğunu görmez. Dikkat etmek ihtiyaç duyduğu meyve suyunu doldurmak demek değildir. Ya da saçına sanat eseri gibi bir saç tokası takmalı demeye çalışmıyoruz. Bu, çocuğunuzun sevdiği ve sevmediği şeyleri, güçlü ve zayıf yönlerini fark etmek, onları hatırlamak ve bunları çocuğunuza yardımcı olacak şekilde kullanabilmek anlamına gelir. Bu, bir çocuğun kim olduğu ile ilgili gerçekçi algısını içselleştirmesini sağlar.

Değişim tablolarından bir tanesi sevdiğimiz ve sevmediğimiz şeylerle ilgiliydi. Bu tablo sizin doğal olarak hoşlandığınız ya da hoşlanmadığınız şeylerin farkına varmanızı sağlamak için tasarlandı. Sevdiğiniz ve sevmediğiniz şeyler öz-değerlendirmeyi besler tıpkı yeteneklerinizi, görünüşünüzü, kişilik özelliklerinizi, zekânızı, sosyal becerilerinizi, tercihlerinizi, alışkanlıklarınızı ve sizi siz yapan bütün faktörleri etkilediği gibi. Sevdiğiniz ve sevmediğiniz şeyleri öğrenmek için kullandığınız süreç aynı zamanda kim olduğunuzla ilgili birtakım karmaşık özelliklerle ilgili daha fazla şey öğrenmeniz için de kullanılabilir. Bu süreç ebeveynliğinize de yardımcı olur.

Çocuklarınıza ebeveynlik yaparken, onlara her gün dikkat etmeniz ve ihtiyaç duydukları geribildirimleri vermeniz son derece önemlidir. Bu, aşırı derecede eleştirel ya da negatif olmanız gerektiği anlamına gelmiyor çünkü bu onların özsaygısına zarar verebilir. Ancak oğlunuzun futbolda beyzboldan çok daha iyi olduğunu görüyorsanız ona, "Sen bir futbol makinasısın!" diyebilirsiniz. Ona "Beyzbol konusunda hiç iyi değilsin!" demenize gerek yoktur çünkü çok fazla negatiftir ve zarar verici olabilir.

Çocuğunuzu doğal olarak çok iyi olduğu akademik becerilerini düşünmeye sevk edin. Mücadele etmeye eğilimli olduğu becerisini düşünmesini sağlayın, "Matematik üzerine daha fazla çalışmaya ihtiyacımız var." Eğer çocuğunuz keman konusunda çok az yeteneğe sahipse ancak bunu çalmayı seviyorsa, ona müziğe olan tutkusuna hayran olduğunuzu ve bu arzusunu başka bir şey üzerinde uzmanlaşmak için kullanabileceğini söyleyebilirsiniz. Çok sert ya da çocuğunuzun duygularını incitebilecek geribildirimlerde bulunmaktan kaçının. Gerçekçi olmayan geribildirimler vermekten de kaçının. Dürüst, sevgi dolu, umursayan ve açık bir tavır takınmalısınız.

Bazen sadece orada olmanız, gözlemlemeniz ve hiçbir şey söylememeniz gerekir. Çocuğunuz dikkatinizi içselleştirecek ve kendi yansımasını görecektir. Onu yetiştirdiğiniz on sekiz yıl boyunca tekrar tekrar sizin ebeveyn aynanıza bakacaktır. Kendisinin bu parçasını ve o parçasını görecektir. Parçaların büyüdüğünü, değiştiğini ve geliştiğini görecektir. Bu parçalar birleşecek ve kişiyi tam hâle getiren bir bütün olacak ve o kişi ne istediğini ve hangi konuda yetenekli olduğunu bilecek. Yetişkinlik hayatına, sizin sahip olmadığınız mükemmel bir avantajla başlıyor olacak: Kim olduğuna dair tam, açık ve güçlü bir resim. Bu, onlara sadece sizin verebileceğiniz bir hediyedir.

4. Kendine Karşı Şefkat Eksikliği ve **Şefkat**

Bir ebeveyn olarak çocuklarınızın kendisine sert bir şekilde davranarak ve hatalarından dolayı kendilerini paralayarak büyümesini istemezsiniz. Çocuklarınızın hatalarından öğrenmesini ve kendilerini severek büyümesini istersiniz. Kendine ve diğerlerine şefkat beslemeyi çocuklarınıza öğretmek sizin işinizdir. Bunu yapmak için 7. Bölüm'de bahsettiğimiz öz-sevgi ile ilgili dört ilkeye bakabilirsiniz.

İlk öz-sevgi ilkesi olan 'Altın Kural'ı hatırlayalım. İşte, ebeveynliğe nasıl uygulayacağınız:

"Çocuğunuza, ebeveynlerinizin size nasıl davranmasını istiyorsanız, öyle davranın."

Duygusal olarak ihmal edilmiş bir ebeveyn, ebeveynlik ile ilgili varsayılan ayarlarını izleyemez. Onun varsayılan ayarları ilk bakıcısı tarafından belirlendiği için, bu ayarlar çocuğuna kendi duygusal ihmali olarak geçer. Bir ebeveyn olarak, kendi ayarlarınıza baskın gelmek ve çocuğunuz için daha sağlıklı ayarlar oluşturmak için sıkı çalışmak son derece önemlidir. Bu yüzden çocuğunuz kötü bir karar verdiğinde, bir şeyleri altüst ettiğinde, düşüncesizce ve yanlış bir şeyler yaptığında, yapacağınız en iyi şey hemen tepki vermemektir. Dürtüsel, duygusal reaksiyonlar sizin varsayılan ayarlarınız tarafından belirlenecektir. Onun yerine, bir dakika durun ve düşünün: Ben benim çocuğum olsaydım, bundan bir şeyler öğrenip yoluma devam etmek için ebeveynlerimden şimdi ne isterdim?

İkinci öz-sevgi ilkesi ebeveynliğe uygulandığında, kendisine çok sert davrandığını gördüğünüzde onu izlemek ve buna cevap vermekle ilgilidir. Eğer çocuğunuzun yaptığı hatalardan dolayı kendisini cezalandırdığını ya da kendisine çok fazla öfkelendiğini görürseniz, bir adım atarak yardım etmenin zamanı gelmiş demektir. Kendisine bu kadar öfkelenmesinin yanlış olduğunu belirtin. O anda ona yardımcı olmuyormuş gibi gelse de zihnine daha sonra büyüyecek bir tohum atılmış olacaktır. Daha sonra çocuğunuzu yatıştırmak için kendinizi yatıştırma becerilerini kullanın. Böylece çocuğunuz da bunları içselleştirebilir.

Üçüncü öz-sevgi ilkesi çocuğunuza şefkatin faydasını sunmaktır. Çocuğunuzun kendisini bağışlamayı öğrenmesi için, sizden bu bağışlanmayı deneyimlemesi gereklidir. Ona gösterdiğiniz sertliğin seviyesini içselleştirecektir. Bu ilke önceki iki ilkeyi de kapsar çünkü çocuğunuzun hatalarından onu uygun bir şekilde sorumlu tutarak, kendisine çok sert olduğu zamanlarda araya girerek, hatasını anlamasına yardımcı olarak ve en sonunda onu bağışlayarak cevap vermeyi içerir. Siz onun için bütün bunları yaptığınız zaman, o da kendisi için bunları yapmayı öğrenecek.

Çocuğunuzun sevgi dolu ama sert bir iç ses geliştirmesine yardımcı olan dördüncü Öz-Sevgi İlkesi onların kendilerine şefkat beslemesine yardımcı olur. 7. Bölüm'de yakıt bittikten sonra, sağlıklı iç ses ile ilgili verilen örneği hatırlayın. Bu, çocuklarınız için de kullanabileceğiniz iyi bir örnektir. Ebeveyn rolünde, neyin neden olduğu ile ilgili konuşun ve onun nerede yanlış yaptığını belirlemesine yardımcı olun. Daha sonra ona hata yapmanın öneminin bunlardan ders çıkarmak olduğunu vurgulayın. Anlama, sahiplenme, öğrenme ve bağışlama sürecinde onunla birlikte yürüyün. Bu süreç oldukça değerlidir ve bu süreç çocuğunuzun, kendine ve diğerlerine şefkat besleyen güçlü ve başarılı bir yetişkin olması için önem taşıyan, desteği ve hesap verebilirliği sunabilmesini sağlar.

5. Suçluluk ve Utanca Karşı **Kendini Kabul**

Duygusal olarak ihmal edilmiş kişilerde ortaya çıkan suçluluk ve utanç duygusunun nedenlerini hatırlıyor musunuz? Ebeveynlerin çocuklarının duygularını kabul etme ve onaylamalarındaki eksiklikleri, en nihayetinde çocuklarının duygulara sahip olmanın yanlış bir şey olduğunu hissetmelerine yol açar. Sonuç olarak, çocuk bu yönünden utanabilir ve duygularını diğer insanlardan, hatta kendinden bile saklama eğilimi gösterebilir. Peki, bir ebeveyn olarak çocuğunuzun böyle hissetmediğinden emin olabilir misiniz? Elbette! Onun duygularını onaylayın ve kabul edin.

Duygusal anlamda ihmal edilmiş bir ebeveyn olarak, bu durum göründüğünden daha zor olabilir. Genel olarak sizin duygularınız konusunda daha rahat olmanızı gerektirebilir. Çocuğunuzun duygularının aşırı ve yanlış olduğunu düşünseniz bile, ne hissettiği ile ilgili hoşgörülü olmaya ihtiyaç duyacaksınız.

Aşağıda çocuğunuzun duygularını nasıl kabul edeceğiniz ve anlayacağınız ile ilgili bazı öneriler okuyacaksınız. Bunu biraz daha aydınlatmak için, çocuğunuzun duygularını akan bir su gibi düşünelim.

- Akan bir suyun önüne bir bariyer koyarsanız, su bir yerlere gitmek zorunda kalacaktır. Ya bariyerin etrafından ya da üzerinden akmaya çalışacaktır ancak en sonunda gidecek hiçbir yer yoksa tersine dönecek ve kaynağa doğru yol alacaktır. (Bunun anlamı, çocuğunuzun duygularını kendine saklamasıdır.) Ne olursa olsun, su bir yerlere akacaktır. Çocuğunuzun duygularının akışını durduramazsınız. Lütfen denemeyin.

- Akan suyu idare etmek için siz kaynağa giderken suyun akmasına izin vermek zorundasınız. Bu yüzden çocuğunuz bir şeyler hissediyorken, bu duygunun orijinal kaynağına geri dönerken, onun bu duyguyu yaşamasına da izin verin. Bu, çocuğunuza her ikinizin de anlamasına yardımcı olacak bazı sorular sormak ya da bu duygulara neden olan veya onları yoğunlaştıran durumları yeniden düşünmek olabilir.
- Çocuğun hislerinin sizi ve onu önüne katıp götürme tehlikesine karşı dikkatli olun. Çocuğun hislerini durdurmaya çalışmak tavsiye edilen bir şey olmasa da bazen onu yönetmesine yardımcı olmak için adım atmak gerekir. Duyguyu durdurmak ve onu yönetmesine izin vermek aynı şey değildir. Aralarındaki fark, "Erkek adam ağlamaz" ve "Şimdi burada ne olduğuna ve bunun için ne yapabileceğimize bir bakalım" şeklindedir.
- Çocuğunuzun duygularının onun bir parçası olduğunu ve onun anatomisinde kök saldığını unutmayın. Sizden bu duygulara sahip olmaması gerektiği mesajını almamalı ancak bu duygularla baş etmesinin gerekli ve mümkün olduğu mesajını almalıdır.
- Çocuğunuzun bu önemli becerileri öğrenmesine yardımcı olmak için 6. Bölümde yer alan duygu yönetimi becerilerini kullanın.
- Kendiniz için duygu yönetimi becerilerini kullanın ve çocuğunuz da bu becerileri örneklerle öğrenebilir.

Yukarıda duygu yönetimi ile ilgili verilen ilkelerin tamamını izlemek için elinizden geleni yaparsanız, çocuğunuza suçluluk ve utancın tersini öğretebilirsiniz. Ona hayatının her alanında kullanabileceği gerekli becerileri vermiş olacaksınız. Sizden duygularının normal olduğunu, kimliğinin sağlıklı bir parçası olduğunu öğrenecek. Duygularının ona neler söylediğini dinlemeli ancak onların esiri olmamalıdır. Sonuç olarak kendisinin bu önemli ve zenginleştiren parçasını kabul ederek hatta ona değer vererek büyüyecek.

6. Kendini suçlama ve **Bağışlama**

Bağışlama öz-sevginin son evresidir. Çocuğunuz kötü bir seçim ya da bir hata yaptığında, bu hatanın hangi boyutunun kendisine, hangi boyutunun bir başkasına ve hangisinin de durumlara bağlı olduğunu anlamasına yardımcı olmak için şefkat ilkelerini kullanacaksınız. Daha sonra bu hatayı nasıl düzelteceği ve tekrar etmemesi için ne yapması gerektiği konusunda ona yardımcı olacaksınız. Böylece onun kendini bağışlamasına ve bu hatayı geride bırakmasına yardımcı olacaksınız.

Bütün zamanınızı ve enerjinizi ebeveynliğinize adayacaksınız çünkü sizin ebeveynlerinizin ne yapmadığı ile ilgili bireysel bir deneyime sahipsiniz. Hayatınızda yaptığınız hatalardan ders çıkarmazsanız, onlara saplanıp kalacağınızı kendi deneyimlerinizden bilirsiniz. Kendimizi bağışlamazsak, hatalarımız gereksiz bir şekilde büyük bir parçamız hâline gelir. Benlik algımızı sarsar hatta kim olduğumuzu bile etkiler. Çocuklarımızın hatalarıyla tanımlanan bir birey olmasını istemeyiz. Bu son adımı onlara öğretin: bu hatayı nasıl geride bırakacaklar. Daha sonra hataları gerçekle orantılı kalacak ve kendine güvenini ve sevgisini sağlam tutarken, sağlıklı bir şekilde uygun riskleri alacak kadar özgür olacaktır.

7. Ölümcül hata ya da **Sevilebilir Olmak**

Ölümcül hatanın bir şekilde zarar görme hissi olduğunu muhtemelen hatırlarsınız; "Beni iyi tanırlarsa beni sevmezler. Ebeveynlerinin olumlu ilgi ve şefkat eksikliğinden dolayı bu durum duygusal olarak ihmal edilmiş kişilerde kontrolden çıkmıştır.

Duygusal anlamda ihmal edilmiş kişilere sevildiklerini hissederek büyüyüp büyümediklerini sorduğumda kaç kez, "Ailemin beni her zaman sevdiğini biliyordum." şeklinde cevap verdiğini tahmin edemezsiniz. Bilmek bir duygu değildir ve buradaki en önemli nokta hissetmektir.

Çocuğunuzun sizin onu sevdiğinizi sadece bilmesini değil aynı zamanda hissetmesini sağlamak son derece önemlidir. Sıcak, umursayan kucaklamalar, kahkahalar ve onun kişiliğini gerçekten sevdiğinizi hissettirmek, bu duyguyu aktarmak açısından önemlidir. Bunun kulağa Ebeveynlik 101 gibi geldiğini biliyorum ancak duygusal anlamda ihmal edilmiş insanların çoğu bu duyguya sahip olmadan büyür. Doğal olarak size aktarılmamışsa, çocuğunuzun iyiliği için bu duyguyu kendinizde geliştirmeniz hayati önem taşır.

Bunu bir adım daha ileri taşıyabilmek için, bir başka deyişle çocuğunuzun bu duyguyu taşımasını engellemek için atabileceğiniz önemli bir adım kendinizde ki ölümcül hatayla başa çıkabilmektir. Ölümcül hata kalıtsal bir yolla ebeveynden çocuğa aktarılan karakteristik özelliklerden bir tanesidir. Hiç fark edilmeden ebeveynden çocuğa sızar ve tıpkı ebeveynde olduğu gibi çocuğun kimliğinin bir parçası hâline gelir. Karmaşık ve derinlerde bir duygu olduğu için, insanlar böyle bir şeye sahip olduklarının nadiren farkına varırlar ve kesinlikle kelimelere dökemezler. Daha ziyade bütün kararlarını etkileyen bir dürtüdür ve bir kara bulut gibi üzerinde dolaşır (Bölüm 3 Carrie örneğini hatırlayın). Bununla birlikte kendinizde bu duyguyu hissetmiyorsanız, endişelenmenize gerek yoktur.

Bu bölümü okurken sizin kendinizle ilgili hislerinizin çocuğunuza ne kadar çok sızdığını anlamış olduğunuzu umut ediyorum. Kendinizi severseniz, çocuğunuzu sevme konusunda çok daha büyük bir kapasiteye sahip olacaksınız. Kendinizin çok değerli olduğuna dair güçlü bir algınız varsa, bu çocuğunuza da yansıyacak ve o da kendisini çok değerli hissedecektir. Buradaki esas nokta şudur: İçinizde eksik olan şey ile mücadele edebilirseniz, bu eksiklikleri çocuğunuza aktarmazsınız.

8. Beslemede zorluk ya da **Vermek ve Önemsemek**

Duygusal anlamda ihmal edilmiş bir şekilde büyüdüğünüz zaman, muhtemelen ebeveynlerinizden aldığınız beslenmede birtakım boşluklar deneyimlersiniz. Bazı alanlarda çok iyi bakılmış olabilirsiniz ancak diğerlerinde aynı durum söz konusu olmayabilir. Besleme bakımın yumuşak bir çeşidi gibidir. Önemsemekle eşleştirilir. Kendisini önemsemesine neden olduğu için kızına kızan Dave'in besleme konusunda ne kadar zorlandığını hatırlayın. Daha önce de konuştuğumuz gibi, Dave çok uzun süre susuz kalmış bir sünger gibiydi. Duygusal benliği kurumuş ve sertleşmişti. Bu yüzden herhangi bir şey alma ya da herhangi bir şey verme konusunda çok zorlanıyordu.

Ebeveynleri tarafından iyi beslenmiş bir ebeveyn olarak işiniz, çocuğunuzun asla susuz kalmamasını sağlamaktır. Çocuğunuzun umursandığını hissetmesi için yaptığınız her şey onu diğerlerine verme konusunda daha istekli hâle getirecektir. Kendi evliliğinde ve kendi çocuklarında en iyisini yapmasını bekleyeceksiniz. Hayatı boyunca ona sıcak bir özen gösterirseniz, o da sevdiği İnsanlara vermek için bol miktarda sevgiye sahip olacaktır.

Aşağıda çocuğunuzun duygusal beslenmesine yardımcı olacak bazı fikirler bulabilirsiniz:

- Üzgün olduğunu hissettiğinizde, ona sımsıkı sarılın.
- Üzgün olduğunu hissederseniz ona her şeyin yolunda olup olmadığını sorun.

- Buna ihtiyacı olduğunu hissettiğinizde çocuğunuzla ekstra zaman geçirin.
- Çocuğunuz okula başlama ya da bitirme, taşınma, arkadaş çevresinin değişmesi ve benzeri durumlarda bir geçiş sürecindeyse ya da herhangi bir zor evreden geçiyorsa, bu konuyu onunla konuşun ve ne yaşadığını hissettiğinizi anlaması için ona özel bir şeyler yapın.
- Genel anlamda ne hissettiğinin farkında olun. Ona duygularının bilincinde olmasını ve bunları kelimelere dökmesi konusunda yardımcı olun. Bu duyguları kabul edin ve sizin için geçerli olduğunu hissettirin. Bunların hepsini duygusal beslenme olarak içselleştirecektir.

9. Zayıf Öz-Disiplin ya da **Kontrol**

Daha önce de bahsettiğimiz gibi öz-disiplin konusundaki girişimleriniz büyük ölçüde ebeveynlerinizden almış olduğunuz disiplinle ilgili bir şeyleri yansıtır. Kendi hâllerine bırakılan çocuklar çabucak kendilerine boyun eğmeyi öğrenirler. Ayrıca kendilerine karşı çok sert davranırlar. Kendilerini tembel, erteleyen ve alışveriş düşkünü gibi sıfatlarla adlandırmaya eğilimlidirler. Kendilerine öğretemedikleri şey ise yapmak istemedikleri şeyleri yapmak için ne yapmaları gerektiğidir ya da yapmamaları gereken bir şeyden vazgeçmek için ne yapmaları gerektiğini bilemezler. Sizin çocuğunuz da siz kendinizde bu sorunu çözmediğiniz sürece bu becerileri öğrenemeyebilir: Yapı, açık kurallar, uygun ve tahmin edilebilir sonuçlar.

Yapı: Çocuğunuza bir yapı sunduğunuz zaman, ona kendisini nasıl yapılandıracağını öğretiyorsunuz. Mesela okul günleri yatma vakti saat 9.00. Bu son derece mantıklı bir kuraldır. Bir kural belirleyip bunu çocuğunuzda pekiştirdiğiniz zaman, ona kendi kafasında bir kuralı nasıl oturtacağını ve bu kuralı nasıl koyacağını öğretmiş olursunuz. Bir başka kural okuldan geldikten sonra, dışarıya çıkmadan önce ödevlerin yapılması olabilir. Bu durum dürtülerinin üstesinden gelme konusunda onu güçlendirecektir. Büyüdükçe ve kendi zamanı üzerinde kontrol sahibi oldukça, dürtülerini kontrol etme yeteneği gelişecek. Eğer kendini yapılandırmayı becerebilirse, birtakım şeyleri ertelemesi söz konusu olmayacaktır.

Kurallar: Çocuğunuza katı fakat makul ölçüde esnek bir kurallar yapısı sunduğunuzda, bu yapıyı çocuğunuz için açık hâle getirmeniz oldukça önemlidir. Öz-disiplin kişinin kendisi için kurallar belirlemesi ve daha sonra da bu kuralları takip etmesidir. İşte bir ebeveyn olarak sağlıklı disiplin içeren şey budur. Kuralların açık olduğundan, yaşlarına uygun olduğundan ve uyulmasının kolay olduğundan emin olun. Buzdolabına yapıştırabilir ya da aile toplantılarında duyurabilirsiniz. Herhangi bir sebep olmadan ya da çocuğunuzu bu konuda bilgilendirmeden bu kuralları değiştirmeyin. Çocuğunuz kendisinden ne beklendiğini net olarak bilmelidir.

Sonuçlar: Çocuğunuz bu kurallara uyumadığında ne olacağını bilmelidir. "Eğer çöpü Salı günleri dışarı çıkarmazsan, elimden çekeceğim var" gibi bir cümle işe yaramaz. "Salı günü çöpü dışarı çıkarmazsan, bu işi yapana kadar iPodunu elinden alacağım." gibi bir cümle işe yarar çünkü sonuç son derece açıktır. "Salı günü çöpü dışarı çıkarmazsan, iPodunu hayır kurumuna vereceğim." cümlesi işe yaramaz çünkü sonuç duruma uymayan bir şekilde serttir. Yani işlenen suç için uygun değildir. Sonuç hem açık hem de uygun olmalıdır ve hepsinden de önemlisi güvenilir bir şekilde aktarılmalıdır. Sonucun aktarılması dikkat etmenize ya da enerji harcamanıza bağlı değildir. Çocuğunuzun ne demek istediğinizi anlamaya ve kendisinden beklenen şeyin ne olduğunu bilmeye ihtiyacı vardır. Bundan daha azı ona kuralların nasıl bozulacağından ve öz-disiplin ile ilgili nasıl problemler yaşayacağından başka hiçbir şey öğretmeyecek.

10. Aleksitimi ya da **Duygusal Farkındalık**

Bu kitabı okurken duygusal farkındalığın çocuğunuza verebileceğiniz en büyük hediye olduğunu anlamışsınızdır. Çocuğunuzun neyi neden hissettiğini bilmesini ve bu duyguyu kelimelere dökebilmesini istersiniz ayrıca onun diğer insanların da ne hissettiğini anlamasını ve diğer insanların duygularının ve eylemlerinin sebeplerini ortaya çıkarabilme yeteneğine sahip olmasını istersiniz. Bunlar, Daniel Goldman'ın duygusal zekâ adını verdiği durumun önemli boyutlarıdır. Goldman tarafından uygulanan bazı çalışmalar, başarı konusunda duygusal zekanın entelektüel zekadan daha belirleyici olduğunu gösterdi. Duygusal anlamda zeki insanlar dünyayı keşfetme konusunda daha büyük avantajlara sahiptir. İş hayatının da aralarında olduğu, evlilik, sosyal durumlar ve ebeveynlik gibi alanları içerir.

Bu becerilerin ne kadar önemli olduğunu öğrendikten sonra, çocuğunuzun bunlara sahip olduğundan nasıl emin olabilirsiniz? Her şeyden önce, bu bölümde konuştuğumuz her şey çocuğunuzun duygusal farkındalığına katkıda bulunacaktır. Ancak bunun da üzerinde, yapabileceğiniz daha fazla şey vardır.

Çocuğunuz okulda duygu ile ilgili çok az şey öğrenir. Duygu, eğitimin size kalan parçasıdır. Aşağıda size çocuğunuzun yüksek bir duygusal farkındalığı sahip olması için ona duyguları öğretebilme amacıyla beş adım belirledik:

1. Çocuğunuzun ne hissettiğine dikkat edin.
2. Çocuğunuzun hissettiği şeyi hissetmek için çaba gösterin.
3. Çocuğunuz için duyguları kelimelere dökün ve ona kendi hislerini açıklayabilmesi için kelimeleri nasıl kullana-

bileceğini öğretin. Bu konuda yardıma ihtiyaç duyarsanız kaynaklar bölümündeki duygu kelime listesini kullanabilirsiniz.

4. Duygularının nedenini anlamasına yardımcı olmak için dikey sorgulama becerilerinizi kullanın.

5. Duygular hayatın önemli bir parçasıdır. Duygusal dilinizi günlük diliniz hâline getirin. Bu, çocuğunuza duygunun önemini ve değerini aktaracak ayrıca hayatın duygularla ilgili kısmını anlaması için ilgilerini teşvik edecektir.

Bu bölümü okurken kendinizi suçlu hissettiniz mi? Her şeyi doğru yapmadığınız için kendinizi yargıladınız mı? Öyleyse bu anlaşılabilir bir durumdur. Siz de diğer pek çok ebeveyn gibisiniz. Hiçbir ebeveyn kusursuz değildir. Her ebeveyn bu alanlardan bazılarında başarısız olabilir. Her ebeveyn çaba gösterir ve her ebeveyn zaman zaman yanılır. Duygusal olarak ihmal edilmiş bir ebeveyn olarak, sizin ekstra sıkıntılarınız olacaktır. Kendinize şefkat göstermeli, hatalarınızdan dersler çıkarmalı ve ilerlemek için çaba göstermeye devam etmelisiniz.

Duygusal ihmalin sizi etkilediği alanları belirleyebilirseniz ve bu konuda ne yapmanız gerektiğini okuduysanız, çocuğunuzun problemlerini düzeltebileceğiniz konusunda önemli bir ihtimal vardır. Çocuklar inanılmaz derecede dirençlidir. Bu yüzden ummadığımız şekilde geri tepebilir. Gençler ebeveynlerindeki değişikliklere cevap verme konusunda daha yavaştırlar ancak en nihayetinde cevap verirler. Varsayılan ayarlarınızla devam edemezsiniz çünkü hem kendiniz hem de çocuğunuz için savaşmak zorundasınız.

Ebeveynlik, insan olarak bize sunulan en önemli ayrıcalıklardan biridir. Ne ile uğraşıyor olursak olalım çocuklarımızı geliştirmek biyolojik ve sosyal zorunluluğumuzdur. Çocuklarımıza bizim sahip olmadığımız avantajları vermek için bizim ebeveynlerimizin bize verdiklerinden daha fazla zaman ayırmak zorundayız. Bu dünyada çocuklarınıza kendinizin sahip olduğundan daha iyi fırsatlar sunmak dışında deponuzu dolduracak kaliteli başka bir şey yoktur. Bunu yapmak bu dünyada başarabileceğiniz en tatmin edici, olumlu, sevgi dolu, zengin ve kahramanca şeydir. Bunu attığınız her adımda derinden hissedeceksiniz. Çocuklarınız olabileceklerinin en iyisi olacaklar. Tabii siz de öyle.

Bölüm 9

TERAPİSTLER İÇİN

On beş yılı aşkın bir süre psikoterapi alanında çalıştıktan sonra, duygusal ihmal kavramı benim için daha belirgin bir hâle geldi. Bu süreç boyunca, bizim empati, içgörü, bilişsel terapi, yüzleştirme, aile ve çift terapisi, ilaç tedavisi vb. gibi araçlarımızdan faydalanamayan pek çok danışanla çalıştım. Bunlar, benim tam anlamıyla anlamayı başaramadığım danışanlarımdı. Danışanın kişiliğinin bütününü, belirtileri ve acısını anlamlandırmama yardımcı olacak klinik resimde eksik bir şeyler vardı. İlgilenmem gereken koca bir fil olduğunun farkına varmadan, sadece filin belirli parçalarını hedef alan efsanevi kör adam gibiydim.

En sonunda, kendini cesur bir şekilde tedaviye adayan danışanlarımdan bazıları, altta yatan sebebin farkına varmamı sağladı. Bu danışanlar, karşı bağımlılıklarına rağmen, benim yüzeyin altında ne olduğunu anlamama, onu isimlendirmeme ve soruna yönelmeme yetecek kadar terapiye gelme başarısını gösterdiler.

Bu kayıp unsur zihnimde yavaş yavaş tam bir model hâline dönüşürken, kendimi duygusal ihmal tanımını yerleştirirken buldum. Duygusal ihmal konusunda yazılmış herhangi bir makale ya da kitap okuduğumu veya duygusal ihmalin odak konusu olduğu bir eğitime katıldığımı hatırlamıyorum. Bununla birlikte, aşina olduğum bir terimdi ve benim için özel bir anlam taşıyordu.

Bu modelin dayandığı gözlemleri destekleyen herhangi bir bilimsel çalışmanın olup olmadığını merak etmiştim. APA araştırma kütüphanelerinde, duygusal ihmal konusunu anlatan akademik yazılar, kitaplar veya dergileri incelemek için saatler harcadım. Keşfettiğim ilk şey akademik ve klinik yazılarda *duygusal* ve *ihmal* kelimelerinin sık sık birlikte kullanıldığı olmuştu ki bu neden bir aşinalık hissettiğimi açıklıyordu. Ancak 'duygusal ihmal' söz öbeğinden ziyade, bu iki terim genellikle şu biçimde yazılmıştı: Duygusal istismar ve ihmal. Bunu daha dikkatli bir şekilde inceledikçe, literatürün bu alanında duyguya değinildiği zaman fiili bir hareket ortaya çıktı: Duygusal istismar. İhmal konusu ele alındığında, maddi ve gözlemlenebilir çeşitliliktir: Fiziksel ihmal. Literatürün, saptaması zor ama aynı derecede zarar verici, ihmal eylemini ele almadığını fark ettim: Duygusal ihmal.

İşte o zaman bu kitabı yazmaya karar verdim. Bunu yazmadaki amacım ve umudum yukarıda anlattığım sürece dikkat çekmektir: İhmal, ebeveynin hatasından dolayı aşırı ihmal edilmek. Bu modelle alakalı gözlemlerimi paylaşma konusunda daha fazla motive oldum çünkü ihmal hatasını işleyen pek çok ebeveyn, diğer alanlarda harikaydı ve danışanlarını anlamaya çalışan zihin sağlığı uzmanları için klinik resmi gizleyebilen iyi niyetli insanlardı.

Geçen on yılda, duygusal ihmali teşhis etmek için pek çok uygulama yaptım. Duygusal ihmalin kesinlikle tedavi edilmesi gerektiğini fark ettim ancak danışanlar kendilerinde belirgin olan diğer semptomlara daha fazla odaklandıkları için bunu yapmak o kadar kolay değildi. Birçoğu başlangıçta duygusal olarak ihmal edildiği fikrine karşı dirençlidir. Tedavinin daha karmaşık hâle getirilmesi, danışanın duygusal ihmalin yukarıda bahsedilen, sözgelimi karşı bağımlılık tedavisini zamansız bırakmasına neden olur.

Duygusal anlamda ihmal edilmiş bir danışanın en sonunda 'fil' tedavisinin onun duygusal derinliğine daha kolay bir şekilde ulaşabileceğini fark ettiğini anladım. Bu noktadan hareketle, terapi daha hızlı bir şekilde ilerledi. Daha sonra bu bölümde, karşı bağımlılık, utanç, suçluluk, kendini suçlama gibi altta yatan problemleri tanımlamak ve tedavi etmek için bazı önerilerde bulunacağım. Ancak ilk olarak, bu model ile alakalı olan bilimsel literatüre göz atalım.

Araştırma

Bu bölümde daha önce belirtildiği gibi duygusal ihmal olgusunu doğrudan inceleyen ve tanımlayan yazılar ya da çalışmalar bulma konusunda başarısız olmuştum. Bununla birlikte duygusal ihmal, literatürün iki büyük alanıyla yakından ilişkilidir. **Bağlanma Kuramı** ve **Duygusal Zekâ**'nın kesiştiği yerde duygusal ihmalin tohumlarını gördüm. Bağlanma kuramı, ebeveynlik ihmalinin duygusal ihmal belirtilerine nasıl yol açtığının en iyi kanıtıdır. Duygusal Zekâ alanı, tüm duygusal ihmal belirtilerinin en önemli noktasını ele alır: Duygusal farkındalık ve bilgi eksikliği.

Bağlanma Kuramı

John Bowlby'nin 1951'de *Maternal Care and Mental Health*'i yazmasından bu yana, insan zihninin bilimsel anlayışı uzun bir yol kat etti. Bowlby'nin kitabı, bir bebeğin annesine bağlanmasının bebeğin bir yetişkin olarak sahip olacağı kişiliği önemli ölçüde etkilediği fikrini ortaya koymuştur. Teorisi, zamanın diğer uzmanları tarafından ellerinde çok az veri olmasına rağmen eleştirildi ve sorgulandı. Diğer bilim adamları, Bowlby'nin fikirlerine karşı dirençliydi çünkü bu fikirler, bebeklerin gelişiminin tamamen kendi içsel hayal dünyalarına dayandığını ve dış ilişkiler ya da annelikle hiçbir ilgisi olmadığını söyleyen evrensel inanışa meydan okuyordu. Neyse ki diğer bilim adamları, o günlerden beri Bowlby'nin teorisini incelemeye devam etti. Bazıları anneler ve bebekler arasındaki en ince etkileşimleri izlemek ve kaydetmek için saatler ve günler harcadı. Boylamsal yöntemler kullanarak, yıllar sonra aynı çocuklarda görülen ebeveyn/çocuk zekâsını buldular.

Bağlanma süreci ile ilgili yüzlerce çalışma, son altmış yıl boyunca, annelerin çocuklarıyla duygusal bağlarının önemini göstermiştir. 1970'lerde, psikiyatrist Daniel Stern, 'uyum' adını verdiği bir süreci tanımlamak için videoya alma yöntemini kullanarak bağlanma anlayışımızın neye yardımcı olduğunu belirtti. Onun uyumluluk tanımlaması, bebeğe, bebeğin duygusal durumunu eşleştiren veya doğru bir şekilde yansıtan duygusal ifade veya davranışlarla yanıtlayan anneyi içeriyordu. Stern, annenin duygusal uyumunun, doğum noktasından itibaren çocuğun annesi tarafından anlaşıldığını hissetmesine ve ihtiyaçlarının karşılanacağını anlamasına doğrudan etki ettiğini ifade eder. Bu, çocuğun risk almak ve dünyayı keşfetmek için ileriye doğru yayılabileceği sağlam bir temel sağlar.

Mary Ainsworth (1971), Isabella ve Belsky (1991) gibi pek çok araştırmacı, ebeveynlerin duyguya yönelik tutumları ile çocuklarının daha sonra duygularını yönetme, kabul etme ve ifade etme konusundaki yetenekleri arasındaki doğrudan bağlantıyı göstermiştir. Araştırma bolluğu, varsa ruh sağlığı profesyonellerinin çok azı, bu iyi belgelenmiş gerçeği sorgulayacaktır.

Ek araştırmalar incelendiğinde, ebeveynlerin uygunsuz öfke, uyumsuz duygusal varsayımlar veya yanlış duygusal okumalar (tüm ebeveyn eylemleri) gibi duygusal olmayan tepkilerini inceleyen çok sayıda çalışma vardır. Ancak ebeveynin duygusal tepkinin eksikliğini ele alan, araştırma yapma, cevap vermeme ya da çocuğu tanıma, bu kitabın eksik parçaları gibi konulara değinmek çok önemlidir. Bunun nedeni, bir şeyin bulunmaması durumunda, bulunmayan şeyi gözlemlemenin, belgelendirmenin ve kanıtlamanın zor olmasıdır. Bilim adamları, duygusal ihmal konusunda bu kadar önemli olan ihmal eylemlerinden çok, araştırmaya daha yatkın bir ihmal hareketi buldular.

Katı bilimsel temeller ve alandaki profesyoneller arasındaki bağlantıya ilişkin genelleştirilmiş bilgiler göz önünde bulundurulduğunda, bu değerli kavramın ne kadar azının nüfusun büyük bir kısmı tarafından anlaşıldığı ve kullanılacağı şaşırtıcıdır. Zihinsel sağlık profesyonelleri için, belirli bir bireyin kişilik sorunlarının çocukluğunda kökleri olduğu neredeyse bellidir. Bir danışanı bu anlayışa yönlendirmeye çalışmaktan büyük sıkıntı duymamış bir psikolog, psikiyatrist veya sosyal hizmet uzmanını bulmak zordur. Çünkü onlar tedavi sürecinde büyük bir direnişle karşı karşıya kalacaklardır.

Benim uygulamamda, çoğu danışanın, bakım verenlerin böyle büyük bir etki yarattığı düşüncesinden çok rahatsız olduklarını buldum. Belki de ebeveynlerin inanılmaz gücünü kabul etmek hepimizi tehdit etmektedir. Ebeveynlerimizin üzerimizdeki gerçek etkisini anlarsak, kendimizi yalnız, güçsüz hatta kurban edilmiş hissedebiliriz. Kendi çocuklarımız üzerindeki gerçek etkiyi anlarsak, kendimizi kötü hissedebiliriz. Yani bir insan olarak, kendi sorunlarımız için kendimizi suçlamaya ve çocuklarımız üzerindeki etkimizi göz ardı etmeye daha çok eğilimliyiz.

Bu kitaptaki hedeflerimden biri, Bağlanma Kuramı'nı, nüfusun daha büyük bir kısmı için kişisel, anlaşılabilir ve sindirilebilir kılmaktır. Birçok insanın, çocukluklarının onları yetişkinlikte hâlâ önemli ölçüde etkiledikleri düşüncesine karşı doğal direnişleri ile iyileşmekten geri kaldıklarına inanıyorum. Duygusal olarak ihmal edilenlerin, kendilerini bu kitapta sunulan pek çok insanın kısa hikâyesinde tanıyacaklarını ve ebeveynlerin çocuklarının kişilikleri üzerindeki gerçek etkisini anlayarak daha güçlü olacaklarını ve kendilerini zayıf görmeyeceklerini umuyorum.

Duygusal Zekâ

Daniel Goleman, 1995 yılında yazdığı kitabı *Duygusal Zekâ*'da, Duygusal Zekâ'yı oluşturan beş beceriyi tanımlar: Kişinin duygularını bilmesi, duygularını yönetmesi, kendini motive etmesi, başkalarının duygularını tanıması ve ilişkileri ele alışı. Bu becerilere sahip olmayan bir kişi, Duygusal Zekâsı düşük olarak tanımlanabilir. Gördüğünüz gibi, düşük Duygusal Zekâ kavramı, bu kitapta tanımladığımız aleksitimi ile aynı kabul edilebilir.

Duygusal Zekâ kavramı ile duygusal ihmal kavramı arasındaki farkları dikkate almak ilginçtir. Duygusal Zekâ ile ilgili yazılarda (özellikle Goleman tarafından yazılmış kitaplar), düşük Duygusal Zeka'nın nasıl geliştirileceğine dikkat edilir. Bağlanma kuramı aracılığıyla yukarıda tanımlanan anne/çocuk ilişkisi Duygusal Zekâ'nın gelişiminde doğrudan etkili bir faktör olarak bulunmuştur. Dr. Goleman ayrıca, ebeveynlere ait empati ve duygusal bağlanmayı da Duygusal Zekaya katkıda bulunan faktörler olarak tanımlar. Bu yüzden burada sonuç ve sebep konusunda önemli bir çakışma vardır (Düşük Duygusal Zekâ ve duygusal ihmal belirtileri). Her ikisi de ebeveyndeki bağlanma ve empati eksikliğinin getirdiği durumlardır ve her iki sonuç da aleksitimi içermektedir.

Duygusal ihmal kavramıyla, çocukken duygusal anlamda ihmale uğramış bir kişinin içsel deneyimlerini ve daha sonra yetişkin olduğu zaman ortaya çıkan psikolojik etkiyi göstermek istedim. Duygusal bağlanma ile ilgili ebeveynin başarısızlığını dikkate aldım ve klinik psikoloji çerçevesinden gelişimsel etiyolojiyi (nedenbilim) gözlemledim. Goleman, ebeveynin duygusal başarısızlığının etkilerini duygusal bilgi açısından ele alırken, ben bir grup psikolojik belirti ile ilişkilendirdim: Boşluk, düşük öz-farkındalık, öz-bakım eksikliği, kendine yönelik öfke, kendini suçlama ve dahası.

İnsanlar işyerlerindeki eğitimlerde ve patronlarının değerlendirmeleriyle düşük bir Duygusal Zekâ'ya sahip olduklarını keşfedebilir ve aynı yerde Duygusal Zekâ becerilerini öğrenme ve geliştirme fırsatını yakalayabilirler. Bununla birlikte dünyada ne kaçırdıkları ya da neye sahip oldukları ile ilgili hiçbir fikri olmayan çok sayıda insan olduğuna inanıyorum. O kadar ironik bir durum ki duygusal farkındalığa sahip olmadıklarının farkına varmak için duygusal farkındalık edinmeye ihtiyaç duyuyorlar. İşte bu kitapta bu tür insanlara ulaşmayı hedefliyorum.

Duygusal Zekâ konusundaki yazılarda Daniel Goleman ve arkadaşları, duygusal becerilerin hayattaki başarısı açısından önemini göz önünde bulundurarak güçlü bir örnek oluşturur. Benim amacım farklı. Hayatlarını bilmeden, bu becerilere sahip olmadan yaşayan insanlara yardım etmek istiyorum. Kendilerini suçlamayı **bırakarak, kendileri ve çocuklarını iyileştirmelerini istiyorum.**

Duygusal İhmalin Tanımı

Daha önce de belirtildiği gibi özellikle depresyon, anksiyete, travma, medeni hâl sorunları, ebeveynlik sorunları, üzüntü gibi sorunların ya da açıkça görülemeyen başka bir durumun altında gömülü olduğu için Duygusal ihmali saptamak zor olabilir.

Bu kitabın başında yer alan Duygusal İhmal Anketi, duygusal ihmal sorunu yaşayan danışanları tanımlamanız konusunda size yardımcı olmak için tasarlandı. Lütfen çoğaltıp kendi uygulamalarınızda kullanın. Bu kitabın yayımlanmasından sonra, anketin psikometrik geçerliliğini veya güvenilirliğini araştırmak için hiçbir çalışma yapılmadığının farkındayım. Yine de bu kitapta yer vermeye karar verdim çünkü pratikte duygusal ihmalin belirlenmesinde faydalı olduğunu gördüm. Psikometrik sınırlamalarını tam olarak anlayarak kullanın. Altı ya da daha yüksek puan alan bir danışanın, belli bir dereceye kadar duygusal ihmale aday olduğunu keşfettim.

3. Bölüm'de duygusal ihmalin belirtileri ile ilgili on maddeden söz ettik. Bu işaretlerden bazılarının danışanlar tarafından ifade edilmesi, hatta algılanması bile pek muhtemel değildir. Bunlar genellikle bir terapist tarafından çözülebilecek noktalardır. Aşağıda hastalarınızda gözlemlemeniz gereken bazı nitelikler yer almaktadır.

1. Duyguları olduğu için hissettiği suçluluk, huzursuzluk ve kendine yönelik öfke duygularını ifade etmek

Duygusal anlamda ihmal edilmiş pek çok danışanım, terapi sırasında karşımda ağladığı için benden özür diledi. Onlar için özrün, duygu durumundan önce gelmesi sıradışı bir şey değildir. Genellikle, "Bunu söylediğim için çok kötü hissediyorum ama gerçekten aile yemeğine gitmek istemedim."; "Bunun yanlış olduğunu biliyorum ama çıkıp gitmek istedim."; "Bunun, kötü bir insan olduğum anlamına geldiğini biliyorum ama böyle davrandığı için gerçekten çok kızdım." gibi cümleler kurarlar.

2. Ebeveynleri terapistlerin yorumlarına karşı şiddetli bir şekilde savunmak

Duygusal olarak ihmal edilmiş kişiler umutsuz bir şekilde ebeveynlerini suçlamaktan kaçınır. Ebeveynlerinin yapmadığı şeyin ne olduğunu bilmedikleri için, ebeveynlerinin ideal, olduklarını düşünür ve doğal olarak her girişimleri için kendilerini suçlarlar. Terapi, ebeveynlerinin onu ihmal ettiği konuları tanımlamaya doğru gittikçe, duygusal ihmale uğrayan hastam hızlıca, "Onlar ellerinden geleni yaptı." ya da "Suçlanmamalılar..." şeklinde açıklamaya girişir. Bu, onun yanlış olduğunu düşündüğü her şey için kendini suçlama eğilimini korumaya çalıştığını gösterir.

3. Çocukluğundaki hatıraların özünden şüphe duyma

Deneyimlerime göre, duygusal anlamda ihmal edilmiş pek çok danışan çocukluğuyla ilgili özel anılar bulmakta zorlanır. Çoğu zaman çocukluklarının kesin olaylarla ayırt edilmesi zor, bulanık bir şey olduğunu hissederler. Dahası, duygusal anlamda ihmal edilmiş bireyler çocukluklarında yaşadıkları anıları okuma konusunda kendilerine güvenmezler. Annelerinin öfkesini, babalarının alkolikliğini vs. ifade ederken, bu anının önemini, geçerliliğini ve gerçekliğini sorgulamak için bir süre dururlar. Bir kadın gözyaşları içinde benimle bir anısını paylaşırken, "Sanki bunu biraz abarttığımı hissediyorum. O kadar da kötü değildi." demişti. "Bunu dinlemekten sıkılmayacak mısın?" Bu, on yaşında köpeği öldüğü zaman ailesinin tepkisizliği ile ilgili konuşan bir adamın bana yönelttiği bir soruydu. Ya da el üstünde tuttukları üvey babasının annesi ile boşandıktan sonra nasıl bir anda hayatlarından kaybolduğunu aktaran başka bir adamın, "Bunu size neden anlattığımı bilemiyorum, muhtemelen pek önemli bir şey değil." demesi durumu özetliyor.

4. Hem kendinin hem de diğerlerinin duygularının etkisi konusunda anlayış eksikliği

Yukarıda belirtildiği gibi duygusal olarak ihmal edilen bireyler, düşük Duygusal Zekâ'ya sahip olma eğilimindedir. Ancak duygusal olarak ihmal edilenlerin duygusal zekâlarının zayıf olduğunu anlamaları çok zordur. Böyle bir durumun olduğu ailelerde büyürler ve hayatlarını bu şekilde yaşarlar. Bu yüzden duygusal ihmale uğramış hastalarda aleksitimiyi tanımlamak ve durumu onlar için adlandırmak terapistler açısından hayati önem taşır. İşte bazı işaretler:

- Ofisinizde bir duyguyu yaşarken sürekli tekrar eden fiziksel huzursuzluk (kıvranma).
- Duygusal anlamda yoğun hikâyeleri, duygusal içerikten tamamen yoksun bir tavırla anlatmak.
- Konuyu hemen değiştirmek ya da terapist duygusal yönde bir tartışmaya yönlendirdiğinde işi şakaya vurmak.
- Duygu odaklı sorulara cevap verme konusunda yeteneksizlik. Mantık çerçevesinde ya da kaçamak cevaplar vermek.

Örnek: Mantık çerçevesinde cevap

Q: Ayrılmak istediğini size söylediğinde ne hissettiniz?

A: Aptalın teki olduğunu düşündüm.

Örnek: Kaçamak cevap

Q: Ayrılmak istediğini size söylediğinde ne hissettiniz?

A: Bunu söyleyene dek, o kadar öfkeli olduğunu fark etmemiştim.

5. Karşı bağımlılık

Deneyimlerime göre duygusal anlamda ihmale uğramış danışanlarım, benim yardımıma ihtiyaç duydukları için kendilerini diğer bütün hastalarımdan daha üzgün hisseder. Karşı bağımlılıkları tedavi ilişkisi şeklinde kendini gösterir ve bence bu, hem şanslı hem de şanssız bir durumdur. Şanssız kısmı, duygusal olarak ihmal edilmiş hastayı tedavide tutmanın zor olmasıdır.

Şanslı kısım ise, doğrudan meydan okuma, çalışmalarına yardımcı olma, utanç ve karşı bağımlılık duygularını yenmeleri için kendileriyle kurmuş olduğum ilişkiyi kullanabilmemdir.

Duygusal anlamda ihmal edilen hasta yardıma ihtiyaç duyduğu için kendini zayıf, acınası, utanç dolu, aptal ve önemsiz hissedebilir. "Şimdiye kadar bunun üstesinden gelmiş olmam gerekmez miydi?" ya da "Bahse girerim otuz yedi yaşına gelip, hâlâ nasıl hayır diyeceğini öğrenememiş çok insan yoktur." ve benim favorim, "Size ihtiyacım olduğunu hissetmek istemiyorum. Terapiye bir süre ara vermek istiyorum çünkü bunu kendi başıma yapabileceğimden emin olmak istiyorum." Deneyimlerime dayanarak, kendilerine yardımcı olduğunu görseler bile, bazen onları terapiye gelmeye devam etmeleri konusunda ikna etmek çok zor olabilir. Gelecek bölümde, terapide karşı bağımlılığı nasıl kullanacağınızla ilgili önerilerim olacak.

6. Hatıralar

Diğer teşhis ve durumlarda olduğu gibi, danışanların hatıralarından duygusal ihmali tanımlamak zor olabilir. Bu durum özellikle danışanlara çocukluğu ile ilgili bir şey sorduğunuz zaman doğrudur çünkü doğal olarak olayları o periyod ile ilişkilendirmeye eğilimlidirler. Tahmin edeceğiniz üzere, ne olduğu ile ilgili hikâyelerinizden, neyin olmadığını derlemek zor olabilir. Ancak aşağıda onların hikâyelerini dinlerken arayacağınız işaretlerle alakalı öneriler bulabilirsiniz:

- Bir ebeveynin hatıraları çocuğun ihtiyaçlarını, duygularını ve kişiliğini çok yanlış etkileyebilir. Sosyal hizmetler alanında yüksek lisansını tamamlayan bir kadın bana ortaokul ve lise hayatı boyunca ebeveynlerinin üniversiteye gitmemesi ve babasının tuğla teslimat işini devralması için baskı yaptıklarını anlattı. Zaman zaman kendimi bu ebeveynlerin kızlarının kim olduğu hakkında en ufak bir fikirleri olup olmadığını merak ederken buluyorum.

- Çocuğun duygularını göz ardı eden, ihmal eden ya da aşırı basitleştiren ebeveynleri anlatan hatıralar. Örneğin; ihmalkâr bir anne, babaları aniden öldükten hemen sonra oğluna, "Ablan babanı çok özlüyor." diyerek, oğlunun duygularını görmezden gelir.

- Ebeveynin, çocuğun duygusal ifadesini ezen, "Bebekliği bırak!", "Ağlamayı kes!" ya da "Aş bunları!" gibi favori bir sözcüğü olması. (Çok dikkatli ebeveynlerin bile zaman zaman bu tabirleri kullandığına dikkat edin. Duygusal İhmalin genel felsefesini temsil eden bir şekilde ya hiç uygun olmayan bir şekilde bir kez kullanılır ya da sık sık kullanılır.)

- Danışan için çocukluğunda önemli olan, fiziksel olmayan bazı alanlardaki önemli yoksunluk hissini aktaran hatıralar. "Gitara bayılıyordum ama annem keman çalmam konusunda ısrar etti." ya da "Ortaokulda gerçekten arkadaşlarımla birlikte olmayı çok istiyordum ama ebeveynlerim çok katıydı."

- Çok önemsiz görünen ancak pek çok duygunun bağlı olduğu hatıralar. 1. Bölüm'de Kathleen'in babasıyla sahilde kum oynadığı örneği hatırlayın. Yüzeyde çok önemsiz görünüyordu ancak ebeveynlerindeki duygusal uyumsuzluk bu durumu onun için hatırlanır kılıyordu. Görünüşte önemsiz ancak yoğun hissedilen hatıralara dikkat edin çünkü onlar duygusal ihmalin görünmez acısıyla dolu oldukları için, danışanlar tarafından sık sık hatırlanır.

Danışanlarımın artan bir sıklıkla, kendilerine teşhis koymuş bir şekilde tedaviye geldiklerini keşfettim. Bazı insanlar kendilerinin depresif ya da kaygılı olduğunu görebilme yeteneğine sahiptir. Ancak bir danışan için kendisinde duygusal ihmal tanımlaması yapması sıradışı bir durumdur. Terapistlerin, danışanlarında duygusal ihmal ihtimaline karşı uyanık olmalarını ve yukarıdaki önerilerin durumu tanımlamaya yardımcı olmasını umut ediyorum.

Tedavi

1. Önce Var Olan Problemi Tedavi Edin

Çoğu durumda terapist duygusal ihmali danışanın kendisinden önce görecektir. Bir terapist tarafından ortaya konduktan sonra bile hastanın kendisindeki duygusal ihmali anlaması çok zor olduğu için terapinin başında bunu odak noktası hâline getirmek problem olabilir. Diğer acı verici iç görüler gibi duygusal ihmal de güçlü bir tedavisel anlaşmanın gelişmesinden sonra danışan tarafından kabul edilebilir. Terapist, var olan problemi tedavi ederken ortaya çıkan duygusal ihmal örneklerine dikkat çekme fırsatına sahip olacaktır. Durum parça parça inşa edilecektir böylece duygusal ihmal kavramı hastaya tam anlamıyla sunulduğu zaman, kişinin kendisini anlaması için anlamlı ve yararlı bir model olabilir.

2. Karşı Bağımlılıkla Yüzleşin

Karşı bağımlılıktan dolayı, duygusal olarak ihmal edilmiş hastaların var olan problemle ilgili küçük bir rahatlama hisseder hissetmez tedaviyi bırakmak gibi genel bir eğilimi vardır. Karşı bağımlılığı tedavi etmenin en iyi yolu, bu yoldaki her adımda onların karşı bağımlılıklarına sürekli meydan okurken, duygusal olarak ihmal edilmiş hastanın durumdan faydalanana kadar terapide kalmasını sağlamak için elinden geleni yapmaktır.

Terapistler bazen duygusal olarak ihmal edilmiş hastaları, henüz hazır olmadan önce tedaviyi sonlandırmamalarına ikna etmek için çok fazla enerji gerektiğini hissedebilir. Ancak duygusal olarak ihmal edilmiş kişi için onları terapide tutmak sadece terapi yapmalarına olanak vermez; ayrıca bu, terapinin kendisidir. Aslında duygusal ihmal danışanı, çocukken kendi ebeveyninde hissedemediği sağlıklı güven duygusunu terapistiyle kurmaktan çok büyük fayda sağlar.

Danışan, terapide yukarıda belirlenen karşı bağımlılık durumlarından birini her yaptığında, bunu yakalamak ve duruma vurguda bulunmak çok önemlidir. Bu yorumu tedavinin çok farklı noktalarında çok farklı yollarla yapabilir. Bunu her söylediğinde, terapiste merkezdeki konulardan herhangi birine farklı açıdan yaklaşma fırsatı sunar. Aşağıda benim merkezdeki meseleye girmeme yardımcı olan bazı sorular vardır:

Başka birinin yardımına ihtiyaç duymanın kötü bir şey olduğunu mu düşünüyorsunuz? Neden?

Çocukluğunuzda ne zaman yardıma ihtiyaç duymamanız gerektiği mesajını aldınız?

Bana ihtiyaç duymak, inanmak ve güvenmek size nasıl hissettiriyor?

Çocukluğunuzda rahatlıkla güvenebildiğiniz insanlar var mıydı?

Diğer herkesin bu meseleleri çoktan yaşadığını düşündünüz mü?

Terapiye gittiği için arkadaşınızı yargıladınız mı?

Terapi için bir zaman sınırlaması olduğuna inanıyor musunuz?

Karşı bağımlılığın ne olduğunu biliyor musunuz? (Daha sonra bunu isimlendirin ve onun için tanımlayın.)

Sizi hayal kırıklığına uğratacağımdan, terk edeceğimden ya da sizi bir şekilde inciteceğimden korkuyor musunuz?

Yardıma ihtiyacınız olduğu için sizi yargılayacağımdan endişeleniyor musunuz?

Neden kendinizi imkânsız standartlara bağlıyorsunuz?

Kendinizin bir insan olmasına izin vermediğinizin farkında mısınız?

Bunlar sadece birkaç örnektir ancak karşı bağımlılığa meydan okumanın sonsuz sayıda yolu vardır. Elbette, hasta sonunda bir karar verecektir. Ancak buradaki nokta terapistin karşı bağımlılığa vurguda bulunan her fırsatı değerlendirmeye ihtiyaç duymasıdır. Hastanın terapide zorlukla kalmasını bir uygunsuzluk olarak değil, bir fırsat olarak görmenin çok yardımcı olduğunu keşfettiğimi söylemeliyim.

3. Duygu için Hoşgörü İnşa Etmek

Zihin sağlığı profesyonelleri bilişsel davranışsal, psikodinamik, psikoanalitik, madde kullanımı, aile, evlilik, yatan hasta, ayakta tedavi edilen danışanlarıyla ilgili pek çok duyguyu ele alır. İnsanların çoğunun duygusal sıkıntıları nedeniyle terapiye geldiği doğru olsa da duygusal olarak ihmal edilmiş insanlar duygusal bilgi ve hoşgörü gibi özel bir alanda sıkıntı yaşar. Duygu dilinin yabancı olmasından ve deneyimlenen duygunun verdiği huzursuzluktan dolayı, tedavinin bu boyutu çok sancılı olabilir.

Duygusal olarak ihmal edilmiş bir hastanın duyguları konusunda daha rahat hissetmesine yardımcı olmak söz konusu olduğu zaman, aşamalı maruz bırakma modelini öneririm. Tedavi açısından, bunun iç patlamalı terapinin aksine, sistematik bir hassasiyet azaltma olduğunu düşünebilirsiniz. Ofisimde duygusal olarak ihmal edilmiş çok sayıda insan için Kısım 6,

3. Bölüm'de yer alan tanımlama ve adlandırma egzersizlerini kullandım. Seans sırasında bu egzersizi uygulamak iki açıdan faydalı olabilir: Hastanın duyguyu ifade etme ve duygu için hoşgörü inşa etme yeteneğini değerlendirmek. Duygusal olarak ihmal edilmiş bir hastaya benimle oturmasını, gözlerini kapatmasını, içine odaklanmasını, kendisine ne hissettiğini sormasını istediğimde, hemen gözlerini açtı ve "Tam anlamıyla duygusuzum." dedi. O an hem benim için hem de onun için tedavide bir aydınlanma anıydı. O anda başlangıç noktamızı biliyorduk ve tedavi boyunca bu uygulamayı kullandık. Amacımız duygusuzlaşmanın önüne geçmekti.

Bir terapist için terapide duyguyu gördüğü ya da duyduğu zaman bunu belirtmesi çok önemlidir. Çoğu terapist bunu düzenli bir şekilde, duygusal olarak ihmal edilmiş hastaya özel bir özen göstererek yapar. Terapide duygu dilini konuşun. Hastaya bir başkasının hissettiği şey ile ilgili ne düşündüğünü sorun. Ona kendisinin ne hissettiğini sorun. Ona şimdi ve burada ne hissettiğini sorun. Önceki üç soru duygusal olarak ihmal edilmiş kişiler için en az zorluk derecesinden en üste doğru bir sırayla yerleştirilmiştir.

Bu hastalara çocukluklarında yaşadıkları belirli olaylarla ilgili ne hissettiklerini sormanın çok yardımcı olduğunu keşfettim. Mesela, 1. Bölüm'den Kathleen'e terapide yetişkinlikte annesine duyduğu öfkenin nedenlerini tanımlaması istendiğinde, annesinin çocukluğunda onun duygusal durumuna verdiği görünüşte zararsız tepki olarak tanımlamıştı. Ya da 3. Bölüm'de Simon, başlangıçta terapide sorduğum duygu odaklı sorulardan gerilmiş ancak en nihayetinde bu soruların iyileştirici gücünden faydalanmıştı. Onlar farkında olmadıklarında hastalarınıza bu duyguları yeniden yansıtın. "Çok önemli olmadığını söylüyorsun ama yine de çok üzgün görünüyorsun." ya da "Bunun seni hiç rahatsız etmediğini söyledin ama sesindeki öfkeyi duyabiliyorum." bunlara ek olarak, terapistin danışanı ile birlikteyken hissetmek için kendisine izin vermesi ve duygusal tepkilerinde gerçekçi olması çok önemlidir (tedaviyle ilgili sınırları koruyarak).

4. Ayna Olmak

Tedavinin bu boyutu duygusal ihmal ile ilgili daha önce tartıştığımız birkaç durumu birbirine bağlar ki bunların hepsi kendini tanımayı içerir. Bu, kimlik ile aynı konu ya da süreç değildir. Duygusal olarak ihmal edilmiş danışanlar genellikle iyi gelişmiş bir kimliğe sahiptir; problem şu ki bunun yeterince farkında değillerdir.

Daha önce de tartıştığımız gibi duygusal olarak ihmal edilmiş yetişkinler, kim olduklarına dair ebeveynlerinden doğru geribildirimleri almadan büyür. Bu durum onlara ya kendileriyle ilgili bozuk bir benlik bilgisi ya da çok az benlik bilgisi bırakır. Tedavideki yetişkinler olarak ne istediklerini, ne yapıp yapamayacaklarını ve aslında kim olduklarını tanımlamak için çabalayabilirler.

Bu açıdan, ihmal edilmiş hasta ile doğrudan ebeveyn aynası ile ilgili konuşmak faydalı olabilir. Hasta açısından yansıtılmayan şeyin ne olduğunu görmek çok zor olduğu için, ebeveyn aynası kavramı hastaya ona ne olmadığı konusunda açık ve görsel bir algı sunabilir. Hasta neyi almadığını anladığında, terapist onun için bir ayna olarak kendini tamamlamasına yardımcı olabilir.

Bunun anlamı, tercihleri, öğrenme tarzı, bilişsel stili, güçlü ve zayıf yönleri ve ilişkilendirme tarzlarıyla alakalı herhangi bir şey olabilir. Daha sonra onu anlayabileceği bir tavırla, mümkün olan her zamanda geri besleyin. Kendini terapistin gözünden yansıyan kişi olarak görebilir ya da terapistin sözel gözlemleri aracılığıyla kendisi hakkında bir şeyler öğrenebilir. Her iki durumda da kim olduğuna daha aşina olacaktır.

Bu şekilde danışanın büyük resmin bütününde bir niteliğe sahip olduğunu bildiğinden emin olmak çok önemlidir. Terapistten, güçsüzlükleri ve hataları olsa da bazı şeyleri ya da insanları sevmese de bunun normal olduğu mesajını almalıdır. Her şeye rağmen başka güçlü yönleri, sevdiği ve onu seven başka insanlar olduğu gerçektir. Bu, sıkıntıları, hayal kırıklıkları hatta başarısızlıklarında bile dengeli bir özsaygı ve benlik algısı olduğunu gösterir.

5. Dengeli ve Sağlıklı Bir Ebeveyn Sesi Sunmak

Duygusal olarak ihmal edilmiş bir yetişkinin iç dünyasında kayıp olan önemli şeylerden biri, zor zamanlarımızda bizimle konuşan, anlamamıza yardımcı olan hatalarımızdan dersler çıkararak bize kişisel koçumuz gibi hizmet eden dengeli bir iç sestir. Hayatı bu duygusal zincir olmadan yaşamak duygusal anlamda ihmal edilmiş kişiyi yaşam mücadelesinde savunmasız ve zincire bağlanmamış hale getirebilir. Duygusal anlamda ihmal edilmiş danışanlarımdan pek çoğu hayatlarının kontrolünün kendi ellerinde olmadıklarını, dalga onları nereye götürürse oraya gittiklerini ve bittiği yerde en iyisini yapmaya çalıştıklarını ifade eder. Üçüncü bölümde bir kariyer seçmek ve kendini ona adamak konusunda çok büyük sıkıntı yaşayan Josh'ı hatırlayın. En ufak bir eleştiri karşısında öğretmenlik yapmaktan vazgeçmemiş miydi? Ya da yine 3. Bölüm'de bahsettiğimiz kendi sert iç sesinden acı duyan Noelle? Her ikisi de kendilerine geri yansıtma yapan, hatalarıyla ilgili onlarla konuşan veya onlara dengeli, gerçek odaklı değiştirebilecekleri bir ses sunan ebeveynlere sahip değillerdi. Yetişkin olarak, her biri hayatlarında karşılaştıkları zorluklar karşısında çaresiz kaldı.

Bu yüzden duygusal olarak ihmal edilmiş insanların tedavisinin önemli bir parçası onlara dengeli bir ses sunmaktır. Terapist, danışanının negatif deneyimlerini- ister eleştiri, başarısızlık ya da hata olsun- inceleyerek onu yönlendirebilmelidir. Danışanın gerçekleşen olayların nedenlerini de düşünmesine yardımcı olun ve bu konuda neler yapabileceğini anlamasını sağlayın. Bu durum her gerçekleştiğinde hasta kendisini dengeli, anlayışlı, şefkatli bir tavırla düşünmeyi nasıl öğreneceği ile ilgili bir fırsat yakalar. Böylece aynı hatayı yapma ihtimali daha azalır ya da gelecekte bir zorlukla karşılaştığında kendisini kapatmaz.

6. Hastanıza Müsamaha Gösterme Dürtünüze Direnin

Neden terapistlere böyle bir şey öneriyorum? Cevabın terapistler ile hiçbir ilgisi yoktur; her şey duygusal anlamda ihmal edilmiş danışanla ilgilidir. Daha önce de konuştuğumuz gibi duygusal olarak ihmal edilen hastalar kendilerini aşırı derecede azarlama ve ağdan tamamen kurtulma duygusu arasında gidip gelirler. Terapistler olarak amacımız üçüncü bir ses sunarak bu iki içten sesi nötr hâle getirmektir. Bu ses dengeli ve umursayan bir şekilde danışana gerçeği şefkatle aktarır.

Yukarıda ileri geri sürecinde kanıtlandığı gibi duygusal olarak ihmal edilen danışan sadece acımasız bir sese sahip değildir. Ayrıca kendine boyun eğmeye de yatkındır. Terapistleri onu sorumlu tutmasınlar diye bilinçsiz bir eğilime sahip olacaktır. Zihninde iki seçenek vardır: Ya affedilir ya da itham edilir. Sürekli tekrar ettiği yanlış şeylerden dolayı affedilmeyi seçmesi anlaşılabilir bir durumdur. Dahası, duygusal olarak ihmal edilen hasta muhtemelen sevilebilir biri olduğu için, terapiste onu bundan sorumlu tutmak zor gelebilir. Ancak terapist onun elinden gelenin en iyisini yapmadığını fark ederse, "Daha iyisini yapabileceğine inanıyorum." demek zorundadır. Terapist onun kötü seçimler yaptığını gördüğü zaman, ona gerçeği söylemeli ve buna göre düşünmesi gerektiğini anlatmalıdır. Terapist, kişinin kendisini çok fazla bıraktığını görürse ona umursayan, kendi iç sesinin iki ucunu da etkisizleştiren bir şekilde şefkatli ancak sert ve meydan okuyan üçüncü bir ses yaratması gerektiğini söylemelidir.

7. Kendini Azarlamaya Meydan Okuyun

Çoğu terapide doğal olan bu boyut, duygusal anlamda ihmal edilmiş kişilerde özellikle önemli hâle gelmektedir. Terapist her kelime, her ima, her yüz ifadesi ve hastanın ya sözleri ya da düşünceleriyle kendini hırpaladığını işaret eden ses tonuna karşı uyanık olmak zorundadır. Bu, terapistin yanında olduğu zaman, terapiste hastanın kendi kendine zarar veren sesinin farkında olmasını sağlamak için bir fırsat sunar. Hastada farkındalık oluşturduktan sonra, terapist öz-sevgide bulunan güç, denge ve kelimeleri biçimlendirdiği zaman çok daha etkili olacaktır. Amaç, zamanla kendi sesi hâline gelsin diye bu sesi içselleştirmesine yardımcı olmaktır.

Terapistler için Özet

- Belirsiz işaretlere dikkat edin.
- Duygusal ihmalden şüpheleniyorsanız, tanılayıcı araçları kullanın.
- Var olan sorunu çözerken, duygusal ihmal belirtilerine dikkat edin.
- Kendini tanıması için ayna olun.
- Denge, şefkat ve meydan okumanın sesi olun.
- Müsahama göstermeyin. Kendine yönelik suçlama ve öfkeye sürekli meydan okuyun.
- Karşı bağımlılığa karşı gelin.

- Hoş karşılayın, konuşun ve duygular için hoşgörü inşa edin.
- Ebeveynleri ile kuramadığı dikkatli, umursayan, gerçek bir ilişki oluşturun.
- Öz-sevgi ve öz-bakım becerileri oluşturmasına yardımcı olun.

Sonuç

Umarım duygusal ihmal kavramım diğer klinisyenlerin deneyimlerine hitap eder ve araştırmacıların merakını uyandırır. Bu modelin altında yatan birkaç test edilebilir varsayım vardır:

- Tanımlanmış duygusal ihmal belirtilerinin birlikte ortaya çıkma sıklığı nedir?
- Bu sıklık, altta yatan bir sendromdan dolayı birbirleriyle ilişkili olduğunu ileri sürmeye yetecek kadar yüksek bir düzeyde mi?
- Duygusal İhmal Anketi ile terapistlerin hastalarının duygusal ihmali ile ilgili bağımsız algıları arasındaki ilişki nedir?
- Duygusal İhmal Anketi'nin puanlayıcı güvenilirliği ve geçerliliği var mı?
- Duygusal İhmal Anketi'nin güvenilirliği ve geçerliliği, belirli soruların eklenmesi veya çıkarılmasıyla geliştirilebilir mi?
- Duygusal ihmal kavramı terapist tarafından uygun şekilde kullanıldığında tedavi ilerler mi?

Bunlar, bilimsel incelemeyi gerektirdiğine inandığım sorulardan sadece birkaçı. Onları takip etmeyi çok istiyorum ve başkalarının da benzer şekilde motive olmasını umuyorum.

Bu kitaptan en büyük beklentim, duygusal ihmal kavramının karanlıktan aydınlığa çıkarması ve çocukluklarında sahip olamadıkları şeylerin henüz farkında olmayan birçok iyi insana açıklık, öz-farkındalık, teselli ve güç getirecek olmasıdır.

Duygu Kelime Listesi

ÜZGÜN
Umutsuz
Yaslı
Ağlamaklı
Zayıf
Acılı
Kötümser
Gamlı
Mutsuz
Izdırap çeken
Dertli
Yaslı
Kasvetli
Dehşete kapılmış
Hayal kırıklığına uğramış
Morali bozuk
Karamsar
Aşağılanmış
Sıkıntılı
Bitkin
Keyifsiz
Hasret çeken
Ümitsiz
Mahvolmuş
Aksi
Ağır
Cesareti kırılmış
Yüzüstü bırakılmış
Memnuniyetsiz
Nefret uyandıran
Tükenmiş

DEPRESİF
Berbat
Yıpranmış
Ümitsiz
Karanlık
Kasvetli
Asık suratlı
Sert
Kuşatılmış
Hastalıklı
İntihara meyilli
Lanetlenmiş
Dipsiz
Utanmış
Azalmış
Kendi kendine zarar veren
Küçük düşmüş
Suçlu

SIKILMIŞ
Sıradan
Uyuşuk
Kasvetli
Sıkıcı
Yavan

KIRICI
Aşağılık
Fevri
Kaba
Misilleyen
Tehditkâr

ZARAR GÖRMÜŞ
Anormal
Engelli
Tiksindirici
Harap
Ahlaksız
Korkmuş
Saflığını yitirmiş
Bozulmuş
Hastalanmış
Dizginlenmiş
Sorunlu
Değerini kaybetmiş
Kötürüm
Nefret uyandıran
Yıkık
Kirli

ÖFKELİ
İnsanları sevmeyen
Kırılmış
Gergin
Kibirli
Kızgın
Kindar
Kaygılı
Yıpratıcı
Ateşli
Mosmor
Siniri tepesinde
Tehlikeli
Yaralanmış
Kafayı yemiş

İtici
Değersiz
Berbat
Korkunç
Çaresiz
Somurtkan
Kötü
Kaybetmiş
Adi

HUZURSUZ
Beceriksiz
Sinir etmek
Endişeli
Rahatsız
Bıkmış
Dengesiz
Huysuz
Yerinde duramayan
Tuhaf
Tiksindirici
Huysuz
Garip
Uygunsuz
Dışlanmış
Çarpıcı
Ayarsız
Kokuşmuş
Tutarsız

UTANMIŞ
Küçük düşürülmüş
Yüzü kızarmış
Sakar

Acımasız
Ağzı kalabalık
Pis
Kinci
Saldırgan
Hain
Uğursuz
Kötü kalpli
Zalim
Manipülatif
Sadist
Zararlı
Kontrolcü

KORUNMASIZ
Maruz kalan
Sindirilmiş
Küçük
Duyarlı
Tükenen
Çıplak
Saf
Hassas
Zayıf
Belirsiz
Az
Çakışık
Kandırılabilir
Dikkat çekici
Duygusal
Sıkıntılı
Kör
Alt edilmiş
Kaybetmiş
Kırılmış

Ters huylu
Kavgacı
Ağzı pis
Kızmış
Aksi
Kana susamış
Düşmancıl
Aşağılayıcı
İğrenç
Çileden çıkmış
Burnundan soluyan
İğrenmiş
Hüsran dolu
Problemli
Eksantrik
Fevri
Asabi
Tepesi atmış
Öfke dolu
Yüreği kabarık
Kötü
Ürkek
Agresif
Acılı
Fenalaşmış
Afallamış
Perişan
Ateşli
Kışkırtılmış
Kederli
Telaşlı
Canı burnunda
Sinir küpü

Rahatsız
İncitilmiş
Beceriksiz
Aptal
Rezil edilmiş
Ahmak
Saçma

OLUMSUZ
Hoşnutsuz
Tereddütlü
Karşı
Zıt
Tartışmacı
Dirençli
Uyumsuz
Asi
İnatçı
Dik kafalı

YORGUN
Savaş yorgunu
Tükenmiş
Bitkin
Gergin
Takati kesilmiş
Kasılmış
Baygın
Pejmürde
Kurumuş
Halsiz
Gevşemiş
Aşırı yükleri olan
Bezgin
Rahatı kaçmış

Açık
Tutsak

SUÇLU
Hak etmeyen
Sorumlu
Pişman
Tövbekâr
Müteessir
Mesul
Vicdan azabı çeken
Kusurlu
Aldatıcı
Yanlış
Hatalı

YALNIZ
Terkedilmiş
Asosyal
Dışlanmış
Sevgisiz
Uzaklaşmış
Ayrılmış
Hasret kalmış
Erişilmez
Arkadaşsız
İhtiyaç duyan
İhmal edilmiş
Uzak
Yabancılaşmış
Kimsesiz
Kaçınan
Ayrı
Sevilmeyen

ŞAŞKINA DÖNMÜŞ
Ağzı açık kalmış
Dehşete düşmüş
Arzulu
Çok şaşırmış
Mustarip
Sarsılmış
Dili tutulmuş
Korkutulmuş
Üzgün
Afallamış
Şaşırmış
Küçük dilini yutmuş
Sersemlemiş
Hissizleştirilmiş
Dehşet içinde

KAYGILI
Yılgın
Karmakarışık
Bilinçli
Nevrotik
Huzursuz
Aksi
Stresli
Tedbirli
Utangaç
Dalgın
Hummalı
Allak bullak
Takıntılı
Aşmış
Güvensiz
Gergin

Mağdur
Bitmiş
Harap
Dermanı kesilmiş
Sarhoş
Bitap düşmüş
Bitik
Moralsiz
Etkisiz
Endişeden bitmiş
Yorgun

KORKMUŞ
Ürkek
Köşeye sıkışmış
Buz tutmuş
Kuruntulu
Kaygılı
Şüpheci
Endişeli
Korkak
Korkudan titreyen
Tehditkâr
Sakıngan
Korku içinde
Diken üstünde
Tehdit edilen
Panik
Sarsılmış
Tutuk
Ezilmiş
Alarma geçmiş

KURBAN EDİLMİŞ
Sindirilmiş
Ortada bırakılmış
Aylak
Göz ardı edilen
Malına mülküne el konulmuş
Reddedilmiş
İzole edilmiş
Toplum dışına itilmiş

KAYBOLMUŞ
Değişken
Şaşkın
Belirsiz
Çelişkili
Kararsız
Tereddüt eden
Endişeli
Emin olmayan
Huzursuz
Ne yapacağını bilemez
Yoğun
Neye uğradığını şaşıran
Kızışmış
Kafası karışmış
Şaşkına dönmüş
Telaşlı
Şaşırtılmış
Şaşkaloz
Kaygılı
Sersem
Şaşkın
Dikkati dağınık
Ödü kopmuş
Paniklemiş
İhtiyatlı
Sabırsız

İNCİNMİŞ
Doğrulanmayan
Azarlanmış
Görünmez
Alay edilen
Berbat
Kusurlu
Aşağılanmış
Kırılmış
Küçük düşürülmüş
Sıkıştırılmış
Yanmış
Suçlanmış
Yok edilmiş
Reddedilmiş
Saldırılmış
Pusuya düşmüş
Alay edilmiş
Acı dolu
Kalbi kırık
Saygı görmeyen
Kurban edilmiş
Aşağılanmış
Reddedilmiş
Aldatılmış
Değersizleştirilmiş
Unutulmuş
Korkutulmuş
İhmal edilmiş

Ezilmiş
Kötü davranılmış
Günah keçisi
İçi boşalmış
Büyü yapılmış
Oyuna gelmiş
Boğulmuş
İhlal edilmiş
Silinmiş
Somutlaştırılmış
Zorlanmış
Ayarlanmış
Suçlanmış
İğdiş edilmiş
Aşağılanmış
Aldatılmış
Kazıklanmış
Hırpalanmış
Ezilmiş
Oyuna gelmiş
Yok edilmiş
Boynuzlanmış
Lanetlenmiş
Değeri düşmüş
Alçalmış
Aldatılmış
Mahrum bırakılmış
Çarmıha gerilmiş

MUTLU
Sevinçli
Şakrak
Nefis
Şanslı
Delişmen

Şüpheci

YETERSİZ
Vasat
Değersiz
Yeteneksiz
Karaktersiz
Güvensiz
Yalnız
Yetersiz
Güçsüz
Çaresiz
Adi
Yeteneksiz
Faydasız
Uygunsuz
Değersiz
Zayıf
İçler acısı
Kıymetsiz
Aşağı
Eksik
Dermansız kalmış

ACİZ
Beceriksiz
Kontrollü
Boğulmuş
Kudretsiz
Engelli
Saplanmış
Önü tıkanmış
Yakın markaja alınmış
Aksak

Yenilmiş
Eziyet görmüş
Küçümsenmiş
Baskılanmış
Hiçe sayılmış
Acıtılmış
Müteessir
Yaralı
Azarlanmış
Reddedilmiş
Saldırıya uğramış
Kederli
Yoksun
Kanayan
Ezilmiş
Zarar görmüş
İhmal edilmiş
Paylanmış
Sönük

KAYITSIZ
İçler acısı
Cansız
Sönük
Sıkıcı
Robot gibi
Ölü gibi
İlgisiz
Duygusuz
Bezgin
Banal
Bıkkın
Düşüncesiz
Soğuk

Hayat dolu
Kaygısız
Neşe dolu
Ağzı kulaklarında
Şen
Minnettar
Mest olmuş
Memnun
Kıvançlı
Neşe saçan
Güneşli
Güler yüzlü
Hoppaca
Coşkun
Bahtiyar
Heyecanlı
Yüksekte uçan
Harika
Işıl ışıl parlayan
Zıpır
Keyifli

İYİ
Huzurlu
Rahat
Hak eden
Sakin
Nazik
Hoşnut
İçi rahat
Konforlu
Memnun
Temiz
Efsanevi
Cesur

Yararsız
Duyarlı
Engellenmiş
Sabit
Etkisiz
Verimsiz
Umutsuz
Sıkıntılı
Hâkim olan
Trajik
Acılı
Öfkeli
Tereddütlü
Boş
Adi
Bitkin
Yalnız
Ezilmiş

AÇIK
Anlayışlı
Hazır
Kendine güvenen
Güvenilir
Nazik
Kabul eden
Yenilikçi
Memnun
Sempatik
Maceracı
Eğlenceli
Sınır tanımayan
Sevinçten uçan
İlgili
Özgür

Sıkılmış
Kayıp
Tarafsız
Yorgun
Tutulmuş
Umursamaz
Duyarsız
Önemsemeyen
Donuk
Dikkat etmeyen

CANLI
Şakacı
Cesur
Enerjik
Işıldayan
Yiğit
Özgür
İyimser
Enerjik
Yeniden doğmuş
Provokatif
Atılgan
Yerinde duramayan
Canlı
Heyecanlı
Şevkli
Coşkulu
Harika
Uyanık
Renkli
Şanlı

İLGİLİ
Meşgul

Şaşırmış
Sıradışı
Zeki
Akıllı
Memnun
Sessiz
Parlak
Güvenli
Emin
Net

GÜÇLÜ
Kuvvetli
Israrcı
İradeli
Sabit
Güvenilir
Azimli
Cesur
Yeniden canlanmış
Eşsiz
Dinamik
Ahlaklı
Etkili
Canlı
Asi
Açık sözlü
Emin
Etik
Net
Özgür
Açık
Zarif
Kontrollü
Güvenilir

Büyülenmiş
Kolay

ÂŞIK
Saygılı
Hayran
Tutkulu
Adanmış
Çekici
Yumuşacık
Hassas
Duygusal
Umursayan
Şefkatli
Sevgi dolu
Bağlı
İçten

OLUMLU
Coşkulu
Heyecanlı
İstekli
Bağlı
Ağırbaşlı
Azimli
Kaygılı
Kararlı
İlham veren
Hayranlık uyandıran
Üretken
İstekli
İçten
Umut dolu

Meraklı
Burnunu sokan
Alakadar
Etkilenmiş
Kafası karışmış
Büyülenmiş
Araştırmacı
Mest olmuş
Dikkatini vermiş
Meraklı
Dikkatli
Farkında
Hayalperest

KABUL EDİLEBİLİR
Yeterli
Uygun
Yeterince iyi
Ortalama
İşlevsel
Yasal

UMURSAYAN
Hayranlık uyandıran
Şımartılmış
Takdir edilen
Uyumlu
Şerefli
Saygı duyulan

MİNNETTAR
Değer bilen
Tatminkâr

Yetenekli
Başarılı
Olumlu
Sağlam
Becerikli
Cesur
Güçlü kuvvetli

RAHAT
Sakin
Şen şakrak
Uykulu
Rahatlamış
Sağduyulu
Kararlı

ÇEKİCİ
Büyüleyici
Sevimli
Komik
Gösterişli
Dayanılmaz
Yakışıklı
Hoş görünüşlü
Arzu edilen
Çekici
Popüler
Sevimli
Güzel
Sıcak
Görkemli
İlginç
Kusursuz
Seksi
Şık

YARDIMSEVER
Hayırsever
Sevgi dolu
Uyumlu
Bağlı
Empatik
Özgecil
Sempatik
Lütufkâr
Adanmış
Asil
Cömert
Şefkatli
Sorumluluk sahibi
Yumuşak
Korumacı
Sevimli
Açık yürekli

Mecbur
Minnettar
Borçlu

ZEKİ
Açıkgöz
Akıllı
Parlak zekâlı
Doğru
Kafalı
Odaklanmış
Bilgili
Kararlı
Açık
Hızlı
Bilinçli
Gözlemci
Konuşkan
Yaratıcı
Mantıklı
Olgun
Anlayışlı
Usta
Yetenekli
Düşünceli
Duyarlı

İyi giyimli
Düzenli
Zarif
Güler yüzlü

KAYNAKÇA

Ainsworth, Mary. "Infant-Mother Attachment and Social Development: Socialization as a Product of Reciprocal Responsiveness to Signals." *The Integration of a Child into a Social World*. London: Cambridge University Press, 1974.

Baumrind, Diana. "Effects of Authoritative Parental Control on Child Behavior." *Child Development* 37.4 (1966): 887-907.

Bowlby, John. *Maternal Care and Mental Health*. Northvale, NJ: J. Aronson, 1995.

Goleman, Daniel. *Duygusal Zeka*. New York: Bantam, 2005.

Isabella, Russell and Jay Belsky. "Interactional Synchrony and the Origins of Infant-Mother Attachments: A Replication Study." *Child Development* 62 (1991): 373-394.

Jacques, Sharon. *Horizontal and Vertical Questioning*. Couples Treatment Seminar, 2002.

Linden, David J. *The Compass of Pleasure: How Our brains Make Fatty Foods, Orgasm, Exercise, Marijuana, Generosity, Vodka, Learning, and Gambling Feel so Good*. New York: Viking, 2011.

McKay, Matthew and Patrick Fanning. *Self-esteem*. Oakland, CA: New Harbinger Publications, 1993.

National Institute of Health. National Institute of Mental Health.

Suicide in the U.S. Statistics and Prevention. Bethesda, MD: National Institute of Mental Health, 2007.

Pleis, JR, Ward, BW and Lucas, JW. "Summary health statistics for U.S. adults: National Health Interview Survey, 2009." National Center for Health Statistics. Vital Health Stat 10(249). 2010.

Stern, Daniel N. *The Interpersonal World of the Infant: A View from Psychoanalysis and Development Psychology*. New York: Basic, 2000.

Stout, Martha. *Yanı Başınızdaki Sosyopat* New York: Broadway, 2006.

Taylor, Jill Bolte. *My Stroke of Insight: A Brain Scientist's Personal Journey.* New York: Viking, 2008.

Thoreau, Henry David. *Walden*. Ticknor and Fields: Boston, 1854.

Winnicott, D.W. *The Child, the Family, and the Outside World.* New York: Perseus Group, 1992.

Olgunlaşmamış Ebeveynlerin Yetişkin Çocukları

Mesafeli, Reddeden, Bencil Ebeveynlerin Negatif Etkilerinden Kurtulmanın Yolları

Dr. Lindsay C. Gibson

Çeviren: Dilek Boyraz

Olgunlaşmamış Ebeveynlerin Yetişkin Çocukları
DR. LINDSAY C. GIBSON

Alexandra Solomon Cesurca Sevmek